동도관의 변화로 본 한국 근대철학

본 연구는 2012년도 계명대학교 비사연구기금으로 이루어졌음

한국철학총서 39

동도관의 변화로 본 한국 근대철학
The Korean modern philosophy in the changes to View of DONG-DO

지은이    홍원식
펴낸이    오정혜
펴낸곳    예문서원

편 집     김병훈
인 쇄     ㈜상지사 P&B
제 책     ㈜상지사 P&B

초판 1쇄    2016년 4월 29일

주   소    서울시 성북구 안암로9길 13, 4층
출판등록    1993년 1월 7일 (제307-2010-51호)
전화번호    925-5913~4 / 팩시밀리  929-2285
Homepage   http://www.yemoon.com
E-mail     yemoonsw@empas.com

ISBN 978-89-7646-347-0   93150

© 洪元植 *2016 Printed in Seoul, Korea*

YEMOONSEOWON #4 13, Anam-ro 9-gil, Seongbuk-Gu Seoul KOREA 136-074
Tel) 02-925-5913~4, Fax) 02-929-2285

값 27,000원

한국철학총서 39

# 동도관의 변화로 본 한국 근대철학

홍원식 지음

예문서원

# 지은이의 말

언젠가 한국 근대철학사를 써야겠다고 마음먹은 지도 20년이 넘은 것 같다. 중국 근대철학을 공부하다가 우연히 든 생각이었다. 당시 중국 근대철학을 공부하면서 마음 한구석에는, 그렇다면 한국 근대철학은 어떠했는가 하는 의문이 늘 자리하고 있었다. 이후 기회 닿는 대로 관심이 가는 데에 따라 한 편 두 편 글을 쓰다 보니 10여 편이 되었다.

그 과정에서 지은이는 다른 사람들의 연구를 살펴보는 가운데 먼저 철학사상 방면의 연구가 그다지 많지 않다는 사실을 알 수 있었다. 혹시 한국 근대철학에 대한 연구의 부족이 한국 근대철학의 빈곤과 부재라는 인식을 낳지 않았나 하는 생각이 문득 들었고, 우리 연구자들의 잘못이 크다는 생각을 가지게 되었다. 20년이 지난 지금도 사정은 크게 바뀌지 않은 것 같다. 더욱 문제점으로 여겨진 것은 누구누구의 철학사상이란 글들을 한군데 모은다고 해서 철학사가 되지는 않는다는 점이었다. 지은이는 '사史'를 쓰기 위해서는 관점과 방법 등에 대한 고민이나 모색이 반드시 필요하다는 생각을 가지게 되었다.

우리는 흔히 우리 한국의 '근대'를 '강제'된 것으로, 그래서 그 내용이 '왜곡'될 수밖에 없었던 것으로 이해한다. 그렇다면 '한국 근대철학'의 내용도 강제되고 왜곡된 것일 수밖에 없을 것이다. 분명히 그러한 측면이 존재하며, 실제로 그렇게 인식되고 있다. 한마디로 한국 근대철학의 내용은 강제된 '서양철학 수용의 역사'로 대부분 채워져 있다. 이에 따라 근대시기에 전근대前近代의 성리학과 유학을 말한 이들의 철학은 조만간 사라지거나 사라져야 할 것으로 인식되든지, 혹 그렇지 않더라도 과도기적인 것 이상으로는 인식되지 못했다. 그러나 지은이의 생각은 이와 다르다. 지은이는 서양철학 수용의 과정이 한국 근대철학의 주요한 한 축인 것은 분명하지만, 그에 대한 저항과 모색의 과정 또한 그 못지않게 중요하다는 생각을 가지고 있다.

여기에서 지은이는 역사상 실재한 '동도서기론東道西器論'을 주목하였다. 지은이는 이 동도서기론에 대해 많은 오해와 왜곡이 있다는 사실을 잘 알면서도 여기에서 말한 '동도'를 기준으로 한국 근대철학을 시기별·단계별로 구분해 보았다. 어떻게든 한국 근대철학을 하나의 틀 속에서 체계적으로 읽어 보려는 시도로 이해해 주었으면 좋겠다. 같은 시기 비슷한 역사적 상황에서 근대를 맞아야 했던 동아시아 3국의 철학적 모색을 비교적 관점에서 살펴보려는 의도가 있었음도 솔직히 밝힌다.

한국 근대철학을 나름의 틀을 가지고 읽어 보려고 노력했으나 끝내 한국 근대철학사를 쓰지 못한 것이 못내 아쉽다. 이것은 또다시 숙제로 남겨 두게 되었다. 비록 한국 근대철학이 너무나 짧은 시간 떠밀리고 뒤틀리며 힘든 길을 걸었을지라도 나름의 독립적 지분이 있음을 밝히는 데에 본 책이 약간의 기여라도 할 수 있기를 기대해 본다.

2016년 2월

이락재伊洛齋에서 지은이 홍원식 적다

# 총 론

## 1. 저술의 동기와 관점

우리에게 '근대'란 무엇인가? 참으로 많은 논의가 있었다. 그 시기 구분에서부터 '근대성'에 대한 논의까지. '전근대'와 '근대', '근대'와 '현대'를 놓고도 많은 저울질을 했다. 수많은 논의가 고뇌와 고심으로 가득했다는 생각이 든다. 적어도 저자가 보기에는 우리가 '현대'의 시간대를 살아가고 있을지라도 곳곳에서 근대는 끝나지 않았다고 생각한다. 무엇보다 남북분단의 현실이 그렇다. 이것은 우리 근대의 산물이고 어떻게든 극복해야 할 과제이다. 강압과 강점, 그리고 분단은 우리의 사고와 의식마저 뒤흔들어 놓았고, 지금까지도 우리는 그로부터 자유롭지 않다.

그렇다면 우리 한국의 '근대철학'은 어떠한가? 시간대 설정부터가 문제이다. 어차피 우리의 근대가 외압에 의해 강제된 것이라면, 외압이 직접적이면서도 강압적으로 미쳤던 개항 전후를 그 시작점으로 일단 잡아 볼 수 있겠다. 그렇지만 이것만으로 우리 근대철학의 시작을 말하기에는 무리가 있다. 정치사나 사회경제사 등의 관점에서 보면 그럴지도 모르겠으나, 적어도 철학사상사에서는 전근대 시기의 기억들을 모두 접어놓고서 근대철학을 논의할 수는 없다고 본다. 그러면 그 끝은 어디일까? 3·1운동 후 1920년대에 접어들면 경성제국대학이 설립되고 이어서 민립대학들이 연달아 설립되면서 학문의 중심이 대학으로 옮겨지게 되는데, 이 지점이 바로 그 끝이 되는 곳이라고 본다. 이 시기에 이르면 철학은 '근대적 학문방법'과 '객관'이라는 미명 아래 현실과 거리를 두고 실전운동을 그 영토에서 내쳐 버렸다.

결국 한국 근대철학은 현실과 뒤엉킨 채 사회운동과 뒤섞여 전개되었다. 그것도 떠밀리고 뒤틀리면서. 이 점은 한국 근대철학의 특성인 동시에 한계이기도 하다. 그래서인지 한국철학 연구자들은 근대철학에 대해 그다지 관심을 주지 않았다. 그 결과 우리 근대는 마치 철학적 공백의 시기처럼 인식되거나 그냥 스쳐 지나가는 과도기 정도로 인식되고 있다. 과연 지금 전국의 대학 철학과 가운데 한국 근대철학을 강의하는 곳이 몇 곳이나 될까? 이러한 현실이 이 점을 웅변으로 말해 주고 있다. 그러나 단언컨대, 그것이 비록 왜소하고 왜곡되어 있을지언정 의미가 없지는 않다. 무엇보다 그것은 고뇌에 찬 우리의 자화상이기 때문이다.

물론 그동안 한국 근대철학에 대한 연구가 없지는 않았다. 그 대부분이 몇몇 주요 인물을 중심으로 철학사상을 끄집어내어 정리하는 것이었다. 저자도 이러한 작업에 동참하여 몇몇 논문을 발표하였다. 이러한 가운데 개별적 연구들을 하나의 체계와 틀로 묶을 필요성을 느끼게 되었다. 그러면서 자연스레 관점과 방법의 문제에 대해서 고민해 보았고, 그 결과 본 저술의 제목에도 나타나 있듯이 각 인물들의 '동도東道'에 대한 인식과 대응을 중심으로 한국 근대철학에 대한 체계적 정리를 시도하게 되었다. 두말할 것도 없이 이것은 한국 근대철학사 집필의 예비적 작업이다. 이렇게 동도에 대한 인식과 대응이라는 관점에서 한국 근대철학을 정리하려고 한 이유는, 단순히 서양 철학사상의 수용사로만 그것을 인식할 수 없다는 문제의식에서 출발한 것이다.

동도론은 '동도서기론東道西器論'에서 나온 것으로, 동도서기론은 19세기 말 개화정책을 주도했던 신기선이나 김윤식 같은 이들이 폈던 주장이다. 이 동도서기론은 일반적으로 밀려오는 서구 문물을 바라보면서 전통을 고수하려는 입장으로 자리매김되는데, 흔히 중국의 중체서용론中體西用論[1]이나 일본의 화혼양재론和魂洋才論[2]과 비견되기도 한다. 1876년 개항을 주도한 뒤 개화정책을 펼쳐나갔던 개화파들은 먼저 개항과 개화정책을 극력 반대하는 세력과 부딪쳐야 했으며, 이후 개화정책의 성과가 지지부진하고 주변 상황이 더욱 급박해지자 보다 적극적이고 전면적인 개혁을 요구하는 세력과도 마주해야 했다. 여기에서 개화파의 동도서기론과 대비해 전면적 반대에 나섰던 전자를 '동도동기론東道東器論'으로, 그리고 전면적 개혁을 요구했던 후자를 '서도서기론西道西器論'으로 규정해

---

1) '中體西用'이라는 말은 1898년 張之洞이 『勸學篇』에서 본격적으로 사용한 것이지만, 中學을 體로 삼고 西學을 用으로 삼는다는 中體西用論的 논의는 이미 阿片戰爭 시기 魏源 등의 '오랑캐를 배워 오랑캐를 물리친다'는 '師夷制夷論'에서 나타나며, 1860년 중반 이후 전개된 洋務運動도 바로 中體西用論의 입장에 선 것이다.
2) '和魂洋才論'은 1850년대 사쿠마 쇼잔(佐久間象山)과 요시다 쇼인(吉田松陰) 등의 開國派에 의해 제기된 것으로, 和魂의 魂을 전자는 朱子學으로, 후자는 神道로 본 점에 약간의 차이가 있다.

볼 수 있겠다. 이때 전자의 대표적인 것으로 이항로李恒老 등의 척사위정운동斥邪衛正運動을, 후자의 대표적인 것으로 서재필 등의 독립협회운동獨立協會運動을 들 수 있다.

이렇게 개화파의 동도서기론을 중심으로 척사위정운동을 동도동기론으로, 독립협회운동을 서도서기론으로 규정해 놓고 보면, 동도동기론과 동도서기론 간 논의의 핵심은 '동기'와 '서기'가 되고 동도서기론과 서도서기론 간 논의의 핵심은 '동도'와 '서도'가 된다. 곧 논의의 중심이 '기'에서 '도'로 옮겨 간 것이다. 물론 동도동기론의 '동도'와 동도서기론의 '동도' 간에도 내용적 차별성이 있을 수 있으므로 이에 대한 세밀한 분석이 필요하지만, '동도'냐 '서도'냐의 단계로 접어들면서 이제 논의의 차원은 크게 달라질 수밖에 없게 되었다. 한 예로 독립협회운동을 주도한 서재필은 500여 년 조선왕조를 지탱해 왔던 유교를 전면적으로 비판하면서 그 대안으로 기독교 등 서양의 종교와 철학사상을 들고 나왔다.

이렇게 '동도'와 '서도'가 맞부딪치면서 유교가 정면으로 비판되고 기독교와 서양 철학사상이 적극적으로 주장되자 유교를 절대적으로 신봉해 오던 당시의 지식인들은 이념적·철학적·문화적으로 심각한 위기의식을 느끼면서 혼란상황에 빠지게 된다. 이에 고종 황제는 '존성윤음尊聖綸音'[3]을 내려 '근본 가르침'으로서의 종교는 반드시 필요하며 그 종교가 유교임을 밝혔지만, 이미 과거제가 폐지되고 성균관이 폐쇄된 뒤였다. 이러한 가운데 '동도'에 대한 묵수의 입장을 버리고 종교와 철학 방면에서 '동도'를 다양하게

---

3) 宋秉稷 編, 『尊華錄』, 卷6 및 許伐·郭漢一 編, 『大東正路』 卷5에 실려 있다.

변용할 것을 꾀하는 노력들이 일어나게 되었다.

어느 한 신문의 사설을 보면,[4] 국망을 눈앞에 둔 1907년까지도 당시 철학사상적 갈래가 크게 넷으로 나뉘어 있었음을 알 수 있다. 첫 번째는 우리에게는 우리의 방법이 있고 서양에는 서양의 방법이 있는 법이니 도와 기 모두를 전통의 유교에서 충분히 해결할 수 있다는 동도동기론 계열이요, 두 번째는 구학 곧 유교를 체體로 삼고 신학 곧 서양의 과학기술을 용用으로 삼아 서양의 장점으로 동양의 단점을 보완할 것을 주장하는 동도서기론 계열이요, 세 번째는 우리 전통의 학술은 오늘날에 적용될 수 없고 요순과 같은 인물이 다시 태어난다 해도 오늘날의 문제를 해결할 수 없으니 모두 내다버려야 한다는 서도서기론 계열이요, 네 번째는 구학과 신학의 장점을 취해 오늘날에 맞는 새로운 학술과 사상을 만들어야 한다는 일종의 동도변용론이다. 이 네 입장은 동시적으로 주장되기도 했지만, 단계적 전개와 발전의 모습을 띤 것이기도 했다. 저자는 바로 이 점에 착안하여 그들 각각의 '동도'에 대한 인식과 대응을 통해 한국 근대철학을 체계적으로 정리해 보고자 한다.


## 2. 동도동기론의 동도관

서세동점의 상황 아래 개항의 압박이 더해지면서 제일 전면에 나선 이들은 척사위정론자들이다. 그들은 대원군의 쇄국정책을

---

4) <皇城新聞>, 1907년 5월 15일, 「舊學問과 新知識의 관계」.

적극적으로 지지하였고, 민씨 척족세력이 주도한 개항에 결사적으로 저항하였으며, 개화파 집권세력이 일본 이외의 나라로 개항을 확대하려 하자 전국적으로 들고 일어났다. 이 척사위정론은 대한제국시기를 거쳐 일제가 강점할 무렵까지 의병운동을 통해 일정한 영향력을 행사한다. 대표 인물로는 경기·강원지역의 화서華西 이항로李恒老와 그 후예들인 면암勉庵 최익현崔益鉉, 의암毅庵 유인석柳麟錫 등과 호남지역의 노사蘆沙 기정진奇正鎭과 그 후예들, 영남지역의 한주寒洲 이진상李震相, 척암拓菴 김도화金道和 등을 들 수 있다.

개항을 전후한 시기 척사위정운동이 일어나기 이전에 이미 서양의 문물은 조선에 전해져 있었다. 200여 년을 거슬러 올라가 17세기 초·중엽에 조선은 이미 간접적으로 중국을 통해 서구 문물을 받아들였던 것이다. 그 속에는 서양의 발달된 과학·기술과 더불어 '서도'라고 말할 수 있는 '서학西學' 곧 천주교도 포함되어 있었다. 이 가운데 천주교는 여러 차례 탄압을 받았지만, 서양 과학기술의 수용은 어느 정도 용인되는 상황이었다. 그러나 조선이 서양으로부터 직접적인 개항의 압박을 받게 되면서 상황은 돌변하고 말았다. 천주교 등 '서도'는 물론 과학기술과 같은 '서기'에 대해서도 쇄국정책을 취함으로써 철저한 배척의 자세를 갖게 된 것이다. 그 배경에는 무엇보다 외압에 대한 심각한 위기의식이 있었다.

척사위정론자들은 먼저 군사적 압력 앞에서 대외적으로 무비전수武備戰守의 척사를 주장하는 한편 대내적으로는 다양한 내수어양책內修禦洋策을 제시하였다.[5] 또한 그들은 당시 서구열강의 침략이

---

5) 李恒老, 「辭職告歸兼陳所懷疏」(『華西集』) 및 奇正鎭, 「丙寅疏」(『蘆沙集』 卷3) 등 참조.

경제적 성격을 띠고 있음을 간파하고 있었다. 곧 서양의 상품은 공산물인 반면 우리나라의 상품은 농산품인데, 공산품은 무한정 생산할 수 있어 날마다 쓰고도 남아돌지만 농산품은 1년에 한 번밖에 생산하지 못하여 늘 부족하기 때문에 우리의 농산품으로 서양의 공산품과 교역하게 되면 우리 경제는 피폐해지고 만다고 주장하였다.6) 나아가 그들은 다음과 같이 말하였다.

> 대개 농·공업을 경제의 바탕으로 삼는 것은 예로부터 내려오는 선왕의 훌륭한 법도입니다. 선왕의 법도보다 가벼이 하려는 자가 있다면 이는 오랑캐요, 선왕의 법도보다 지나치게 하려는 자가 있다면 이는 걸桀과 같은 폭군입니다.7)

이것은 청나라의 주일 참사관 황준헌黃遵憲이 『조선책략朝鮮策略』에서 "서학西學을 배우고 치재治材, 권농 및 공업에 힘을 다하라"고 말한 것에 대해 「영남만인소嶺南萬人疏」에서 영남 유림들이 비판하면서 한 말이다. 이처럼 그들은 선왕의 훌륭한 법도만 잘 따르면 될 뿐 달리 펼 경제정책이 없다면서 서양의 기술과 물품을 굳이 들여오지 않아도 된다고 주장하였다. 서학(서도)은 물론 서기西器의 수용을 위해서도 문을 열 필요가 없다는 것이다. 여기에서 우리는 '도'와 '기' 모두 우리의 것으로 충분하다는 그들의 '동도동기론東道東器論'적 입장을 분명하게 볼 수 있다.

그렇다면 척사위정론자들이 지키고자 한 동도는 어떠한 것인가? 이는 그들의 극렬한 서학(서도) 비판 속에 잘 나타나 있다.

---

6) 李恒老, 『華西集』, 「辭同義禁疏」 참조.
7) 李晩孫, 「嶺南萬人疏」.

서학의 모든 이론 전말을 살펴보니, 그들은 태극太極이 만물의 근본바탕임을 알지 못하고 도리어 형상이 있는 것을 받들면서 그것이 천지를 만들어 낸 것으로 안다. 간이簡易한 것을 좋아하고 이로운 것을 기쁘게 생각하는 마음으로 인간의 윤리를 끊어 버리고 예절을 떨쳐 버리는 것이 모두 여기에 근본을 두었기 때문일 것이다.8)

요사이 학문하는 사람으로 능히 서양의 화禍를 알고 있다면 선한 편의 사람이다. 서양 사람들의 말이 비록 천 가지 만 가지 사단事端이 있으나 단지 아비도 없고 임금도 없는 장본이요 재화 융통이나 하고 연애나 하는 방법인 것이다.9)

이항로는 서양 사람들은 윤리·도덕이 없고 오로지 물질적·성적 욕구만을 추구한다고 보면서, 이것은 그들의 학문이 형이하학에 빠졌기 때문이라고 말하고 있다. 이는 조선의 주자학자들이 도교와 불교를 비판하던 내용과 다를 것이 없다. 척사위정론자들이 지키고자 한 동도는 다름 아닌 주자학이요, 그 중에서도 태극을 만물의 근본으로 삼고 형이상적 기氣 너머의 리理를 중시하는 리 중심적 '주리主理' 철학이었던 것이다.

실제로 재야 유생들이 중심이 된 척사위정론자들은 개항과 개화 정책의 추진이라는 현실 앞에서 지역과 당파, 학통과 학파를 넘어 하나로 뭉치게 되었으며, 이에 따라 그들의 철학도 하나의 뚜렷한 경향성을 보이게 되었다. 그것은 바로 주리론主理論적 혹은 유리론唯理論적 리기론理氣論과 리 중심적 심론心論이었다. 그들은 주리·유리

---

8) 李恒老, 『華西集』, 卷10, 「與朴善卿」.
9) 李恒老, 『華西雅言』, 卷35, 「洋禍」.

론적 리기론을 통해 리와 기를 확연히 구분하고서 유학 곧 주자학과 서학을 연결시킨 뒤 이를 다시 정학正學과 사학邪學, 곧 바름과 사악함, 선과 악으로 대비시켜 이해하였다. 또한 그들은 리 중심적 심론을 통해 획득한 결연한 도덕적 우월감과 확신, 일심단결 등의 주관적 의지로써 절대적으로 불리하고 힘든 객관적 상황을 극복하고자 하였다.

이렇게 볼 때, 척사위정론자들은 주자학과 주자학적 가치 및 세계질서를 절대적으로 신봉하였지만, 그들이 전개한 철학은 이전처럼 단순히 당파와 학통에 매여 학설을 이러쿵저러쿵 논의하는 수준에서 전개된 것이 아니라 현실인식과의 긴밀한 관계성 속에서 전개된 것이었으며, 나아가 철저한 현실인식을 바탕으로 전개된 것이었다. 바로 이러한 점에서 척사위정론자들의 동도동기론과 주자학 절대주의는 그 나름의 역사적·철학사적 평가를 받을 수 있을 것이다.


## 3. 동도서기론의 동도관

척사위정운동의 동도동기론에 맞서 동도서기론을 편 이들이 바로 개화파이다. 동도서기론은 자의에 의해서든 타의에 의해서든 서양 문물의 유입이 실질적으로 이루어지기 시작했고, 그러한 현실 속에서 서양을 '선별적'으로 수용해야 할 필요를 느끼면서 제기되었다. 실제로 서양의 문물은 당시 동양인들에게는 놀라움의 대상이었다. 천문·지리로부터 무기에 이르기까지 모두 동양에 비해 발전된 모습을 보였고, 이것은 서양의 문물을 받아들여 현실에 적용시켜야 한다는 논리를 가능케 했다.

동도서기론을 체계적으로 편 사람은 신기선申箕善이다. 그는 안종 수安宗洙가 1880년 수신사修信使인 김홍집金弘集을 따라 일본에 가서 서양 농법을 둘러본 뒤 편찬한 『농정신편農政新編』의 서문에서 다음 과 같이 말하였다.

> 아! 이는 도와 기가 분변됨(道器之分)을 모르는 것이다. 동서고금을 막론하고 바뀔 수 없는 것은 도이고 수시로 변화하므로 고정적일 수 없는 것은 기이다. 무엇을 도라 하는가? 삼강오상三綱五常과 효제충신孝悌忠信이 이것이다. 요堯・순舜・주공周公의 도는 해와 별처럼 빛나서 비록 오랑캐 지방에 가더라도 버릴 수 없다. 무엇을 기라 하는가? 예악禮樂・형정刑政・복식服飾・기용器用이 이것이다. 당唐・우虞・삼대三代 사이에도 덜하고 더함이 있는 것이거늘 하물 며 그 수천 년 뒤에 있어서라! 진실로 때에 맞고 백성에 이로운 것이라면 비록 오랑캐의 법(夷狄之法)일지라도 행할 수 있는 것이다.[10]

신기선은 삼강・오상이나 효제충신과 같은 도는 바꿀 수 없는 것이지만 예악과 형정・복식・기용과 같은 기는 때에 맞고 이로운 것이라면 얼마든지 바꿀 수 있는 것이라고 하여, 적극적 서기수용론 의 입장에 선 동도서기론을 주장하고 있다. 이와 같은 도기론은 원래 『주역』의 "형이상의 것을 도라 말하고, 형이하의 것을 기라 말한다", "한 번 음이 되고 한 번 양이 되는 것을 도라고 말한다"[11]라 는 말에서 연원한 것이다. 여기에서 우리는 도가 주로 형이상의

---

10) 申箕善, 「農政新編序」(1881), 『農政新編』(안종수 편, 廣印社, 1885).
11) 『周易』, 「繫辭傳」, "形而上者謂之道, 形而下者謂之器", "一陰一陽謂之道."

22

원리를 가리키는 반면 기는 형이하의 존재임을 알 수 있으며, 또한 도와 기는 한 사물의 두 측면을 가리키는 것임을 알 수 있다. 이러한 도·기 관념은 뒷날 성리학으로 오면서 중요한 철학적 범주로 발전하여 도와 기의 상분相分(서로 구분됨)·상수相須(서로 의지함)의 이론으로 전개되고, 특히 주자학에서는 도체기용道體器用을 강조하게 된다. 이렇게 볼 때, 신기선의 앞서의 논의는 도기상분의 관점에 서서 전개된 것임을 알 수 있다. 곧 그는 도와 기를 일단 나눈 뒤 도는 동도, 기는 서기라는 논리를 편 것이다. 그가 마주해야 했던 척사위정론자들의 동도동기론과 비교해서 볼 때, 이것은 도기상분론을 통해 먼저 도로부터 기를 구분한 뒤 동도에 짝을 맞춰 서기를 말함으로써 서기의 존재를 확보하고 나아가 서기의 수용을 주장하는 논리를 펼친 것이다. 이어 그는 다시 도기상수론에 서서 동도서기론을 전개하고 있다.

> 진실로 우리의 도를 실행할 수 있으면 저들의 기를 실행하는 것이 마치 손바닥을 뒤집는 것과 같이 쉬울 것이다. 이렇듯 도와 기는 서로 의지하고 있어 떨어지지 않는다. 이 책이 출간되더라도 그냥 실행될 수는 없으니, 오직 우리의 도를 실행한 후에나 이 책이 실행될 수 있을 것이다.[12]

여기에서 도와 기는 서로 의지하고 있어 떨어질 수 없는 것이며 서기 곧 『농정신편』의 내용은 동도가 실행한 뒤에나 실용이 가능하리라고 말하는 것은 주자학의 도체기용론에 선 주장임이 분명하다. 곧 동도가 체이고 서기는 용이라는 논법이다. 그런데 그가 비록

---

12) 申箕善, 「農政新編序」(1881).

이렇게 주자학의 도체기용론을 빌려 도기상수론의 입장에 선 동도서기론을 전개하였지만, 조금만 주의해서 주자학의 도체기용론이 "체와 용은 하나의 근원"이라는 '체용일원體用一源'의 전제 위에 전개된 이론임을 상기한다면 동도에 서기를 결합시키는 것이 어불성설이라는 것을 금세 알아차릴 수 있다. 도와 기는 한 사물의 두 측면을 가리키는 것이고 체와 용은 근원을 같이한다는 것이 주자학의 대전제이기 때문이다. 동도서기론의 이러한 논리적 오류를 지적하며 나온 것이 바로 서도서기론西道西器論이다. 동도와 동기가 짝을 이루듯 서기에는 서도가 맞다는 것이다.

위에서 신기선이 제기한 도기상수론에 선 동도서기론이 동도 중심적인 것은 분명하지만, 그렇다고 서기의 존재를 부정하는 것은 아니다. 그 속에는 여전히 서기를 수용하려는 논리와 의지가 들어 있다. 이것은 무엇보다 동도동기론을 마주보며 제기된 것이기 때문이다. 그런데 1884년 갑신정변 이후 개화파가 정치적으로 큰 타격을 받았음에도 개화정책은 더디게나마 계속 진행되었고, 1890년대 후반 대한제국시기로 접어들면 서기수용이 일반화되기에 이른다. 이러한 상황에서 서도서기론이 제기되자, 동도서기론 또한 큰 내용적 변화를 겪게 된다. 곧 적극적 서기수용론에서 수동적·퇴영적 동도보존론으로 모습을 바꾸게 된 것이다.[13] 이와 더불어 신기선 등 동도서기론자들도 정치적으로 보수적 모습을 보이기 시작하였다. 일반적으로 동도서기론에 대해 부정적 평가를 하는

---

13) 김문용은 동도서기론의 전개를 개항 전후, 임오군란 이후, 갑신정변 이후, 갑오개혁 이후의 네 시기로 나눠 고찰함으로써 그 動態的 全貌를 볼 수 있게 해 준다. 김문용, 「동도서기론의 논리와 전개」, 『한국근대 개화사상과 개화운동』, 221~240쪽 참조.

경우는 이러한 모습에 초점이 맞추어져 있다.[14]

이제 동도서기론의 동도관을 살펴볼 순서이다. 앞서 보았듯이 동도서기론과 동도동기론은 모두 동도의 보존을 주장하였는데, 그렇다면 이 둘의 동도관이 과연 같은 것인지 다른 것인지를 묻지 않을 수 없다. 많은 연구자들이 쉽게 지나쳐 버렸던 이 문제가 본 저술에서는 매우 중요한 문제로 대두되기 때문이다. 서둘러 규정한다면, 둘 다 동도의 보존을 주장하고 나섰지만 그 내용은 결코 서로 같지 않다고 할 수 있다.

동도동기론에서는 먼저 화이론華夷論적 입장에 서서 서학(서도)을 극력 배척하는 가운데 서기도 함께 배척함으로써 동도를 지켜 내고자 하면서, 주자학의 절대화를 통해 이에 대한 철학적 기반을 마련하였다. 반면 동도서기론자들은 비록 동도 보존을 주장하였지만, 서기는 물론 서학(서기)에 대해서도 적극적 배척의 태도를 보이지는 않는다. 다만 도는 서도보다 동도가 우월한 바꿀 수 없는 것임을 말하였을 뿐이다. 이러한 태도는 동도서기론이 서노서기론과 대면하면서 동도보존론이라는 소극적·퇴영적 모습을 보일 때에도 크게 바뀌지 않는다. 그리고 동도서기론에서 바꿀 수 있고 바꾸어야 할 대상으로 제시된 예악禮樂과 형정刑政, 복식服食, 기용器用과 같은 서기는 동도동기론에서 볼 때에는 대부분 도의 범주에 포함되는 결코 바꿀 수 없는 것들이었다.

이에 따라 주자학에 대한 태도도 판이하였다. 동도서기론자들은

---

14) 동도서기론에 대해 동도보존론을 중심으로 부정적 평가를 내리는 대표적 연구로 강만길의 「동도서기론의 재음미」가 있다.

현실의 문제를 주자학을 통해 인식하고 풀려 들지 않았으며, 다만 주자학을 가지고 현실을 설명하고 설득하려 들었다. 따라서 주자학에 대한 이론적 천착이나 모색의 모습은 보이지 않는다. 이렇듯 그들은 주자학에 대해 그다지 신심信心을 가지고 있지 않았다. 이러한 모습은 그들의 학파적 연원과 깊이 관련되어 있다. 동도서기론을 제기한 신기선 등 많은 초기 개화파 인물들은 봉서鳳棲 유신환兪莘煥의 문인들로 개화파의 대부로 일컬어지는 환재瓛齋 박규수朴珪壽의 문하를 함께 드나든 인물들이다. 주지하다시피 기호 율곡학파는 19세기 중엽에 이르면 율곡학통의 정통임을 자임하며 중화中華・의리義理를 높이 떠받던 임헌회任憲晦의 고산학파鼓山學派와, 개항이라는 외압 아래 적극적으로 현실에 뛰어든 재야 유생 중심의 화서학파華西學派, 그리고 현실에서의 사공事功을 중시한 집권관료 중심의 봉서학파鳳棲學派로 크게 나누어지는데, 이 가운데서도 봉서 유신환은 비록 기호 율곡학통을 잇고 있었지만 이미 여타 율곡학의 후예들과는 달리 주자학으로부터 멀어지는 모습을 보이고 있었다. 따라서 그의 문인들 역시 이러한 스승의 영향을 받게 되었으며, 박규수의 문하에도 자연스레 출입하게 되었던 것이다.


## 4. 서도서기론의 동도관

1890년대 중반, 부국강병을 위한 개화정책이 추진된 지도 십수 년의 시간이 흘러 서기의 수용은 대세로 굳어져 갔으나 그 성과는 지지부진함을 면치 못하고 있었다. 이러한 가운데 성공적 근대화를 달성한 일본은 청일전쟁에서 승리한 뒤 조선 정부를 압박하여 갑오개혁甲午改革과 을미개혁乙未改革을 연이어 단행하게 했으며, 조선왕조는 마침내 청나라와의 사대관계를 끊고 대한제국으로 거듭나게 되었다. 이렇듯 대한제국 정부는 나라를 새롭게 만들고 각종 근대적 개혁조치를 시행해 나갔지만, 집권 관료들은 여전히 이전 개화파의 동도서기론적 사고를 잇고 있었다. 이에 당시 적극적 개혁론을 주도하던 독립협회에서는 이들에 대한 비판을 다음과 같이 제기하기 시작하였다.

> 지금 대한국 정치와 풍속을 보건대 태서 문명한 나라에서 존숭하는 교화는 이단이라 하여 근본 이치를 궁구하여 보지도 아니하고 다만 태서 각국의 병기와 전보선과 전기와 전기차와 화륜선과 우체법과 각항 기계는 취하여 쓰고자 하니, 이것은 그 근본을 버리고 끝만 취함이라. 나무뿌리 배양할 생각을 아니하고 나무의 가지와 잎사귀만 무성하기를 바라니 실로 우스운지라.[15]

이것은 한마디로 서도서기론西道西器論의 입장에 선 동도서기론에 대한 비판이며, 좀 더 정확히 말한다면 동도서기론의 동도보존론에 대한 비판이다. 위 논설의 논지는 '태서 각국의 병기와 전보선과 전기와 전기차와 화륜선과 우체법과 각항 기계'와 같은 서기에만 관심을 둘 뿐 그 근본이 되는 '태서 문명한 나라에서 존숭하는 교화'인 서도에 대해서는 이단으로 여겨 그 근본적 이치를 궁구하지 않는 것이 문제라는 것이다. 여기에 이르러 비로소 서도수용론이 제기되기 시작하며, 동시에 동도에 대한 비판적 견해가 제기되기

---

15) <독립신문>, 1899년 8월 19일 논설.

시작하는 것이다. 이제 논의의 초점은 기에서 도로 옮겨지게 되었으며, 동도와 서도가 마주치면서 한국 근대철학은 새로운 단계로 접어들어 다양한 모습을 드러내게 되었다.

먼저 위의 논설에서 제기된 서도서기론을 자세히 살펴보면, 서도와 서기는 한 나무의 뿌리와 가지나 잎의 관계와 같아서 서로 나눌 수 없다고 하여 도기상수론道器相須論의 주장을 펼치고 있다. 나아가 서도와 서기는 단순히 나눌 수 없는 것일 뿐만 아니라 서도는 뿌리이고 서기는 가지와 잎에 해당하는 것이어서, 서기인 가지와 잎이 무성하게 자랄 수 있게 하기 위해서는 서도인 뿌리를 더욱 북돋우어야 한다고 주장하였다. 이것은 바로 도본기말론道本器末論으로, 종래의 도체기용론道體器用論과 크게 다를 바 없는 논리이다. 다만 동도서기론이 이 논리를 통해 기는 서기로 하되 도는 동도로 해야 한다는 논리를 폈다면, 서도서기론은 같은 논리를 통해 성공적인 서기의 수용을 위해서는 반드시 적극적인 서도의 수용이 필요하다고 주장하였던 것이다. 도기체용론의 본래적 의미로 보나 논리적 혹은 현실적 맥락에서 볼 때 서도서기론의 주장이 훨씬 더 설득력을 갖는 게 사실이다.

그렇다면 서도서기론에서 말하는 '서도'는 무엇인가? 당시 서도서기론자들이 부강한 서양의 서도가 무엇인가를 논의하는 데에서 그들의 생각을 잘 읽어 낼 수 있다. 곧 그들은 <독립신문> 논설에서 자연숭배를 하는 아프리카는 야만의 상태이고, 회교를 믿는 터키와 페르시아, 아라비아, 중동의 여러 나라, 그리고 불교를 믿는 청나라와 조선, 일본, 인도, 또한 유교를 믿는 청나라와 조선 등은 반야만半野蠻·반개화半開化의 상태에 있다고 지적하면서, "기독교를 착실히 믿는 나라들은 세계에서 제일 강하고 제일 부유하고 제일 문명하고 제일 개화되어 하나님의 큰 복음을 입고 살더라"라고 단정하고 있다.[16] 결국 독립협회운동의 서도서기론자들은 서양의 부강, 곧 서기의 발달 바탕에 기독교가 있으며, 따라서 기독교를 신앙해야만 서양처럼 부강해질 수 있다고 보았던 것이다.

한편 대한제국시기 독립협회운동을 주도한 서재필과 윤치호 등은 만민공동회 등을 통해 대중정치운동을 전개하면서 적극적으로 의회의 설립을 주장하였다. 비록 이것은 성공을 거두지 못하였지만, 이러한 의회설립운동은 천부인권·자유민권설에 바탕을 둔 것이었다. 구체적으로 그들은 자유민권설을 바탕으로 한 근대적 입헌군주제를 추구하였는데, 이것 또한 그들이 생각한 서도와 관련성이 있다. 그들은 성공적인 서기 수용과 부국강병한 국가를 건설하기 위해서는 서도로서의 기독교와 자유민주적 근대국가체제가 반드시 필요하다고 생각하였던 것이다.

위에서 볼 수 있듯 독립협회가 중심이 된 서도서기론에서는 서기의 성공적 실현을 위해서는 거기에 합당한 서도의 수용이 반드시 필요하며, 그것은 다름 아닌 기독교와 자유민주적 근대국가 체제라고 생각하였다. 동도의 중심에 있는 유교는 결코 서기와 결합될 수 없는 것으로서 더 이상 소용될 데가 없다는 것이 그들의 생각이었다. 비록 유교를 정면에서 직접적으로 비판하지는 않았지만, 사실상 유교의 용도폐기를 주장했다는 점에서 전면적 부정을 한 것과 다름이 없다. 또한 개화된 문명세계를 희구하면서 조선과

---

16) <독립신문>, 1897년 1월 26일 논설.

같이 유교를 믿는 나라들은 하나같이 반야만·반개화의 상태에 빠져 있다고 지적한 것도 유교에 대한 충분한 부정이라고 볼 수 있겠다. 그들이 이와 같이 생각하고 적극적으로 운동에 나섰기 때문에 대한제국 정부는 더 이상 유교의 온상이라고 할 수 있는 과거제와 성균관을 존속·존치시킬 수 없었던 것이다.


## 5. 동도변용론의 동도관

앞에서 살펴본 독립협회 중심의 서도서기론은 당시 절대다수를 차지하던 유교적 지식인들에게 큰 충격을 던져 주었다. 조선왕조 500년 간 절대적 진리요 이념이자 가치로 군림해 온 유교가 용도폐기당하는 상황에 빠지게 되었기 때문이다. 거기에다 과거제와 성균관마저 사라져 버렸다. 이제 마냥 동도의 보존을 주장할 상황은 아니었다. 그렇다고 그들이 쉽사리 서도를 받아들이기도 어려운 노릇이었다. 어떻게든 그들은 이전 유교가 차지하였던 빈자리를 채워야만 했고, 그 결과로 다양한 동도변용론이 제시되었다. 크게 보면 종교와 철학 두 갈래로 나누어 볼 수 있으며, 다시 각각은 다양한 내용과 함께 단계적 전개 양상을 보였다.

먼저 종교 방면을 간단히 살펴보기로 한다. 이때 종교는 오늘날 흔히 말하는 종교와 똑같지가 않다. 일면 그런 의미가 있기도 하지만 다른 한편으로는 글자 그대로 '으뜸가는 가르침'의 의미도 포함하고 있는 것이다. 고종이 「존성윤음尊聖綸音」에서 "세계의 모든 나라가 종교를 극진히 숭상하는 것은 종교가 인심을 맑게 하고 정치의 도리가 여기에서 나오기 때문"이라고 말한 것이나, 박은식이 「종교설宗敎說」17)에서 종교의 중요성을 강조한 것, 장지연이 "종교란 국민의 뇌질腦質을 주조하는 원료요, 한 나라의 강약과 흥망이 종교에 달려 있다"라고 말한 것 등은 모두 그와 같은 맥락에서의 발언이다. 이러한 가운데 수많은 이른바 근대 민족종교들이 생겨났다. 이들을 민족종교라고 일컫게 된 것은, 대체로 이들 종교가 정치적으로 반침략적 민족주의 성격을 드러냈기 때문이며, 또한 그 종교적 교리의 대부분을 유교, 불교, 도교 및 무속 등 전통사상에서 가져왔기 때문이다.

관학의 지위에서 내려온 유교가 먼저 종교화를 서두르는 가운데 불교와 도교 등의 진영에서도 다양한 계통의 신흥종교들이 생겨났다. 이어 어느 한 종교사상을 중심으로 여타 종교사상을 통합하는 양상이 나타났다가, 마침내 여러 종교사상을 종합한 새로운 종교가 만들어지는 단계로 나아갔다.18) 그리고 뒤로 갈수록 전통의 종교사상뿐만 아니라 부분적으로 서양의 기독교 교리까지 받아들인 종교가 늘어났다. 이렇듯 근대 한국에서는 유교의 독존적 지위가 무너지고 기독교가 그 자리를 차지하려 드는 가운데 전통사상을 교리 내용으로 하는 다양한 종교들이 생겨났는데, 앞에서 정리한 것처럼 그것은 갈래이기도 했지만 동시에 단계적 발전의 모습을 띠는 것이기도 하였다.

철학 방면에서는 동도변용론이 제기되었는데, 그 대표적인 것이

---

17) 朴殷植, 『朴殷植全集』 中(단국대학교 출판부, 1975), 「宗敎說」.
18) 동학(천도교)과 증산교가 대표적인 경우이다.

애국계몽사상이다. 박은식, 장지연, 신채호 등이 중심이 된 애국계몽사상가들은 먼저 서양의 사회진화론을 받아들여 생존경쟁生存競爭, 우승열패優勝劣敗, 자연도태自然淘汰의 원리는 자연계뿐만 아니라 인류의 역사와 사회에도 그대로 적용되는 보편적 법칙임을 강조하였다.

大優勝劣敗는 卽天演界之公理라, 劣者昧者孤立者自弱者는 不得不摧敗滅絶而讓於優者明者團合者自强者之勝利矣니, 此는 天擇自然之淘汰結果也라.[19)

애국계몽사상가들이 이렇게 사회진화론을 적극적으로 수용·전파한 까닭은 국민들에게 열자·패자의 위치에 서 있는 우리의 상황을 깊이 인식시키기 위해서였다. 그들은 그 해결책이 오로지 자강自强에 있음을 다음과 같이 강조하였다.

人人이 皆以自强之精神으로 貫注其腦髓하야 二千萬國民이 個個有此思想이면 伊時는 必袪其依賴之習하고 全體團合하리니, 此卽大韓의 獨立自强之日也라.[20)

자강하기 위해서는 무엇보다 국민 개개인이 스스로 나라의 주인임을 자각하고, 이러한 자각을 바탕으로 국민 모두가 스스로 나라를 위해 전심전력해야 한다는 것이 바로 애국계몽사상가들의 기본적인 생각이었다. 이때 국민들로 하여금 스스로 나라의 주인임을 자각시키는 데 교육이 중요한 역할을 하게 된다. 그런데 '스스로 나라의 주인'이라는 의식은 곧 천부인권·자유민권 사상으로 이미

---

19) 張志淵, 『張志淵全集』 8(단국대학교 출판부, 1986), 「團體然後民族可保」.
20) 張志淵, 『張志淵全集』 8, 「自强會問答」.

서도서기론의 입장에서 독립협회운동을 주도한 인물들에 의해 제기되었던 것이다. 애국계몽사상가들은 비록 서양 근대의 평등설과 그것에 기초한 천부인권·자유민권 사상을 받아들이거나 그와 연관된 의회설립운동에 적극적인 관심을 보이지 않았지만, 이에 대해 부정적 입장을 가진 것은 아니었다. 이것은 그들이 유교에서 평등설을 찾으려 하는 모습에서 잘 나타난다.

이렇게 유교에서 근대사상적 내용을 찾기에 앞서 애국계몽사상가들은 전통 유교에 대한 종합적인 비판을 시도하였다. 그 대표적인 것으로 박은식의 「유교구신론儒敎求新論」이 있다. 그는 유교가 불교나 기독교처럼 번성하지 못한 데에는 다음과 같은 세 가지 이유가 있다고 말하였다.

> 所謂三大問題는 何也오 一은 儒敎派의 精神이 專히 帝王側에 在하고 人民社會에 普及할 精神이 不足함이오, 一은 轍還列國하야 思易天下의 主義를 不講하고 匪我求童蒙이라 童蒙이 求我라는 主義를 是守함이오, 一은 我韓儒家에서 簡易直切한 法門을 不要하고 支離汗漫한 工夫를 專尙함이라.[21]

박은식은 여기에서 전통의 유교가 인민은 도외시한 채 제왕의 편에만 서고, 소극적으로 배우는 이가 자기를 찾아오기만을 기다리며, 간이직절한 양명학은 내버려 둔 채 지리한만한 주자학만을 높였기 때문에 불교나 기독교처럼 번성하지 못했다고 비판하였다. 애국계몽사상가들에 의한 이와 같은 류의 유교 비판은 흔히 볼 수 있다. 애국계몽사상가들은 바로 이러한 점에서 동도서기론을

---

21) 朴殷植, 『朴殷植全集』 下(단국대학교 출판부, 1975), 「儒敎求新論」.

주장한 개화파들과 구분되며, 이를 통해 비로소 유교 변용의 길로 나아가게 된 것이다.

유교 변용의 대표적인 예는 서양 근대의 평등설을 유교에서 찾으려는 것이다. 박은식은 대동교大同敎의 종지를 말하면서 다음과 같이 주장하고 있다.

大同敎의 宗旨는 惟何오 聖人의 心은 以天地萬物로 爲一體하나니 此其意想推度으로 由함이 아니오 卽 仁의 本體가 原是如此라. 何則고, 天地의 氣가 卽 吾의 氣오 萬物所受의 氣가 卽 吾所受의 氣라, 旣同此一氣어니 其所賦의 理가 엇지 同處가 無하리오.22)

박은식은 여기에서 정호程顥와 양명학의 인仁사상을 바탕으로 한 '천지만물일체설天地萬物一體說', 장재張載의 기氣를 바탕으로 한 '물아동포설物我同胞說', 그리고 '성즉리性卽理'와 '심즉리心卽理'의 설 등을 가져와 인류만이 아니라 세상만물이 절대평등한 존재임을 말하고 있다. 이와 같이 애국계몽사상가들은 직접 서도를 가져오는 것이 아니라 서도에 해당하는 것을 동도 특히 유교에서 찾음으로써 동도의 변용을 시도하였던 것이다. 여기에서 볼 수 있듯 동도변용론의 동도관은 한 차례 서도의 세례를 받고서 비판적 검토를 거친 뒤 근대적 변용을 통해 형성된 것이다.

---

22) 朴殷植, 『朴殷植全集』下, 「孔夫子誕辰紀念會講演」.

# 제1부 동도보존론과 근대 전기의 철학

# 제1장 기호학파의 분화와 화서학파

## 1. 개항기 기호학파의 분화

1876년 조선의 개항은 우리 역사상 가장 중요한 사건 중의 하나이다. 그것은 단순히 한 항구를 대외 개방했다든가 당시 개항론자들의 주장처럼 이전 일본과 교린交隣의 연장선상에서 취해진 단순히 그러한 성질의 것이 아니었다. 조선의 개항은 비록 강제된 것이긴 하지만 세계 자본주의 질서 속에 편입되기 시작했음을 의미하며, 우리 역사가 '근대'라는 세계사의 시간표 속에 자리하게 되었음을 의미한다.

개항을 전후한 시기의 위기감은 엄청난 것이었다. 외세로부터의 위기감이 이전과는 강도가 달랐다. 이전까지 가졌던 위기감은 사실 그다지 우려하지 않아도 될 만큼의 크기였다. 따라서 그것은 대외적인 것이라기보다는 대내적 통치이념의 단속이란 차원을 넘어서지 않았으며, 그 배경에는 국내 정치적 역학관계가 작용하고 있었던 것이라 볼 수 있다. 그러나 개항기는 상황이 달랐다. 외압을 강하게 느끼기 시작했던 것이다. 현실적으로 동양의 맹주였던 청나라가 서구 열강과의 전쟁에서 연이어 패배하고, 마침내 수도 북경이 함락되었다는 소식은 커다란 위기감을 불러 왔다. 또 서양의 이양선이 연해에 수시로 출몰하고, 마침내 무력을 앞세워 개항을 요구하는 상황에 이르자 위기감은 극에 이르렀다.

이 시기의 위기감은 대원군의 쇄국정책으로 구체화되어 나타났다. 이것은 어떠한 유기체가 갑작스런 위기감을 느꼈을 때 나타내는 움츠림, 바로 자기보호본능과 같은 것이라고 볼 수 있다. 이러한 의미에서 대원군의 쇄국정책은 당시로서는 대다수 사민士民들의 절대적 지지를 업고 있었던 것이다. 쇄국정책과 대원군의 실각은 직접적인 연관성이 없다. 대원군의 실각은 이와는 다른 맥락에서 이루어진 것이다. 대원군 집권 시기에 이처럼 대외적으로 강고한 전인민적 단결을 꾀할 수 있었던 것은 외압의 강도만으로 설명되지는 않는다. 조선은 건국 이래 줄기차게 주자학적 가치와 이념을 가르치고 전파시켜 왔는데, 특히 양란 이후 기호 노론이 중심이 되어 춘추대의春秋大義에 따른 존왕양이尊王攘夷 사상을 기반으로 소중화론小中華論과 벽이단론闢異端論을 강화하고 수차에 걸친 '이단사냥'을 통해 이념적 통일성을 공고히 한 것이 무엇보다 중요한 바탕이었다.

이처럼 일단 겉으로는 대다수 인민들의 절대적 지지 속에 쇄국정책이 추진되었지만, 안으로는 조금씩 차별적인 모습을 보이기 시작하였다. 곧 대외적인 쇄국정책은 원칙적으로 동의하되 내수어양책內修禦洋策에서 차별성이 나타나기 시작한 것이다. 가령 어떤 이들은 '결인심結人心'을 바탕으로 내수어양을 말하였다면, 어떤 이들은 제도개혁을 중심으로 한 내수어양을 말하였다. 1873년 대원군이 실각하고 고종이 친정을 시행한 뒤 민씨 척족세력이 중심이 되어 개항 확대를 추진함으로써, 그 동안 잠재하고 있던 차별적 모습이 가시화되면서 현실인식을 바탕으로 양반층의 급속한 분화가 이뤄졌다.

개항기 양반층의 분화는 특히 이이李珥와 송시열宋時烈의 학통學統과 도통道統을 이은 집권세력 기호 노론에서 두드러진다. 이 시기 학파의 분화는 이론적인 영역에서 이루어지기도 하지만, 일차적으로는 개항이라는 당시 현실에 대한 인식과 대응의 차이에서 연유한다. 기호 노론의 분화를 구체적으로 살펴보면, 개항을 직접 추진한 유신환兪莘煥(1801~1859, 호 鳳棲) 학파의 김윤식金允植(1835~1922), 신기선申箕善(1851~1909)과, 개항을 적극적으로 반대하며 상소운동을 전개한 이항로李恒老(1792~1868, 호 華西) 학파 및 기정진奇正鎭(1798~1879, 호 蘆沙) 학파로 나누어진다. 그리고 개항은 원칙적으로 반대하되 출처出處의 문제를 시비 삼으며 현실 정치에 직접적·적극적으로 개입하지 않은 임헌회任憲晦(1811~1876, 호 鼓山) 학파가 다시 갈라선다.


## 2. 화서학파와 척사론

### 1) 화서 이항로

이항로李恒老는 1792년 양근군楊根郡(현 경기도 양평군) 벽계리蘗溪里에서 벽진이씨碧珍李氏 회장晦章의 아들로 태어나 1868년 77세를 일기로 죽었다. 자는 이술而述이고 호는 화서華西이다. 화서라는 호는 그가

태어나서 자란 벽계리가 청화산靑華山 서쪽에 있었기 때문에 붙여졌
다. 그는 49세(1840) 때 이조吏曹에 의해 경사經史에 밝은 선비로 천거되
어 휘경원徽慶園 참봉에 임명된 뒤로부터 75세(1866) 때 공조참판工曹參
判, 도총부부총관都摠府副摠管 등에 이르기까지 여러 차례 벼슬이 제수
되었으나, 한 번도 현직에 나아가지 않았다.

　이항로의 일생은 크게 세 시기로 정리해 볼 수 있다. 첫 시기는
기호 노론의 후예로서 학통과 도통을 이어빋아 이를 마음속 깊이
다지는 시기이다. 먼저 그의 학통은 「학문도통연원도學問道統淵源圖」[1]
에 의하면 송시열과 같은 시대에 살았던 이단상李端相(호 靜觀齋)으로부
터 연원하여 김창흡金昌翕(호 三淵), 김양행金亮行(호 止庵), 이우신李友信(호
竹村)으로 이어져 내려온다. 그러나 이러한 학통의 전승은 미미하다.
반면 도통의 전승은 두드러지며, 그의 학행을 이해하는 데도 더욱
중요하다. 그는 일찍이 33세(1824) 때 선조의 어필과 송시열의 친필이
씌어 있는 가평의 조종암朝宗巖을 찾아 숭명멸청崇明滅淸의 존화의리
尊華義理를 가슴속에 새겼으며, 또 45세(1836) 때는 청주 화양동華陽洞에
있는 송시열의 묘와 만동묘萬東廟를 참배하였다. 송시열은 숭명멸청
의 존양의리를 높이 쳐든 장본인이며, 만동묘는 송시열의 유언에
따라 그의 제자 권상하權尙夏가 세운 사당으로 임진왜란 때 명나라
군대를 파견한 명의 신종神宗을 기리던 곳이다. 그의 학통과 도통은
위로 이이와 닿아 있지만, 그가 열렬히 흠모한 이는 송시열이었던
것이다. 마침내 그는 도통의 굵은 줄기를 이이를 건너뛰어 공자-주
자-송자宋子(송시열)로 잡고 있다. 비록 그는 재야의 인물로서 기호

---

1) 『國朝人物考』(서울대학교 영인본), 445~447쪽 참조.

노론의 정맥 한가운데에 서지는 못했지만,[2) 그의 가슴 속에는 기호 노론의 피가 뜨겁게 흐르고 있었다.

두 번째 시기는 활발한 학술 활동과 저술을 한 시기이다. 저술은 자신이 직접 한 것도 있고 아들이나 문인들을 시켜 편찬한 것도 있다. 먼저 그는 55세(1846) 때 장남 이준李埈에게『주자대전집차朱子大全集箚』를 편찬케 한 뒤 68세(1859) 때 이를 수정한다. 송시열이『주자대전차의朱子大全箚疑』를 짓자 기호 노론계 학자들은 연이어 보충적인 학설들을 내놓았는데, 이를 바탕으로『주자대전차의집보朱子大全箚疑輯補』70권을 지은 뒤 중요한 내용을 가려 뽑고 이항로 자신의 견해를 덧붙인 저작이 바로『주자대전집차』이다. 이어 57세(1848) 때 문인 김평묵金平黙(1819~1891, 호 重菴)에게『이정전서집의二程全書集疑』를 편찬케 하며, 61세(1852) 때는 문인 유중교柳重敎(1832~1893, 호 省齋)에게『송원화동사합편강목宋元華東史合編綱目』60권을 편수케 한 뒤 72세(1863) 때 다시 김평묵에게 수정케 한다. 한편 그 자신도 이 시기에 활발하게 이론들을 내놓았다. 성리설과 관계된 것으로「총론심성리기지변總論心性理氣之辨」·「심리합내외설心理合內外說」·「인심도심설人心道心說」등을, 벽이단론闢異端論과 관계된 것으로 45세(1836) 때「논양교지화論洋敎之禍」, 69세(1860) 때「윤휴중용혹난변尹鑴中庸或難辨」, 72세(1863) 때「벽사록변闢邪錄辨」등을 쓴다. 죽기 직전인 76세(1867) 때 문인 김평묵과 유중교에 의해 그의 이론 정수를 모은『화서아언華西雅言』이 편집되었으며, 그가 죽은 뒤 1899년에 후손 이근원李根元

---

2) 일반적으로 이 시기 李珥에서 宋時烈로 내려오는 畿湖 道統의 정맥은 任憲晦(1811~1876)에서 田愚(1841~1922, 호 艮齋)로 내려온 것으로 본다.

(1840~1918, 호 錦溪)과 유중악柳重岳(1843~1909, 호 恒窩) 등에 의해 『화서집華西集』 32권 16책 및 부록 7권 5책이 간행되었다.

마지막 시기는 벽이단론을 바탕으로 몸소 척사위정운동에 나서는 시기이다. 이 시기는 연대 상 두 번째 시기와 겹치기도 하는데, 75세(1866) 때 프랑스 군대가 침입하는 병인양요丙寅洋擾가 일어나자 고종은 당시 좌의정 김병학의 제의를 받아들여 이항로를 정3품 승정원동부승지承政院同副承旨에 제수한다. 이에 이항로는 김평묵·유중교·유인석柳麟錫 등 여러 문인들과 함께 직접 서울로 가서 노쇠함을 이유로 사직소3)를 올려 사직하였고, 다시 공조참판工曹參判에 제수되자 또다시 사직소4)를 내고 사직한다. 이 사직소에서 그는 현실에 대해 품은 생각을 구체적인 내수어양책으로 정리하여 제시한다. 이후 화서학파의 척사위정운동과 의병운동은 이를 발원처로 삼아 거대한 물줄기를 이룬다.

### 2) 화서학파

이항로의 뒤를 이은 화서학파는 개항기에서 일제의 강점에 이르기까지 활발한 활동을 이어간다. 이항로의 문정을 직접 드나든 직전제자들만 들어도 김평묵, 유중교, 최익현崔益鉉(1833~1901, 호 勉庵), 유인석 등과 같은 기라성 같은 인물들이 있다. 이들은 주자학설과 주자학적 세계관을 바탕으로 한 실천운동에서 두드러진 모습을 보인다. 이항로의 제자들은 1886년 일어난 심설心說 논쟁5)을 계기로

---

3) 李恒老, 『華西集』 권3, 疏箚, 「辭同副承旨兼陳所懷疏」 참조.
4) 같은 책 권3, 疏箚, 「辭工曹參判疏」 참조.

김평묵을 지지하는 쪽과 유중교를 지지하는 쪽으로 나누어진다. 유중교가 임종 시에 자신의 심설을 거두어들임으로써 문중의 화합을 도모하지만, 심설에서는 여전히 차별성을 보인다. 이처럼 심설에 대해서는 이견이 노출되었지만, 리기론理氣論 등 여타 이론이나 실천운동 부분에서는 뚜렷한 차이가 드러나지 않는다. 김평묵의 뒤를 잇는 이들로 최익현과 홍재구洪在龜(호 遜志), 유기일柳基一(호 龍溪) 등이 있으며, 유중교의 뒤를 잇는 이들로 흔히 '성문삼현省門三賢'6)으로 일컬어지는 이근원, 유인석, 유중악이 있다.

먼저 이항로 문하의 맨 윗자리에 있던 김평묵金平黙은 1819년 포천현抱川縣(현 경기도 포천시)에서 청풍김씨淸風金氏 성양聖養의 아들로 태어나 1891년 73세를 일기로 죽었다. 24세(1842) 때 이항로의 문하에 나아갔으며, 이해에 홍직필洪直弼(1776~1852, 호 梅山)에 대해서도 스승의 예를 올렸다.7) 29세(1847) 때 『벽사변증기의闢邪辨證記疑』를 짓고,

---

5) 오석원의 「19세기 한국 도학파의 의리 사상에 관한 연구」(성균관대 박사학위 논문, 1991), 232~233쪽과 윤용남의 「화서학파의 심설에 관한 연구」(한국정신문화 연구원 대학원 석사학위논문), 9~10쪽, 그리고 이상호의 「심설논쟁─주자학적 심설논의에 대한 수정주의와 정통주의의 대립」(한국철학사상연구회, 『논쟁으로 보는 한국철학』, 예문서원, 1995) 참조.

6) 柳重教는 자기 문하 가운데 "義理는 毅菴, 德行은 錦溪, 文章은 恒窩"가 뛰어나다고 말한 적이 있다. 이에 이들 세 사람을 일컬어 흔히 '省門三賢'이라고 한다.

7) 洪直弼의 高弟子가 任憲晦이며, 다시 그 學統과 道統은 田愚로 이어진다. 따라서 김평묵이 홍직필에 대해 스승의 예를 올린 것은 당시 대표적인 두 학파의 학맥을 잇는 것이라고 볼 수 있다. 그러나 김평묵은 哲宗이 憲宗의 뒤를 이어 왕위에 오르면서 禮의 해석 문제가 발생하자 이항로와 홍직필 두 사람 가운데 전자의 입장을 지지한다. 곧 "철종이 헌종의 叔行이라도 헌종을 계승한 만큼 자식의 위치를 갖게 된다는 承統의 義理를 내세워 김평묵은 이항로의 입장을 지지하면서 홍직필의 禮說에 대해 의문을 제기하였던 것이다."(금장태·고광직, 『유학근백년』, 29쪽) 이뿐 아니라 주자학의 心說에서도 그는 이항로의 입장을 좇는다. 곧 임헌회가 홍직필의 심설을 이어 本心·明德을 氣라고 규정한 데 대해 그는 이항로를 좇아 理를 위주로 파악해야 한다고 주장했다. 임헌회를 이은 전우도 이항로의 심설을

30세(1848) 때『이정전서집의二程全書集疑』를, 38세(1856) 때『근사록부주近思錄附註』를 편찬했으며, 46세(1864) 때 스승 이항로의 명에 따라 유중교가 지은『송원화동사합편강목』을 수정하였다. 또 49세(1867) 때 유중교와 함께 이항로의 이론 정수를 모아『화서아언』을 편집하였으며, 이항로 사후인 51세(1869) 때『화옹어록華翁語錄』을 편집하고, 66세(1884) 때「학통고學統考」를 썼다. 한편 그는 1866년 병인양요가 일어나자 유중교 등과 함께 스승 이항로를 모시고 상경했으며, 1876년「병자연명유소丙子聯名儒疏」와 1881년「관동연명유소關東聯名儒疏」에 적극 가담하였다. 1881년에는 또「영남만인소嶺南萬人疏」의 소수疏首 이만손李晩孫에게 격려의 편지를 보내기도 했는데, 이 때문에 나주(현 전남 신안군) 지도智島에 유배되었다.

유중교柳重敎는 1832년 서울에서 고흥유씨高興柳氏 성균진사 조鼂의 아들로 태어나 강원도 춘성군 가정리柯亭里와 충북 제천 장담長潭으로 옮겨 살다가 1893년 62세를 일기로 죽었다. 5세(1836) 때부터 이항로 문하에서 글을 배우기 시작했으며, 14세(1845) 때는 김평묵에게서 수업을 받았다. 따라서 김평묵과는 사우 간이면서 동시에 사제 간이기도 하다. 앞에서 말한 것과 같이 병인양요가 일어나자 그는 김평묵과 함께 스승 이항로를 모시고 상경하였으며, 또한 1881년에는 김평묵과 함께「영남만인소」에 격려문을 띄우기도 하였다. 그러나 김평묵만큼 적극적으로 현실의 문제에 뛰어들지는 않았다. 21세(1852) 때 스승의 명에 따라『송원화동사합편강목』을

---

옹호하는 김평묵을 비판한다.(같은 책, 31쪽 참조) 이렇게 볼 때 김평묵은 홍직필, 임헌회, 전우로 이어지는 학통과 결별하여 도리어 맞서고 있는 것이다. 이처럼 심설의 문제는 화서학파 안에서뿐만 아니라 학파 간에도 중요한 논쟁거리가 되었다.

편찬하였으며, 37세(1867) 때 김평묵과 함께 『화서선생아언』을 편찬하였다. 이항로가 죽은 지 18년이 지난 뒤인 1886년(55세) 스승의 심설을 '조보調補'하려는 뜻에서 김평묵에게 「조보화서심설調補華西心說」의 편지글을 올리자 김평묵이 크게 반발하면서 이항로의 문하는 양편으로 갈라서게 되었다. 2년 뒤인 1888년 그는 수정안인 「화서선생심설정안華西先生心說正案」을 들고 김평묵을 찾았고, 1893년 3월 죽음을 하루 앞둔 자리에서 그 「화서선생심설정안」을 환수하여 소각시킬 것을 제자들에게 명하였다.

최익현崔益鉉은 1833년 포천현(현 경기도 포천시)에서 아버지 경주최씨 대岱의 둘째 아들로 태어나 1906년 일본 대마도에서 74세를 일기로 죽었다. 14세(1846) 때 이항로의 문하에 들어갔으며, 23세(1855) 때 명경과 병과에 제11인으로 합격하여 벼슬을 시작하였다. 그러나 대원군의 실정을 비판하는 상소를 올려 제주도로 유배되는 것으로부터 시작, 일생이 끊임없는 상소와 강고한 운동으로 점철되었다. 곧 그는 대원군의 만동묘와 서원 철폐의 부당함,[8] 경복궁 중건과 관련된 원납전願納錢의 중지, 당백전當百錢의 혁파, 사대문세四大門稅의 금지 등을 강하게 주장하였다.[9] 그는 44세 때인 1876년에 병자수호조약丙子修好條約이 맺어지자 도끼를 들고 궐문 앞에 엎드려 척화소斥和疏[10]를 올리는 것을 시작으로 본격적으로 척사위정운동에 뛰어들었다. 의병운동기인 1895년(63세)에는 정계에 복귀한 박영효·서광

---

8) 최익현은 「丙寅擬疏」(1866)에서는 만동묘 복구를, 「辭戶曹參判兼陳所懷疏」(1873)에서는 만동묘와 서원 철폐의 부당함을 주장하고 있다.
9) 崔益鉉, 『勉菴集』, 疏, 「掌令時言事疏」 참조.
10) 같은 책, 「持斧伏闕斥和議疏」.

범을 물리칠 것과 의복변혁의 불가함을,[11] 1905년(73세)에는 을사오적乙巳五賊의 처참을 상소하였다.[12] 1906년(74세) 4월 13일, 태인의 무성서원武城書院에서 드디어 의병봉기를 선언하고 이 사실을 왕에게 알린 뒤[13] 의병운동에 깊이 관여하였다.

유인석柳麟錫은 1842년 춘성군(현 강원도 춘천시) 가정리에서 고흥유씨 중곤重坤의 아들로 태어나 1915년 만주 땅에서 74세를 일기로 죽었다. 14세(1855) 때 이항로의 문하에서 공부하기 시작했으며, 1866년 병인양요가 일어나자 김평묵·유중교 등과 함께 스승 이항로를 모시고 상경하였다. 1876년 병자수호조약이 체결되자 다시 문인들과 함께 상경하여 개국의 부당함을 상소하였다. 그의 활동은 의병운동기에 두드러진다. 1895년(54세) 을미의병 때 그는 의병장으로 추대되어 충주·제천 등지에서 활약하다가 실패 후 다음해 만주로 망명하였다. 1897년(56세) 귀국하였다가 다음해 다시 만주로 망명하였다. 1900년(59세) 만주에서 의화단義和團의 난을 피해 귀국하여 평안도, 황해도 등지에서 강학을 통해 인재를 길렀고, 1907년(66세) 독립운동의 해외 기지를 개척하기 위해 러시아 땅 연해주로 세 번째 망명길에 올랐다. 그곳에서 그는 1910년(69세) 십삼도의군도총재十三道義軍都總裁로 추대되어 각국 정부에 성명서를 보내고 또 국내 진공작전을 세우기도 했다. 말년에는 이국 땅 망명지에서 그의 대표적 저술인 『우주문답宇宙問答』(1913, 72세), 『도모편道冒編』(1914, 73세) 등을 정리해 남겼다.

---

11) 같은 책, 「請討逆復衣制疏」 참조.
12) 같은 책, 「請討五賊疏」 참조.
13) 같은 책, 「倡義討賊疏」 참조.

## 3) 척사론

벽이단론闢異端論은 기호 노론 도맥道脈의 핵심이다. 송시열이 존명 멸청의 존화의리에 바탕한 소중화론小中華論을 내세우고 주자학적 세계관을 그 중심에 둠으로써 견결한 벽이단의 자세를 취한 이후, 그의 후예들인 기호 노론은 자신들의 학문적·정치적 명운을 걸고 이에 매달렸다. 기호 노론의 후예임을 자처하는 화서학파도 예외가 아니다. 그들의 운동과 철학은 모두 이 벽이단론을 이은 척사론斥邪論과 깊게 연관되어 있다. 곧 그들의 힘찬 운동은 벽이단론, 바로 척사론을 바탕으로 하고 있으며, 그들의 철학적 모색은 이 척사론을 더욱 굳건히 체계 짓고 구조 짓기 위한 것이었다. 화서학파 전체에서 보면, 초기에는 벽이단 사상을 계승·강화하여 척사론을 제기하고 이에 대한 철학적 정지작업에 주력하다가, 중·후기로 오면서 운동으로 무게중심이 옮겨 가게 된다. 의병운동 후기로 오면 부분적인 변모의 양상이 나타나기는 하지만 그것은 대세와 시대에 강제된 것일 뿐, 그들은 여전히 타협 없는 주자학적 세계관으로 현실을 해석하고 강제하려 듦으로써 주자학의 마지막을 장렬하게 장식하고 역사 속으로 산화해 갔다.

이항로가 벽이단에 대한 정리된 생각을 내놓은 것은 72세(1863) 때 쓴 『벽사록변闢邪錄辨』에서이다. 꽤 늦은 시기이다. 그러나 그가 일찍이 조종암을 찾고 송시열의 묘와 만동묘를 참배한 것은 모두 기호 노론의 도맥을 통해 내려오는 벽이단의 정신을 마음속 깊이 새긴 것이라고 볼 수 있다. 김평묵은 이항로가 44세 때인 1835년에 단양지방을 유람하다 지은 「우탄憂歎」이라는 시를 화서학파 척사론의 연원으로 잡았다.14) 『벽사록변』은 1839년 이정관李正觀이 자신의 저작인 『벽사변증闢邪辨證』의 초고를 이항로에게 부치며 교열을 부탁한 것15)과 관련이 있다. 이항로는 뒷날 이 『벽사변증』과 「만물진원변萬物眞源辨」 중의 미진한 부분에 대해 자신의 견해를 붙여 『벽사록변』을 완성했던 것이다. 그러나 이항로 문하의 김평묵이 그에 앞서 1847년 이정관의 『벽사변증』에 대한 자신의 견해를 적은 『벽사변증기의闢邪辨證記疑』 약간 권을 난고亂藁로 보관하고 있었던 것을 보면,16) 이 부분에서는 김평묵이 이항로에게 영향을 미쳤을 가능성도 있다. 이정관의 『벽사변증』은 안정복安鼎福의 『천학고天學考』・『천학문답天學問答』이나 이전 인물들의 서학에 대한 그밖의 변척들을 수정・보완한 것인데, 이항로의 『벽사록변』은 이정관의 책을 재차 수정・보완한 것이다. 이항로는 이 책에서 천주교 교리를 15조로 나누어 조목조목 비판하고 있다.

이 밖에도 이항로는 45세 때인 1836년에 이미 「논양교지화論洋敎之禍」라는 글을 써서 벽이단・척사의 생각을 펼친 바 있다. 그 비판의 핵심은 맹자 이래 유학자들이 이단배척에서 전가의 보도처럼 휘둘러 대던 '무부무군無父無君'이라는 칼날이다. 이항로와 그의 후예들은 서양이 '오랑캐'(夷)도 되지 못하는, 그래서 아예 '짐승'(禽獸)과 같은 존재란 의미에서 '무부무군'이라고 비판했던 것이다. 윤리・도덕적인 면에서뿐만 아니라 의복・제도 등에서도 그러하다는

---

14) 권오영, 「김평묵의 척사론과 聯名儒疏」, 『한국학보』 55(1989), 130쪽 참조.
15) 금장태, 『동서교섭과 한국근대사상』(성균관대 출판부, 1984), 51쪽 참조.
16) 『重菴集』 권41, 「闢邪辨證記疑序」 참조. 김평묵은 1847년 난고 형태로 정리한 『벽사변증기의』를 1866년 8월 완성하여 유중교와 이항로의 아들 이복에게 검토를 의뢰한다.(권오영, 「김평묵의 척사론과 聯名儒疏」, 132쪽 참조)

생각을 그들은 가지고 있었다.[17]

　벽이단과 척사론의 문제는 시각을 좀 바꿔 볼 여지도 있다. 곧 '위정衛正'을 통한 척사의 관점이 그것이다. 기호 노론들의 '올바른 것을 지켜 내려는' 위정의 노력은 주자학 이론 내에서의 부정합적 내용을 교정하는 것[18]과 '무오류'의 절대적 진리 교과서로『주자대전』을 만드는 데 편집광적인 집착을 보이는 것에서 여실히 드러난다. 그들이 이러한 작업에 매달린 것은 주자학 이론에 대한 회의를 통해 주자학으로부터 멀어지거나 반주자학적인 이론들을 제기하는 이들이 생겨났기 때문이다. 이에 '진리'(正)를 굳건히 지켜 냄으로써 '이단사설'(邪)을 물리치는 것을 또 하나의 중요한 방법으로 사용하였던 것이다.

　송시열이 주희의『주자대전朱子大全』에 자신의 견해를 덧붙여『주자대전차의朱子大全箚疑』를 내놓자『주자대전』에 대한 완비 작업은 그의 사후에도 계속 이어져서, 김창협金昌協과 그의 제자인 어유봉魚有鳳에 의한『주자대전차의문목朱子大全箚疑問目』, 김매순金邁淳의『주자대전차의문목표보朱子大全箚疑問目標補』, 이의철李宜哲의『주자대전차의후어朱子大全箚疑後語』등을 거쳐 이항로 · 이준 부자의『주자대전차의집보朱子大全箚疑輯補』로 집대성되었다.[19] 다시 이항로는 아들 이준에게『주자대전차의집보』중의 중요한 내용을 가려 뽑아『주자대진집차朱子大全集箚』를 편찬케 했다. 이렇듯 기호 노론들은 학술상에서 주희의『주자대전』을 완비하는 데 온 힘을 기울이고, 이를

---

17) 이러한 생각은 1890년대 중반 최익현의 상소 속에도 그대로 담겨 있다.
18) 대표적인 것으로 韓元震(호 南塘)의『朱子言論同異攷』를 들 수 있다.
19) 한국철학사상연구회,『강좌한국철학』(예문서원, 1995), 177쪽 참조.

통해 이단사설로부터 주자학을 지켜 내고자 하였다. 이항로가 69세(1860) 때 「윤휴중용혹난변尹鑴中庸或難辨」을 지어서 윤휴尹鑴의 『중용혹난中庸或難』을 비판했던 것도 같은 벽이단의 맥락에서 이루어진 일이었다.

김평묵이 『이정전서집의二程全書集疑』와 『근사록부주近思錄附註』[20)를 편찬하고 「학통고學統考」를 쓴 것 또한 모두 같은 노력의 일단이라 할 수 있다. 이정을 포함한 『근사록』에 수록된 인물들이 모두 주희 도통의 연원이란 점에서, 그가 왜 이러한 책들에 힘을 쏟았는지 알 수 있다. 『송원화동사합편강목宋元華東史合編綱目』도 마찬가지이다. 이 책은 스승 이항로의 명에 따라 유중교가 편찬하다 김평묵이 완성한 것인데, 그 내용은 "중화를 높이고 오랑캐를 물리치는"(尊華攘夷) 춘추의리에 따라 중국과 우리나라의 역사를 통합하여 서술함으로써 화서학파의 역사관을 체계화시켜 전개한 것이다.[21)

## 3. 화서학파의 운동

### 1) 척사위정운동

척사위정운동은 개항을 전후하여 재야 유생들에 의한 상소운동으로 크게 세 차례에 걸쳐 전개되었다. 그것은 병인양요(1866)와

---

20) 『근사록』의 성격과 각종 주석서, 『근사록부주』에 대한 편자, 편집 경위, 성격 및 체제 등에 대한 상세한 내용은 금장태·고광직, 『속유학근백년』(여강출판사, 1898), 83~87쪽 참조.
21) 금장태·고광직, 『유학근백년』, 30쪽.

신미양요(1871)를 거쳐 개항 이전까지에 해당하는 대원군의 쇄국정책기, 정권이 고종으로 넘어간 후 민씨 척족세력이 중심이 되어 일본에 투항적인 개항을 하는 1876년을 전후한 시기, 그리고 1880년 김홍집金弘集이 제2차 수신사로 일본을 다녀오면서 가져온 청나라 주일참찬관 황준헌黃遵憲의『조선책략朝鮮策略』으로 인해 유생들의 전국적인 저항이 뒤따르자 이에 대해 고종이 척사윤음斥邪綸音이 내리게 되는 1881년까지의 시기로 나누어 볼 수 있다.

첫 번째 시기에는 이항로가 직접 참여한다. 1866년 병인양요가 일어나 전국이 들끓자 고종은 75세의 이항로를 승정원동부승지에 제수한다. 이에 그는 문인 김평묵·유중교·유인석 등을 데리고 상경하여 사직소를 올리는데, 그 속에서 자기의 현실인식과 대비책을 담은 내수어양책을 제시한다. 먼저 서양에 대한 인식을 보면, 그는 화이론華夷論의 입장에 서서 서양인은 윤리도덕도 없이 오직 물질적인 것과 성적인 것만을 추구하는 오랑캐요 그만도 못한 짐승이라고 비판한다. 서양의 상품에 대해서는 비교적 날카로운 통찰이 엿보인다. 곧 그는 서양의 상품은 공산품인 반면 우리의 것은 농산품이므로 통상을 하게 되면 우리 경제가 피폐해진다고 주장한다. 물론 이런 통찰이 서양 자본주의의 성격에 대한 정확한 인식에서 나온 것은 아니다. 서양의 공산품을 단지 사치품으로 이해하는 점에서는 인식의 한계를 분명히 드러낸다.

두 번째 시기에는 이항로의 문인들이 대거 참여한다. 이 시기의 대표적인 것으로, 김평묵과 홍재구가 중심이 된 「병자연명유소」와 흔히 '오불가소五不可疏'라고 일컬어지는 최익현의 「지부복궐척화의소持斧伏闕斥和義疏」가 있다. 상소의 중심 내용은 이전의 것과 별다른 차이가 없다. 곧 화이관을 바탕으로 서양을 금수시한다거나 서양의 공산품을 사치품으로 본 것이 그러하다. 그러나 이 시기 척사위정운동은 일본과의 개국통상과 관련하여 일어난 것이므로 일본이 배척의 대상이 된다. 개항을 추진하는 정부 측에서 이전 교린외교의 연장이라고 주장하는 것에 대해 그들은, 지금의 일본은 더 이상 이전의 일본이 아니라 서양화한 일본이라는 '왜양일체倭洋一體'의 논리로 맞선다. 이 시기 척사위정운동은 첫 시기처럼 정부 정책을 뒷받침하는 것이 아니라 정부 정책과 정면으로 맞서는 것이었다. 이제 그들은 역사의 뒤안길로 내몰리는 처지가 된 것이다.

세 번째 시기에는 홍재학洪在鶴을 소수로 한 「관동연명유소」가 있다. 이 유소는 홍재구가 작성한 것인데, 김평묵이 이에 추가하여 「미부소尾附疏」를 지었다. 홍재구는 김평묵의 문인이자 사위이며, 홍재학도 김평묵의 문인이자 홍재구의 동생이다. 따라서 이 유소는 이항로 문하 가운데서도 김평묵 계열이 중심이 되었음을 알 수 있다. 김평묵은 이 상소로 홍재학이 장살되는 아픔을 겪는다. 또 하나 이 시기 빠뜨릴 수 없는 것으로, 김평묵이 중심이 되어 이만손이 소수인 「영남만인소」에 격려의 편지를 부친 사건이 있다. 김평묵은 이 때문에 전라도 지도로 유배형을 받지만, 그가 「병자연명유소」 때까지만 해도 남인의 발호를 막기 위해서는 기호 노론이 중심이 되어 척사위정운동을 전개해야 한다고 주장했던 것을 기억해 보면, 이제 척사위정운동은 새로운 단계로 접어들었음을 알 수 있다. 곧 척사위정운동은 당파를 넘어서 전국적인 범재야 유생의 운동으로 발전해 간 것이다.

## 2) 의병운동

의병이란 주자학적 세계관과 충의정신을 바탕으로 외적의 침략에 자발적으로 무력항쟁한 군사집단이라고 말할 수 있다. 따라서 1890년대 중반 이후 전개된 의병운동은 사상적으로 선행한 척사위정운동을 잇고 있다. 물론 인적인 연계성도 확인된다.

의병운동은 몇 차례에 걸쳐 일어나면서 운동의 성격이 바뀌어간다. 첫 번째 시기(1895~1896)에는 갑오농민전쟁 중 일본군이 경복궁을 점령한 사건과 뒤이어 특히 을미사변과 단발령 등의 을미개혁을 반대하면서 의병운동이 일어난다. 이때는 유생의병장이 중심이 된 까닭에 충군적 성격을 짙게 띤다. 두 번째 시기(1904~1907)에는 일제의 준식민지적 강요로부터 일어난다. 특히 1905년 을사보호조약이 맺어지자 전국적으로 유생들이 의병운동에 참가하는 한편으로 경상도 영해 지방의 신돌석과 같은 평민의병장도 등장하기 시작한다. 이렇게 하여 의병운동은 질적인 변화를 맞을 수 있는 근거를 확보하게 된다. 세 번째 시기(1907~1909)에는 해산병의 참전과 평민의병진의 확대가 이루어지고 교전 상대가 일본으로 바뀜에 따라 의병운동이 국민전쟁적인 성격을 띠게 된다. 아울러 유생 출신의 의병장 수와 역할이 현저히 줄어들면서 군대나 평민 출신의 의병장이 그 자리를 대신한다. 1909년 10월 일본군의 '남한대토벌' 작전에 의해 국내 의병진은 대부분 궤멸하고, 일부는 만주 일대로 망명하여 독립군으로 전환해 간다.

의병운동시기에는 화서학파에서 유인석과 최익현의 활약이 돋보인다. 먼저 최익현은 1906년 태인의 무성서원에서 의병봉기를 하기에 앞서 1895년에는 갑신정변에 참여한 인물들과 이어 을미개혁에 참여한 인물들을, 1905년에는 을사오적을 역적으로 처참할 것을 격렬히 상소하였다. 마침내 1906년 그는 상소에서 의병으로 운동의 방향을 바꾸게 된다. 그러나 전라관찰사의 공격을 받게 되자 "이는 곧 우리가 우리를 치는 것이니 차마 할 수 있겠는가?"라면서 항전을 중지하고 서울로 압송되어 간다. 다시 그는 일본군의 손에 넘겨져 일본 땅 대마도에서 죽음을 맞는다. 여기에서 볼 수 있다시피 그는 의병운동에서마저 존왕적 성격을 벗어나지 못하고 있다. 이것은 평민의병장과의 중요한 차별점이 된다.

유인석은 1895년 을미의병 때 강원도 춘천의 이소응李昭應, 전라도 장성의 기우만奇宇萬, 경상도 선산의 허위許蔿 등과 더불어 충청도 제천을 근거지로 의병장에 추대되어 활동한다. 이후 1910년 세 번째 망명지인 러시아 연해주에서 69세의 나이에 십삼도의군도총재十三道義軍都總裁로 추대되어 국내진공작전을 세우기도 한다. 이것은 의병이 독립군으로 전환해 가는 한 모습을 잘 보여 주고 있다.


## 4. 화서학파의 철학사상

### 1) 리기론

이곳에서는 화서학파의 리기론 가운데서도 리와 기의 관계를 어떻게 설정하고 있으며 리의 운동성을 어떻게 설명하고 있는가를 중점적으로 살펴보기로 한다. 이것은 그들의 척사론과 척사위정운동의 내용을 설명하는 데 중요한 열쇠가 되기 때문이다.

조선 주자학의 양대 산맥을 이루고 있는 이황李滉(1501~1570, 호 退溪)과 이이李珥(1536~1584, 호 栗谷)는 먼저 리와 기의 관계에서 원칙적으로 '불상리不相離'와 '불상잡不相雜'을 모두 인정한다. 다만 어느 쪽에 무게 중심을 두느냐의 차이가 있을 따름이다. 리의 운동 문제에서는 양자 간 확연히 차이를 보인다. 이황은 어떻게든 리의 운동성을 확보하려는 뜻에서 '리기호발理氣互發'을 말하고, 이이는 주자학의 교과서적 해석에 따라 '기발일도氣發一途'를 말한다. 이러한 리의 운동성 문제는 이후 양 학파를 구분 짓는 가장 중요한 기준이 된다. 이황은 불상리·불상잡론을 통해 모든 사물은 리와 기의 결합으로 이루어지되 존재의 층차를 두고 결합되어 있음을 주장하고, 다시 '리기호발설'을 통해 리의 운동성을 확보해 냄으로써 존재상 우위에 있는 리가 하위에 있는 기를 '실질적으로' 주재할 수 있는 근거를 마련한다.

그러면 먼저 이항로의 리와 기의 관계에 대한 논의를 살펴보자. 그도 일단 다른 주자학자와 마찬가지로 리와 기는 서로 떨어질 수도, 또한 서로 뒤섞일 수도 없다는 주장을 한다.[22] 그러나 그 내용을 보면 정작 그 뜻은 리와 기가 서로 뒤섞일 수 없음을 강조하려는 데 있음을 쉽게 알 수 있다. 곧 그는 "주자가 '리와 기는 결단코 서로 다른 두 가지 사물이다'라고 말한 것은 성현들이 서로 전해 온 변할 수 없는 진리"[23]라고 말하였다. 이렇게 리와 기를 둘로

---

22) 李恒老, 『華西集』 권24, 雜著, 「理氣問答」과 『華西雅言』 권1, 「形而第一」 참조.
23) 李恒老, 『華西雅言』 권1, 「朱子理氣決是二物說」.

나눈 뒤 리는 주인(主)이요 명령하는 자이며, 기는 손님(客)이요 명령받는 자라고 자리매김한다.24) 이어 그는 주재·운용성이야말로 리의 가장 중요한 특성이며,25) 만약 태극의 동정動靜을 인정하지 않으면 태극은 공적空寂에 빠지고 말아 기 운동의 본원이 될 수 없게 된다고 말한다.26) 아울러 그는 '함含'·'유有'의 술어를 써서 운동성을 리의 속성으로 인정한다.27)

김평묵도 마치 현명한 군주가 자기를 공경히 하여 가만히 남면하고 있으면 저절로 선정이 베풀어지듯이 리가 기를 주재하기 때문에 마치 리에 정의情意와 조작操作이 없는 것처럼 보이지만 실제는 그렇지 않다고 하면서, 리는 무정의無情意·무조적無造迹·무계탁無計度하다고 한 주희의 말만 믿고 곧 리를 죽은 사물로 여겨 버린다면 기가 전권을 휘두르게 될 것28)이라고 말하여 어떻게든 리에 운동성을 부여하려고 애쓰고 있다. 유중교 또한 리에 동정이 있음을 인정하면서, 리는 "작위함은 없되 주재함은 있다"라고 한 뒤 결국 리는 "함이 없되 하지 않음이 없다"라고 말한다.29)

## 2) 심설

리기론에서 리 중심적인 특성을 강하게 나타냈던 화서학파는 심心에 대해서도 리 중심적인 해석이 두드러진다. 일종의 '심주리론

---

24) 같은 책 권1,「形而第一」참조.
25) 李恒老,『華西集』권24,「太極者本然之妙說」참조.
26) 李恒老,『華西雅言』권1,「臨川第二」참조.
27) 李恒老,『華西集』,「答柳稚程」참조.
28) 金平黙,『重菴集』,「天君篇」참조.
29) 柳重敎,『省齋集』,「答姜伯三」참조.

心主理論'이라고 말할 수 있겠다. 이러한 심에 대한 '주리'적인 해석은 이항로와 김평묵에게로 내려오면서 분명하게 나타난 반면, 같은 이항로의 문인인 유중교는 여기에 대해 이견을 내놓는다. 이에 화서학파는 일순간 두 편으로 갈라서게 된다. 심의 문제는 도덕철학의 성격이 강한 주자학에서 중심의 위치를 차지하며, 특히 조선에서는 심에 대한 리·기 분속分屬의 문제가 집중적으로 토론되었다. 사단칠정논쟁, 인심도심논쟁 및 인물성동이논쟁이 모두 이와 직간접적으로 관계되어 있다. 이 연장선상에서 조선 주자학의 마지막 논쟁이라고 말할 수 있는 심설논쟁이 일어난다. 이 논쟁은 일단 화서학파 안에서 일어나지만, 당시 화서학파 밖의 고산학파나 한주학파와도 긴밀히 연관되어 있기도 하다. 이에 이 글에서는 화서학파의 심설논쟁을 좇아 그들의 심설을 정리하기로 한다.

그들의 심설을 정리하기에 앞서 사단칠정이나 인물성동이에 대한 그들의 입장을 살펴보는 것도 필요하다. 그들의 사단칠정론[30]을 통해서는 퇴·율 학파 간의 위치를, 인물성동이론[31]을 통해서는 기호 노론 중 호파湖派와 낙파洛派 간의 위치를 가늠해 볼 수 있기 때문이다.

화서학파 내 심설 논쟁에서 핵심이 된 것은 '심통성정心統性情'의 문제였다. '심통성정론'은 주희가 장재張載의 이론을 그대로 수용한 것으로, 여기에서 '통統'의 의미가 문제의 열쇠이다. '통'에는 '통섭統攝'과 '통수統帥'의 의미가 함께 들어 있다. 그런데 이들에게 오면서

---

30) 이진표, 「화서의 사칠론」(민족과사상연구회, 『사단칠정론』, 서광사, 1992) 등 참조.
31) 유권종의 「화서 이항로의 인물성동이론」(한국사상사연구회, 『인성물성론』, 한길사, 1994) 등 참조.

특히 성과 정에 대한 통수자로서의, 좀 더 정확히 말한다면 성에 대한 통수자로서의 심의 존재론적 자리 매김이 문제된 것이다. 곧 존재론 상 리의 위치를 차지하고 있는 성의 통수·주재자인 심은 과연 존재론 상 어떠한 위치에 있어야 하는가가 문제의 핵심이었다. 특히 이 문제는 종래 '통'을 '통섭'이라는 의미로 해석하여 심을 기[32] 혹은 리와 기의 결합[33]으로 이해한 데서 야기된 것이다. 기 혹은 순수하지 못한 리인 심이 순수한 리인 성을 결코 통수·주재할 수 없으며, 통수해서도 안 된다는 것이 심주리론자들의 고민과 주장의 근거이다.

이항로는 그의 도통 연원이라고 생각했던 송시열이 "심은 리로써 말한 것이 있고 기로써 말한 것이 있다"[34]라고 말한 것을 바탕으로 일단 심을 리적인 것과 기적인 것으로 구분한다.[35] 그러면서도 주희가 심에 대해 논한 것을 분석한 뒤 리로 심을 논한 것이 더 많을 뿐만 아니라 더 중요하다고 말한다.[36] 결국 심의 리적인 측면이 심의 진면목이며, 그것이 바로 '본심'이라는 것이다. 그의 문인이자 비판자였던 유중교도 '리로써 심을 단정한 것'이 이항로 심설의 특징이라고 말한다.[37]

나아가 이항로는 심을 형形·기氣·신神·리理 네 층차로 나누어

---

32) 이이가 대체로 이 입장에 서 있다.(李珥, 『栗谷全書』 권10, 「答成浩原」 참조)
33) 이황이 대체로 이 입장에 서 있다(李滉, 『退溪全書』 권16, 「答奇明彦」 및 책, 「答金而精」 등 참조)
34) 宋時烈, 『宋子大全』 4, 「浩然章質疑」.
35) 李恒老, 『華西集』 권22, 「心與氣質同異說」 및 「心與氣同異說」 참조.
36) 같은 책 권24, 「宋子大全雜著數條記疑」 참조.
37) 柳重教, 『省齋集』 권33, 「講說雜稿」 및 권58, 「年譜」 참조.

설명한다. 이 가운데 신은 기와 리 어느 곳에도 귀속되지 않는다고 하면서도, 한편으로는 리와 신의 관계를 체體와 용用으로 연결시켜 모두 형이상의 도道라고 말함으로써 결국 신을 리의 범주에 포함시킨다.38) 이때 신은 '사람의 신명神明'을 가리킨다. 이것은 곧 주재성과 운동성의 내용을 가진다. 주자학에서 일반적으로 기로 인식되던 신을 그는 리로 인식하였던 것이다. 그의 리 중심적 심론 중에서도 이 점이 가장 두드러진 이론적 특징이라고 볼 수 있다. 심의 다양한 층차 중에서 리의 층차도 중요하지만 주재성과 운동성을 가지고 있는 신의 층차도 그것 못지않게 중요하다는 것이다. 이러한 관점은 그의 심통성정론과 직결되어 있다. 그는 '통'을 주재성과 운동성을 가진 '통수'의 의미로 파악한 뒤, 리인 성을 심이 통수하기 위해서는 심이 적어도 성과 같은 존재 등급이어야 한다고 보았다.

유중교도 심에는 리로 말한 것과 기로 말한 것이 있으며 명덕明德은 곧 리라는 이항로의 입장에 그대로 동의한다.39) 그러나 그는 명덕은 리이지만 심이 곧 명덕인 것은 아니므로 심을 곧 리라고 할 수는 없으며, 심을 네 층차로 나누었을 때 신에 해당하는 '사람의 신명'은 기질의 사사로움에 닿아 있으므로 마땅히 형이하의 기로 보아야 한다고 주장한다.40) 정통적인 주자학의 입장에 선 비판이라고 할 수 있겠다.

---

38) 李恒老, 『華西集』 권24, 「形氣神理說」 참조.
39) 柳重教, 『省齋集』 권7, 「上重菴先生戊子四月條別紙」 참조.
40) 같은 책 권7, 「上重菴先生戊子四月條」 참조.

## 5. 철학사상과 운동의 연관성

화서학파는 리기론에서 리기불상잡론理氣不相雜論을 통해 기에 대한 리의 선차성·우위성을 확보하고, 다시 이황이나 그의 후예들처럼 리의 직접적인 운동성을 확보해 내지는 않는다 할지라도 리에 운동성을 부여함으로써 기에 대한 리의 주재성을 확보한다. 그리고 이러한 리의 주재성 확보를 위한 노력은 심의 분석에도 기울인다. 곧 주자학의 심통성정론心統性情論에서 '통'의 의미를 주재적인 의미인 '통수'로 해석함으로써 리인 성을 통수하기 위해서는 심도 리여야만 한다는 결론에 다다른다. 특히 이항로는 통수·주재자로서의 심의 존재론적 위치를 더욱 분명히 드러내기 위해서 종래 리와 기 둘로 나눠 보던 틀을 형·기·신·리의 넷으로 세분한 뒤 심을 신과 연결시키고, 신을 리와 같은 존재 충차를 가진 것으로 설명한다. 이때 리는 신을 통해 주재력을 확보하고, 신은 리를 통해 존재의 상승을 기한다.

화서학파의 이러한 리 중심적 리기론과 심주리론은 그들 척사론의 중요한 철학적 바탕이 된다. 곧 "그들은 먼저 주자학적 세계관에서 굳게 무장된 선악 관념을 빌려 일체를 이분한 뒤 선과 악으로 대입시켜 나간다. 곧 일체의 것은 도와 기, 리와 기로 추상되고 다시 선과 악이라는 옷을 입게 된다. 여기에서 나와서 지켜야 할 것과 배척해야 할 것은 아주 분명해진다. 여기에서 볼 수 있다시피 리와 기는 잠시도 결코 뒤섞일 수 있는 것이 못 된다. 그들의 리기불상잡론이 구체적으로 이러한 모습으로 현상되고 있다. 그렇다고 악이 선의 통제를 벗어나서도 안 된다. 가까이 잡아 둘 필요가 있는 것이다. 이를 위해서 그들의 리기불상리론과 이를 바탕으로 한 리발론理發論이 동원된다. 이때 리가 직접 운동(發)하느냐의 문제는 중요하지 않다. 어떠한 방식으로든 운동의 속성을 리에 부여하면 리는 기에 대한 주재력을 가질 수 있게 된다. 그들의 리 중심적 리기론은 바로 이와 같은 내용으로 반외세·반침략의 척사위정운동과 연결된다."41)

심주리론을 통한 심의 주재력 확보의 노력도 같은 맥락에서 이해해 볼 수 있다. 정情만을 좇는 사악한 외세를 단호히 배격하기 위해서는, 곧 정情에 대한 심心의 실질적인 공제력을 확보할 수 있기 위해서는 심을 더 높은 곳으로 올릴 필요가 있었던 것이다. 현실의 상황이 급박해지면 급박해질수록 당장 현실의 개선보다는 나의 강화로 귀결된다. 여기서 내가 철학의 옷을 입으면 바로 심이 된다. 어떠한 어려움에서도 나를 굳건히 세우고 그것을 통해 현실을 바로잡아 보고자 한 것이다. 이것이 바로 척사위정론자인 화서학파가 선택한 길이다.

화서학파들의 몸 속 깊은 곳에는 기호 도통이라는 뜨거운 피가 흐르고 있었다. 그러나 그들의 리 중심적인 리기론은 기호 학통으로부터 조금의 거리를 두고 있다. 심주리론으로 가면 이것은 완전히 기호 학통과 결별했다고 볼 수 있다. 그래서 유중교가 우려한 나머지 이항로의 심설을 어떻게든 '조보調補'하여 기호 학통으로 회귀시키고자 한 것이며, 기호 학통과 도통의 정통임을 자임한

---

41) 홍원식, 「주자학적 세계관의 선택─척사위정파의 사상과 운동」, 『시대와 철학』 10호(한국철학사상연구회, 1995), 40~41쪽.

고산학파의 전우는 화서의 심주리설을 소리 높여 비판했던 것이다. 그러나 기호 학통으로부터 멀어져 가는 화서학파의 철학사상에 대한 비판은 빛이 바래게 된다. 그들의 이론은 이미 현실의 실천운동을 위해 자각적으로, 또 주체적으로 요청된 것이기 때문이다.

# 제2장 영남학파의 분화와 근대 영남유학

16세기 퇴계退溪 이황李滉이 등장한 이후 수백 년 동안 퇴계학의 절대적인 영향 아래 어느 지역보다도 유학의 전통을 깊게 간직해 오던 영남지방의 유학은 근대시기를 거치면서 그만큼 힘들고 지속적이며 다양한 모습을 드러내게 된다. 그러함에도 불구하고 근대 영남유학이 한국 근대 유학사와 철학사에서 가지는 지분은 너무나도 적다. 그것은 근대 유학사와 철학사가 주로 서울 곧 기호학파를 중심으로 씌어졌기 때문이다. 기호유학이 지리적 여건 등으로 말미암아 한 발 앞서 근대를 맞이한 반면 영남유학은 뒤늦게 그 뒤를 따랐으므로 언뜻 보기에는 굳이 주목할 필요가 없는, 한낱 지방사의 영역에서 다루어도 될 법한 영역인 듯도 하다. 하지만 영남유학은 기호유학과는 차별적인 전개와 내용을 담고 있어 그 자체로 결코 무시할 수 없는 크기를 지니는 만큼 마땅히 주목받아야 하며, 그것을 포함시켰을 때 비로소 한국 근대 유학사와 철학사가 완비될 수 있을 것이다.

## 1. 근대 영남유학의 학맥과 학파

영남지방은 가운데로 낙동강이 관통하는 지리적 조건으로 말미암아 강한 결집력을 나타낸다. 퇴계학도 이 낙동강 수로를 따라 널리 퍼져 나가는데, 특히 낙동강의 지류인 남강 유역를 중심으로 일어난 남명南冥 조식曺植의 남명학파가 인조반정으로 몰락하게 된 이후로는 영남지방 전역으로 확산되어 간다. 19세기 중엽 개항을 맞을 즈음에도 그 형세는 마찬가지였다. 다만 퇴계학이 일어난 본거지인 안동을 중심으로 한 낙동강 상류 지역은 퇴계학의 전통이 강하게 남아 있는 반면, 성주를 중심으로 한 중류 지역과 김해·진주를 중심으로 한 하류지역은 그 거리만큼 퇴계학의 영향이 줄어들었을 뿐이었다. 곧 근대로 접어들기 시작한 개항 무렵 성주에서는 한주寒洲 이진상李震相이 등장하여 한 학파를 열었으며, 김해에서는 성재省齋 허전許傳의 문하에 많은 이들이 모여들었다. 하지만 이진상은 스스로 퇴계학을 잇는다는 강한 도통의식을 가지고 있었고, 허전 역시 그의 학통을 성호星湖 이익李瀷과 순암順庵 안정복安鼎福에 대고 있어 그 학통을 거슬러 올라가면 이황에 닿는다. 결국 근대시기 영남유학[1]은 크게 보면 모두 퇴계학의 전통 속에 있으며, 나누어 보면 이상의 셋과 기타 몇몇 군소 학파가 있다. 17세기 말 갑술환국甲

---

1) 권오영은 19세기 후반 영남유학을 논의하면서 한주학파와 성재학파를 함께 묶어 '강우학자'로 말하고 있다.(『조선 후기 유림의 사상과 활동』, 제2부 제5장 「19세기 강우학자들의 학문 동향」 참조) '강우'란 낙동강 서쪽 영남 지역을 일컫는 것으로, 오늘날 경북 서남 일대와 경남 전역이 이에 해당된다. 그런데 19세기 후반 경북 성주 지방에서 일어난 한주학파는 북쪽의 퇴계학을 정통으로 계승한 정재학파나 남쪽의 성재학파와 이론과 활동 면에서 많은 차이점을 가지고 있으므로 이를 구분하기 위해 셋으로 나눈다.

戊換局 이후 중앙 정계로부터 멀어진 남인 계통을 주축으로 하는 영남 유학자들은 향촌을 근거로 학맥과 혼맥을 통해 강한 사족지배 질서를 유지하며 퇴계학을 중심으로 한 주자학을 이어 간 채 개항을 맞았던 것이다.

### 1) 낙동강 상류 지역의 정재 학맥과 학파

#### (1) 병호시비와 정재학파의 등장

퇴계학의 본거지인 안동 지역을 중심으로 한 낙동강 상류 일대는 퇴계학의 직접적이고도 깊은 영향 속에서 근대를 맞는다. 구체적으로 낙동강 본류와 연접해 있는 안동과 봉화·예천·상주 지역, 임하천 유역의 영양·청송 지역, 내성천 유역의 영주 지역, 영강 유역의 문경 지역, 위천 유역의 의성·군위 지역이 여기에 해당한다.

이 지역 이황의 후예들은 17세기 중엽에 이르면 기호 율곡학파와 대립하는 가운데 퇴계학파로서의 학파의식을 가지기 시작하며, 율곡栗谷 이이李珥의 학설을 직접 비판하고 나선다.[2] 그 배경에는 노론과 남인이라는 정치적 당파의식이 깔려 있다. 1694년 갑술환국 이후 중앙 정계에서 밀려난 그들은 18세기 후반 대산大山 이상정李象靖(1711~1781)에 이르기까지 향촌사회를 근거로 퇴계의 적통嫡統을

---

2) 대표적인 이로 葛庵 李玄逸(1627~1704)과 愚潭 丁時翰(1625~1707)을 들 수 있다. 이현일은 「栗谷李氏論四端七情書辨」(『葛庵集』, 卷18)에서 李滉의 입장에 서서 李珥의 성리설을 19조목으로 나눠 비판하고 있으며, 정시한은 「四七辨證」(『愚潭集』, 卷8)에서 이이의 성리설 가운데 40여 조목을 끄집어내어 비판하고 있다. 현상윤도 이황의 후예들 가운데 이이의 설을 공격하면서 이황의 설을 옹호하기 시작한 것은 이현일에게서부터 시작되었다고 한다. 이형성 교주, 『풀어 옮긴 조선유학사』(현음사, 2003), 362~369쪽 참조.

자임하며 퇴계학을 굳게 지켜 나간다. 퇴계학통에서 도통상전道統相傳의 내용으로 생각한 것은 주리론主理論적 리기호발론理氣互發論, 리기지합理氣之合의 심론心論, 경敬을 통한 존덕성尊德性의 마음공부 강조와 같은 것들이다. 이때까지는 아직 그들 내부에 가시적인 분화가 일어나지 않는다.

19세기 전반에 접어들면서부터 그들 내부에서 분화가 일어나는데, 이른바 '병호시비屛虎是非'3)가 그 대표적인 경우이다. 병호시비는 퇴계 문하의 안동 지역 출신 가운데 걸출한 두 인물인 학봉鶴峯 김성일金誠一(1538~1593)과 서애西厓 유성룡柳成龍(1542~1607)에 대한 퇴계학파 내에서의 적통시비이다. 이것은 대표적인 향전鄕戰의 사례로, 중앙 정계에서 밀려난 뒤 향촌사회에서의 헤게모니 쟁탈을 위한 것이 그 본질적 내용이라고 할 수 있다.

김성일과 유성룡은 원래 퇴계 문하를 함께 드나들면서 동문으로 돈독한 사우관계를 맺어, 김성일은 유성룡에 대해 '나의 사표師表'라고 하고 유성룡은 "나는 학봉에 미치지 못한다"라고 하는 등 서로를 높이는 도우道友 사이였다. 또한 스승인 이황은 김성일에게 요·순에서 주자朱子에 이르기까지의 도통심전道統心傳의 내용을 읊은 「병명屛銘」4)을 써 주었고, 유성룡을 처음 보았을 때는 "이 사람은 하늘이 태어나게 했구나! 언젠가 이루는 것이 반드시 클 것이다"라는 말을 하였다. 이 두 사람은 1620년 이황을 주향하고 있던 여강서원廬江書院

---

3) 병호시비에 대해서는 권오영의 『조선 후기 유림의 사상과 활동』, 제2부 '영남 유림의 사상과 활동'의 제2장 「19세기 안동 유림의 학맥과 사상」 참조.
4) 李滉, 『退溪文集』, 卷44, 「題金士純屛銘」, "堯欽舜一, 禹祇湯慄. 翼翼文心, 蕩蕩武極. 周稱乾惕, 孔云愼樂. 曾省戰兢, 顔事克復. 戒懼愼獨, 明誠凝道. 操存事天, 直義養浩. 主靜無欲, 光風霽月. 吟弄歸來, 揚休山立. 整齊嚴肅, 主一無適. 博約兩至, 淵源正脉."

(1676년 虎溪書院으로 사액)에 배향되었는데, 이때 차서의 문제로 약간의 논란이 있었다. 그 뒤 4현賢(金誠一·柳成龍·鄭逑·張顯光)의 문묘종사를 청하는 과정에서도 두 사람 간의 차서 문제로 또 논란이 일어났다. 이러다가 1812년 예안향교에서 이상정을 호계서원에 추향할 것을 제기하면서 본격적으로 병호시비가 일어났다. 이상정에 대한 추향 논의의 시비가 한창 엇갈리는 가운데 1816년 12월 말 호계서원에 모셔져 있던 이황·유성룡·김성일의 세 위패가 천동遷動되었다는 말이 전해지면서 다툼은 더욱 격화되어 1871년 호계서원이 훼철될 때까지 근 60년간 이어지며, 감정의 골을 메우기까지는 더 많은 시간이 흘러야 했다.

사실 김성일을 이황의 적전嫡傳으로 보려는 논의는 이현일李玄逸 (1627~1704)[5]로부터 이상정[6]에 이르기까지 계속 제기되었으며, 병호 시비가 한창 일어났을 때는 정재定齋 유치명柳致明(1777~1861)이 앞장서 그것을 주도하였다. 그리고 그 논의의 중심에는 이황이 김성일에게 써 주었다는 「병명」이 있다.[7] 병호시비의 발단이 된 이상정의 호계서원 추향 문제는 당연히 그의 문인들이 주도하였는데,[8] 다시

---

5) 李玄逸, 『葛庵文集』, 卷21, 「書外大父敬堂張公遺集後」 참조.
6) 李象靖, 『大山文集』, 卷44, 「鶴峯先生續集序」 참조.
7) 이상정은 이황이 김성일에게 써 준 「題金士純屛銘」의 의미를 해석하여 「屛銘發揮」를 저술하였고, 그의 제자 김굉은 김성일의 墓碣銘을 쓰면서 "淵源授受의 實은 한 부의 「屛銘」에서 고증할 수 있다"(『龜窩文集』, 卷11, 「鶴峯先生墓碣銘」)라고 하였으며, 유치명은 이황이 김성일에게 「병명」을 써 준 것은 은미한 뜻이 있다고 하였다(『定齋文集』, 附錄, 卷4, 語錄 참조) 그리고 李野淳이 「屛銘」의 내용을 가지고 「屛銘圖」를 그리자 柳致儼은 이 「屛銘圖」에다 이황의 事行을 적은 김성일의 글에서 핵심적인 내용을 가려 뽑고 또 이황의 자찬묘지명인 「自銘」을 함께 실어서 「屛銘發揮圖」를 펴냈다.(『萬山遺稿』, 卷4, 「屛銘發揮圖」)
8) 이상정을 중심으로 한 虎論의 學問 淵源圖는 한국국학진흥원의 「영남지방의 퇴계학 맥도」와 권오영의 『조선 후기 유림의 사상과 활동』, 304쪽 참조.

유장원柳長源과 남한조南漢朝를 통해 이상정의 학통을 이어받은 유치명9)이 그것을 이어받음으로써 이황에서 김성일, 장흥효張興孝, 이현일, 이재李栽, 이상정, 남한조, 유치명으로 이어지는 호론虎論의 학통이 확립되며, 이후 이 학통은 일반적으로 퇴계학통의 적전으로 받아들여지게 된다. 유치명은 1846년 무렵부터 안동 유림의 종장의 자리에 앉게 된다. 그는 이해에 이상정의 본거인 고산정사高山精舍에서 강회를 열었으며, 이후 호계서원(1856) 등에서도 강회를 열어 수많은 문인들이 몰려들게 했다. 대표적인 이들로 유치호柳致鎬, 유치엄柳致儼, 이만각李萬愨, 김도화金道和, 김흥락金興洛, 권세연權世淵, 유필영柳必永 등이 있다. 이러한 학맥의 배경에는 혈연과 혼맥이 뒤얽혀 있다. 바로 이황의 진성이씨와 더불어 한산이씨, 전주유씨, 의성김씨, 안동권씨 등이 그 대표적 문중들이다. 그들은 강회에서 주로 주희와 이황의 여러 책들 및 이상정의 『대산문집大山文集』, 『경재잠집설敬齋箴集說』, 『퇴계서절요退溪書節要』 등을 읽고 토론하면서 퇴계 적통의 의식을 굳혀 나갔다.10)

이렇게 정재 유치명이 안동 지역을 중심으로 호론을 주도하며 퇴계 적통의 지위를 차지하였지만, 주로 안동 서부와 상주 지역에 근거를 둔 병론屛論 쪽에서는 끝내 퇴계 적전의 자리를 내주려 하지 않았다.11) 유성룡의 학맥은 가학家學 전승이 특히 강하였다.

---

9) 유치명은 이처럼 유장원과 남한조를 통해 이상정의 학통을 이어받았을 뿐만 아니라 바로 이상정의 外曾孫이기도 하다.

10) 권오영, 『조선 후기 유림의 사상과 활동』, 323쪽 참조.

11) 호계서원 훼철과 영남만인소 등으로 병호시비가 어느 정도 가라앉은 뒤인 1883년에도 屛儒들은 유성룡이 "陶山의 적전을 이어 百世의 宗師가 되었다"고 하면서 문묘종사를 청하는 소를 올렸다. 권오영, 『조선 후기 유림의 사상과 활동』, 315쪽 참조.

그것은 그의 아들과 손자인 유진柳袗과 유원지柳元之를 거쳐 조선 말 유심춘柳尋春, 유후조柳厚祚, 유주목柳疇睦에까지 이르러 한 학파를 이룬다. 그리고 유성룡의 학맥은 제자인 정경세鄭經世와 그의 후손인 정종로鄭宗魯에게로도 이어지는데,[12] 일찍이 유진이 정경세에게서 배우고 또 유심춘이 정종로를 '우리 집안과 연원이 있다'면서 스승으로 모신 것에서 볼 수 있듯이, 병론은 풍산유씨와 진주정씨 두 문중을 중심으로 해서 형성되었다.

## (2) 정재학파의 전개

정재 유치명의 제자들 중 두드러진 이들로는 척암拓菴 김도화金道和(1825~1912)와 서산西山 김흥락金興洛(1827~1899)이 있다. 김도화는 이상정의 고제였던 의성김씨 구와龜窩 김굉의 증손이며, 그의 어머니는 정종로의 손녀이자 남한조의 외손녀이다. 그리고 그는 이상룡의 존고모부가 되기도 한다. 여기에서 볼 수 있듯 그는 학연과 혈연으로 보아 당시 안동 유림의 한가운데에 서 있었다. 그는 25세 때부터 유치명의 문하에 나아가 주자학을 공부하였다.[13] 그는 "경전의 의미는 이미 주자가 서술하였고, 퇴계가 부연하였으며, 대산이 다시 발명하였다"[14]라고 하여, 달리 새롭게 학설을 제기하기보다는 주희와 이황, 대산 이상정으로 내려오는 학통을 굳게 지키고 실천하는 데 힘을 쏟았다.

---

12) 유성룡 학맥 연원은 한국국학진흥원의 「영남지방의 퇴계학맥도」와 권오영의 『조선 후기 유림의 사상과 활동』, 313쪽 참조.
13) 그는 스승 정재 유치명과 문답한 내용을 「記聞錄」(『拓菴文集』, 卷9)에 정리해 놓았다.
14) 金道和, 『拓菴文集』, 卷9, 「記聞錄」.

실천적 도학자로서의 김도화의 이러한 모습은 70세가 넘은 나이에 의병장으로 나서는 데에서 잘 나타난다.[15] 이에 앞서 그는 이미 1881년 영남만인소嶺南萬人疏에 참여하여 「척사설소斥邪說疏」[16]를 짓고, 1884년 변복령變服令이 내려지자 「청의제물변소請衣制勿變疏」를 올린다. 이어 1895년 의병을 일으키면서 「창의진정소倡義陳情疏」를 지으며, 국왕의 명령으로 어쩔 수 없이 의병을 해산하게 되자 비통한 마음을 담아 「파병후자명소破兵後自明疏」를 짓는다. 또 을사늑약이 맺어지자 조약의 파기를 주장하는 「청파오조약소請破五條約疏」를, 일제강점 뒤에는 합방 무효를 주장하는 「청물합방소請勿合邦疏」를 지어 올리며, 「통곡사慟哭詞」를 지어 그 속에 자신의 참담한 심경을 담고 있다.[17] 일제강점 뒤에는 자신의 집 대문에 '합방대반대지가合邦大反對之家'라고 큼직이 써 붙인 뒤 두문불출하였으며, 유명한 일본인 학자 다카하시 도루(高橋亨)가 찾아와 사문斯文을 진작시킬 것을 당부하자 망국고신亡國孤臣의 마음을 담은 한 수의 시로 답했다고 한다.[18] 그의 대표적인 제자로는 동산東山 유인식柳寅植이 있었는데, 개화사상을 받아들이자 문하에서 파문시켰다. 이처럼 그는 일생토록 도학자로서의 삶을 일관되게 지켰다.

김흥락은 의성김씨 학봉 김성일의 11대 종손으로 태어났으며, 흔히 이황에서 김성일, 이현일, 이상정, 유치명을 거쳐 온 퇴계학통

---

15) 김도화의 의병운동에 대해서는 김희곤의 「안동의병장 척암 김도화의 항일투쟁」 참조.
16) 본 疏를 포함한 아래의 여러 소들은 모두 『拓菴先生別集』 卷1에 실려 있다.
17) 김도화의 여러 상소문과 「통곡사」에 대한 연구는 임노직의 「척암 김도화의 현실 인식 - 그의 疏·詞를 중심으로」 참조.
18) 금장태·고광식, 『속유학근백년』, 118~9쪽 참조.

의 적전으로 일컬어진다. 그는 19세 때에 유치명의 문하에 나아가 배움을 구하며 수많은 사우들과 교유하게 된다. 그는 특히 경敬과 인仁에 많은 관심을 가지고 여러 차례 스승에게 질의하였으며,[19] 스스로 「주일설主一說」을 짓고 이상정이 지은 「경재잠집설敬齋箴集說」을 바탕으로 「경재잠집설도敬齋箴集說圖」를 그렸다. 또 스스로 학문에 들어가는 방도를 찾기 위하여 입지立志・거경居敬・궁리窮理・역행力行・총도總圖의 「입학오도入學五圖」[20]를 그렸는데, 거경과 궁리는 수레의 두 바퀴나 새의 두 날개와 같아서 어느 하나도 없어서는 안 되지만 그래도 거경이 더 급선무라고 생각하였다.[21] 이처럼 그는 경에 대한 관심을 통해 퇴계학통의 정통을 잇고 있다. 그는 만년에 김도화 등과 함께 의병에 참여하기도 한다.[22] 당시 영남유학의 종장으로 있던 그의 문하에는 많은 이들이 모여들었으며, 그 가운데는 걸출한 독립운동가들도 많았다.[23] 대표적인 이로 석주石洲 이상룡李相龍과 해창海窓 송기식宋基植 등을 들 수 있다.

유치명의 문하에는 김도화와 김흥락 외에도 의병장 권세연權世淵과, 을미사변 이후 거의를 주장하였고 파리장서사건 때에도 참여했

---

19) 金興洛, 『西山文集』, 卷2, 「上定齋先生」과 「上定齋先生別紙」 참조.
20) 金興洛, 같은 책, 卷13, 「入學五圖」 참조.
21) 金興洛, 같은 책, 卷6, 「答黃應護」 참조.
22) 김흥락의 의병운동에 대해서는 김희곤의 「서산 김흥락의 독립운동과 그 여맥」 참조.
23) 김흥락의 제자들 가운데 독립유공훈장을 받은 사람이 40여 명에 달하는데, 「400년을 이어온 학봉선생 고택의 구국활동」에서는 그 대표적인 이로 石洲 李相龍, 一松 金東三, 起巖 李中業, 省齋 權相翊, 恭山 宋浚弼, 大溪 李承熙, 貞山 金東鎭, 白下 金大洛, 笑蒼 金元植, 海窓 宋基植를 들고 있다. 이들 모두를 꼭 그의 제자라고 볼 수는 없지만, 많은 이들이 스승의 정신을 이어받아 국내외에서 적극적으로 독립운동에 참가하였다.

던 유필영柳必永 등이 있다. 유필영은 유인식의 아버지로 아들이 개화사상가로 전환하자 부자간의 인연을 끊은 것으로 유명하다. 유치명의 제자들은 스승이 죽은 뒤에도 연원이 있는 고산정사高山精舍·호계서원虎溪書院·청성서원青城書院·봉정사鳳停寺·만우정晚愚亭 등에서 강회를 열면서 결속을 다져 나갔다. 그들은 주희와 이황, 이상정의 글들을 주로 강론하였으며, 특히 '주일무적主一無適'의 경敬을 중시하고 몸소 경을 통한 존덕성尊德性의 마음공부를 행함으로써 실천적인 도학자의 길을 걸어갔다. 김도화의 생각에서도 나타나듯, 유치명의 제자들은 이미 주희와 이황, 이상정에 의해 경전의 의미가 훤히 밝혀졌기 때문에 더 이상 이론적 부연이나 천착은 필요 없다고 생각했다. 단지 공부하여 익히고 몸소 실천하기만 하면 된다는 것이었다. 따라서 그들에게서는 뚜렷한 이론적 발전은 보이지 않고, 강고한 실천만이 나타날 뿐이다. 바로 이것이 다른 학파와의 중요한 구분점이다.

이처럼 유치명의 문인들은 퇴계학통의 적전임을 자임하며 주자학적 척사관을 바탕으로 척사위정운동과 의병운동에 적극적으로 참여한다. 그런데 그의 재전제자에 이르러 분화의 양상이 나타난다. 바로 대표적 재전제자인 유인식과 이상룡, 송기식 등이 개화사상을 받아들여 계몽사상가로 전환한 것이다. 이 전환 과정은 유인식의 예에서 볼 수 있듯 결코 순조롭지가 않았다. 거기에는 사상적 불연속도 보인다.

먼저 개화사상가로 전환한 이는 동산 유인식(1865~1928)이다.24)

---

24) 김희곤의 「동산 유인식의 생애와 독립운동」 참조.

앞에서 언급했듯이 그는 정재 유치명의 제자인 유필영의 아들로 태어나 전주유씨의 가학을 잇는 한편, 역시 유치명의 제자이자 당시 안동 지역의 대표적 의병장이었던 척암 김도화의 문하에 나아가 퇴계학맥의 정통 도학자로서의 수학기를 거쳐, 31세 때 을미사변이 일어나고 단발령이 내려지자 이상룡 등과 청량산에서 의병을 일으킨다. 그 뒤 상경하여 성균관에 머물던 중 위암韋菴 장지연張志淵, 단재丹齋 신채호申采浩 등과의 교유를 통해 개화사상을 접한 뒤 곧바로 단발하고 적극적으로 애국계몽운동에 뛰어든다. 이로 말미암아 그는 안동 유림들로부터 엄청난 비판을 받게 되며,[25] 아버지 유필영과 스승 김도화로부터 절연과 파문을 당하게 된다.[26] 하지만 그는 자신의 생각을 굽히지 않은 채 마침내 안동 지역 최초의 근대식 학교인 협동학교協東學校 설립을 주도하며 대한협회 활동에도 참가한다. 그리고 일제강점 이후 만주로 망명한 뒤 다시 귀국하여 협동학교를 운영하면서 『대동사大東史』[27]를 저술하며, 1920년대로 접어들어서는 민립대학民立大學 설립 운동에 참여하는 한편 조선노동공제회朝鮮勞動共濟會와 신간회新幹會 활동에도 참여한

---

25) 1910년 인근지역 의병이 그가 설립한 협동학교에 들이닥쳐 교사 등 3명을 살해한 사건이 대표적이다. <皇城新聞> 1910년 7월 23일, 「弔協東學校」참조.

26) 이에 유인식은 스승 김도화에게 자신의 생각을 피력하는 장문의 편지를 올린다. 『東山文稿』, 「上金拓菴先生」참조.

27) 그는 민족사학적 관점에 서서 단군 조선이래 우리나라 역사를 서술하고 있는데, 고대사를 고구려, 발해의 北朝와 백제, 신라의 南朝로 나눠보는 것이 특징적이다. 이러한 민족사학적 입장에 선 우리 역사 서술은 박은식, 신채호, 최남선, 정인보 등의 작업과 서로 연관되어 있다. 한편 그의 이러한 역사에 대한 관심은 가학 전통을 이은 것이기도 하다. 일찍이 아버지인 유필영은 「記金澤榮史檠誤」를 지어 金澤榮의 『韓史檠』를 비판한 적이 있으며, 유인식도 「金史記誤」를 지어 김택영의 모화적 사대주의를 비판한 적이 있다.

다. 그는 당시 현실에 대한 책임과 더불어 희망 또한 오로지 유림에 달려 있다는 생각 아래 『태식록太息錄』을 지어 유교와 유림의 혁신을 제창했다.

석주 이상룡(1858~1932)은 고성이씨로, 그의 할아버지 이종태가 유치명의 제자이자 김도화·김흥락과는 처남매부 사이이므로 김도화·김흥락은 그의 존고모부가 된다. 또 을미의병장 권세연은 이상룡의 외숙이며, 내앞(川前)의 의성김씨 김대락金大洛은 그의 처남이다. 19세 때인 1876년에 김흥락의 문하에 나아갔으며, 다음해에 유치명의 후예들이 주축인 보인계輔仁稧에 가입하여 강회에 참석하면서 주자학을 연구하고 도학자의 길을 걷게 된다. 을미사변이 일어나고 단발령이 내려지자 거의에 참가하였으며, 1905년 을사늑약이 맺어지자 다시 의병을 일으켰다가 실패하고는 가야산에 의병기지를 건설하는 데에 주력한다. 그가 계몽사상가로 돌아선 것은 안동에 대한협회 지회의 설립을 추진한 1908년 무렵이다. 그는 이 시기에 "50년 동안 공맹의 책을 보면서 의리를 노래하였으나 마침내 헛말일 뿐이었다"라고 하여 사상적 전환을 거치면서, 당시 애국계몽사상가들이 크게 영향 받은 중국의 변법사상을 학습하여 「격치집설格致輯說」·「합군집설合群輯說」·「진화집설進化輯說」 등을 짓는다. 그는 안동에서 적극적으로 대한협회 활동을 전개하면서 중앙 본회의 무능함과 일본의 탄압에 대한 미온적 태도를 격렬히 비판한다.

일제강점 후 이상룡은 신민회新民會가 주도한 독립운동기지 건설 사업에 동참하여, "만주는 단군 성조의 영토이며 고구려의 강역이라, 비록 지금 살고 있는 사람들의 복식과 언어가 같지는 않지만 선조는 같은 종족이므로 곧 낯선 땅이라 할 수 없다. 이에 백 번 꺾여도 좌절하지 않겠다는 생각에 만주로 옮겨가 독립운동을 펴겠다"라고 다짐하면서 만주 땅으로 망명한다. 망명길에 오를 때 그는 다음의 「거국음去國吟」 한 수를 지어 자신의 비장한 각오를 담아냈다. "대지에 그물 펼쳐진 것을 이미 보았는데, 어찌 영웅 남아가 해골을 아끼랴! 고향 동산에 조용히 머물며 슬퍼하지 말게나, 태평성세 훗날에 다시 돌아올 터이니." 망명 후 그는 서간도 일대를 중심으로 독립운동기지 건설의 일환으로 경학사·부민단 같은 다양한 민족자치기구와 항도의숙·신흥강습소 같은 민족교육기관을 세운다. 1919년 그는 민족대표 39인 중의 일인이 되어 「대한독립선언」을 발표하였으며, 상해임시정부가 세워지자 서로군정서西路軍政署를 이끌고 참가하여 1925년에 국무령國務領에 오른다. 여기에서 보듯 그의 독립운동 노선은 이승만의 외교 노선과 달리 무장항쟁론을 바탕으로 하고 있는데, 이것은 이전의 의병운동과 무관하지 않다. 말년에 그는 사회주의에 대해서도 관심을 가진다.

해창 송기식(1878~1949)은 일찍부터 권세연과 김도화의 의병진에 참가하였다가 21세 때 김흥락의 문하에 나아가 공부하며, 김흥락이 죽은 뒤에는 7년 동안 유고를 정리하여 문집을 완성시킨다. 32세 때인 1909년 신식학교인 봉양서숙鳳陽書塾을 세우고, 이상룡이 주도한 대한협회 안동지회 활동에 적극적으로 참여한다. 3·1운동이 일어나자 봉양서숙 학생들을 데리고 만세운동에 앞장서다 체포되어 2년형을 선고받으며, 출옥 뒤 유교혁신을 위한 「유교유신론儒教維新論」을 저술한다.

## 2) 낙동강 중류지역 한주 학맥과 학파

### (1) 한주 이진상

19세기 후반 성주를 중심으로 한 낙동강 중류 지역에서는 한주寒洲 이진상李震相(1818~1886)이 등장하여 한 학파를 열게 되며, 그의 직전·재전들은 국내외에서 대한민국 건국 무렵에 이르도록 다양하면서도 지속적인 활동을 벌인다. 그의 본관은 성주이다. 8대조 이정현李廷賢이 동향 출신 한강寒岡 정구鄭逑의 문인이어서 그의 학문 연원은 정구를 통해 퇴계학에 닿지만, 구체적인 학문 전승은 확인되지 않는다. 어떤 이들은 그가 정재 유치명에게 성리설에 대해 질정한 것을 들어 유치명의 문인으로 말하기도 하는데, 이미 당시에 그에게는 '심즉리설心卽理說'에 대한 확고한 입장이 서 있었으므로 꼭 그렇게만 보기도 어렵다.[28] 그는 17세 때 숙부인 응와凝窩 이원조李源祚의 가르침을 받기도 했는데, 이원조가 상주의 정종로 문하에 출입한 적이 있으므로 서애 유성룡을 통해 퇴계학에 연원이 닿는다고 볼 수도 있다.[29] 또한 그가 퇴계학을 학문의 지남으로 삼고서 주로 독학을 통해 자신의 독창적 성리설을 제기하였다는 점에서 본다면

---

28) 이진상은 35세와 40세 때 두 차례에 걸쳐 유치명을 방문한다. 첫 만남에서 유치명은 이진상을 만나고서 다른 사람들에게 "빼어난 선비는 文王을 기다리지 않고 일어난다더니, 바로 그 사람이 이진상이로다!"(『寒洲文集』, 附錄, 卷1, 「年譜」, 壬子)라고 하였다. 36세 때 이진상은 유치명에게 明德에 대해 서찰로 질의하였고(같은 곳, 癸丑과 『定齋文集續集』, 卷5, 「答李汝雷震相別紙」 참조), 40세 때의 두 번째 만남에서는 자신의 '心卽理'에 대한 생각을 질정하였으나 유치명은 퇴계학통의 정통적 입장에 서서 '心合理氣'를 말하였다.(같은 곳, 丁巳 참조) 이진상은 마침내 43세 때인 1860년에 '心卽理'를 본격적으로 제기한다.

29) 한국국학진흥원, 「영남지방의 퇴계학맥도」 참조.

이황을 사숙私淑한 측면도 있다.[30]

　이진상은 퇴계학을 계승한다는 의식을 분명히 가지고 있기는 하였지만, 퇴계학을 묵수한 낙동강 상류 지역의 계열과는 사뭇 달랐다. 그는 퇴계학의 '실實' 곧 본령이 무엇인가를 따져 물으면서 '심즉리설'이나 '리발일도설理發一途說' 같은 자신의 독창적인 이론을 제기하였다. 그가 살던 성주 지역이 퇴계학의 본거지로부터 상대적으로 멀리 떨어져 있었다는 점이 이러한 것을 가능하게 한 하나의 원인이 될 수도 있겠다. 역사적으로 보아도 이 지역에서 퇴계 문하에 나아간 동강東岡 김우옹金宇顒과 한강 정구는 남명 조식의 문하에도 함께 드나들었으며, 인접한 선산·칠곡 출신의 여헌旅軒 장현광張顯光 같은 이는 일찍이 퍽 독창적인 성리설을 주장한 적이 있었다. 이진상 역시 남명학에 대해서 열린 입장을 가지고 있었으며,[31] 그의 제자들 중에서도 많은 이들이 남명학을 존숭하였다.[32] 따라서 그의 학파는 주로 남명학의 본거지였던 거창·합천·산청 등 경남 서부 지역으로 퍼져 나가고, 안동·상주 지역에서는 심한

---

30) 이진상은 일찍이 20세 때 陶山書院을 배알하며, 30세 때는 마치 孔子가 "堯舜을 祖述하고 文武를 憲章하였다"고 말했듯이 '朱子(雲谷)를 祖述하고 退溪(陶山)를 憲章하겠다'는 생각을 밝혀 '祖雲憲陶齋'라는 편액을 내건다.

31) 이진상은 1877년 郭鍾錫, 許愈 등 자신의 제자와 省齋 許傳의 제자인 朴致馥 등과 南冥이 일찍이 등행한 적이 있는 지리산을 함께 오른 뒤 山川齋에서 강회를 연다. 그는 이 자리에서 남명을 존숭하는 말과 시를 남겼다. 권오영, 『조선 후기 유림의 사상과 활동』, 457~9쪽 참조.

32) 대표적인 이로 곽종석과 허유, 윤주하 등이 있다. 이들은 대부분 남명의 본거지인 현재 경남 서부지역 인물들로, 한주문하에서뿐만 아니라 이 지역 출신인 성재문하의 박치복, 蘆沙 奇正鎭 학맥의 鄭載圭 등도 함께 남명을 선양, 계승한다. 구체적으로 그들은 덕천서원의 복설, 뇌룡정 중건, 문묘종향 상소, 『남명집』 개본 등을 추진하면서 남명의 敬義사상과 出處大義를 선양하고 따르고자 하였다. 권오영, 『조선 후기 유림의 사상과 활동』, 457~466 참조.

배척을 받게 된다. 이진상의 대표적인 제자들로는 흔히 '주문팔현洲門八賢'이라고 일컬어지는 면우俛宇 곽종석郭鍾錫, 한계韓溪 이승희李承熙, 후산后山 허유許愈, 자동紫東 이정모李正模, 교우膠宇 윤주하尹胄夏, 물천勿川 김진호金鎭祜, 회당晦堂 장석영張錫英, 홍와弘窩 이두훈李斗勳 등이 있다.

앞서 말한 바와 같이 이진상의 대표적인 학설은 리기론 상에서의 유리론唯理論적 리발일도설理發一途說과 심론 상에서의 심즉리설心卽理說이다. 이진상은 먼저 리가 동정動靜의 원인자이자 주主로서 자동자정自動自靜하는 특성상 기의 동정과 질적으로 구분될 수밖에 없다는 바탕 위에서 참으로 동정하는 것은 리밖에 없다는 리발일도설을 제기한다.[33] 이 리발일도설은 비록 이황의 리기호발설理氣互發說과 차이가 있지만, 이황의 리기호발설이 리의 능동능정能動能靜을 인정함으로써 기에 대한 주재성을 확보하려는 데 본뜻이 있었다[34]는 점을 기억하면 오히려 그의 리발일도설은 이황의 리기호발설을 '적극적'이고 '발전적'으로 계승한 측면이 있다.[35]

또한 이진상은 심이 기와 리의 내용을 모두 가지고 있기는 하지만 심의 알맹이인 본심本心은 어디까지나 리이며, 특히 주재적인 측면에서 보면 심은 리일 수밖에 없다고 말한다.[36] 이렇게 심을 기와 리, 그리고 기와 리의 합으로 보는 것을 그는 옛날에 형산의 옥과 돌을 가려볼 줄 알았던 변화卞和의 예를 들어 설명하며, 자신이

---

33) 李震相, 『寒洲全書』, 「與李愼庵晩懿書」와 「答郭鳴遠疑問」 등 참조.
34) 李滉은 理가 動靜하지 못한다면 죽은 사물처럼 되어 氣나 氣의 動靜을 주재할 수 없다고 생각하였다. 『退溪集』, 卷18, 「答奇明彦別紙」 참조.
35) 홍원식, 「퇴계학의 南傳과 한주학파」 참조.
36) 李震相, 『寒洲全書』, 卷32, 「心卽理說」 참조.

말하는 심즉리야말로 참된 심즉리인 데 비해 양명학에서 말하는
심즉리는 돌을 보고 옥이라 하고 기를 보고 리라고 하는 것이라며
비판한다.37) 이황이 심합리기心合理氣를 말한 것은 심을 주로 기의
측면에서만 본 주희와는 다른 것으로, 심의 리적인 측면에 주목한
것이 사실이다. 이렇게 볼 때 그의 심즉리설은 역시 이황의 심합리
기설을 '적극적'이고 '발전적'으로 계승한 것이라 할 수 있겠다.
그는 이황의 심합리기설을 곧이곧대로 받아들인 사람은 돌 속에
옥이 있는 것을 보고서도 결국 돌이라고 말하는 것이라고 하여,
이황의 본뜻은 어디까지나 옥을 가려 보고자 하는 데 있다고 보았다.
이 때문에 곽종석도 "심을 단순히 리와 기의 합으로 보는 것은
퇴계의 단전單傳의 지旨에서 어긋나지 않는가"라고 물으면서, 스승
이진상이야말로 오히려 이황의 설을 제대로 알고 따른 '도산순신陶
山純臣'이라고 말하였던 것이다.38)

이진상의 리발일도설과 심즉리설은 율곡학파의 기발일도설氣發
一途說·심시기설心是氣說과 대비되는 것은 물론 퇴계학통의 리기호
발설理氣互發說·심합리기설心合理氣說과도 일단 차이가 있다. 바로 이
때문에 그의 학설은 퇴계학의 정통을 자처하는 안동·상주 지역의
유림들로부터 심한 배척을 받았던 것이다. 이 중에서도 특히 심즉리
설이 심하게 배척을 받는다. 그의 문집이 발간되어 안동의 도산서원
에 봉정되자 패자牌子와 통문通文을 통해 격렬한 비판이 일어났으
며,39) 상주의 도남서원道南書院에서는 불태워지기까지 했다. 하지만

---

37) 같은 곳 참조.
38) 郭鍾錫, 『俛宇文集』, 卷36, 「答李子翼」 참조.
39) 퇴계의 후손 李晚寅의 「寒洲李氏動靜說條辨」(『龍山文集』, 卷6)이 대표적이다.

그의 제자들은 심즉리설을 굳게 지켜 나가면서 스승에 대한 비판에 맞서는[40] 한편 기호지방 화서학파華西學脈의 김평묵金平黙 일파의 성리설이 이진상의 성리설과 같다고 생각하여 깊은 교유를 맺는다.[41] 그의 심즉리설은 직전제자들뿐만 아니라 재전제자들에게도 이어져 한주학통의 정안定案으로 굳어진다.

이진상은 성리학뿐만 아니라 급박한 당시 현실에 대해서도 깊은 관심을 가졌다. 그는 비록 처사로서 일생을 마쳤지만 눈앞의 현실을 직시하면서 주자학적 지식인으로서 적극적 삶을 살았다. 그는 1862년 진주 등 삼남지방에 발생한 민란에 대해 삼정리정청三政釐整聽을 설치하여 삼정의 폐단을 구할 대책을 묻는 윤음이 내려지자 「응지대삼정책應旨對三政策」을 올렸고, 1871년 서원철폐령이 내려지자 상경하여 「청복설사원소請復設祠院疏」를 올렸으며, 1876년 운양호 사건 소식을 접하고서는 의병을 도모하였다가 화의 소식을 듣고 그만두기도 했다. 또 1881년 영남만인소 사건이 일어나자 그도 척사의 글을 지어 향내에 돌렸으며, 1884년 변복령變服令이 내려지자 그 부당함을 지적하면서 「의제론衣制論」을 짓기도 하였다. 이처럼

---

40) 郭鍾錫, 『俛宇文集』, 卷13, 「與李監役」과 卷36, 「答李子翼」; 李承熙, 『韓溪遺稿』 6, 「宣錄條辨」과 「道南通攷條辨」; 尹冑夏, 『膠宇文集』, 卷16, 「反究錄」 등 참조.

41) 寒洲의 心說이 華西 李恒老의 心說과 같다고 생각한 郭鍾錫은 華西學派 안의 心說 논쟁에 뛰어들어, 省齋 柳重教의 심설이 이항로의 심설과 다르다고 비판하면서(『俛宇文集』, 卷130, 「柳省齋重教心說辨」 참조) 유중교와 심설 논쟁을 벌였던 重菴 金平黙의 편을 든다.(『俛宇文集』, 卷30, 「答柳性存基一」과 卷141, 「書洪思伯在龜心說後」 참조) 또한 그는 율곡학통의 '心是氣'를 고수하는 艮齋 田愚에 대해서도 비판하고 나선다. 한편 尹冑夏는 김평묵과의 편지를 통해 한주와 화서의 학설이 서로 부합함을 말하고 있으며(『膠宇文集』, 卷4, 「與金重菴」과 『重菴集』, 卷16, 「答尹箭村冑夏」 참조), 許愈는 김평묵을 애도하는 글에서 한주와 김평묵의 성리설이 서로 같음을 말하는가 하면(『后山文集』, 卷1, 「挽金重菴平黙二絶」 참조) 柳基一에게 心卽理說이 과연 크게 어긋나는 것인가를 묻기도 한다.(같은 책, 卷4, 「答柳性存基一」 참조)

그는 당시 재야 유생들과 마찬가지로 기본적으로 척사위정론斥邪衛正論에 서 있었다. 그러면서도 그는 동래의 일본관日本館을 찾거나 당시 서양 문물 곧 서기西器의 상징이라 할 수 있는 화륜선에 직접 올라보는 등 여느 척사위정론자와는 조금 다른 모습을 보이기도 했다.

### (2) 한주학파의 전개

이진상의 대표적인 제자로 곽종석(1846~1919)과 이승희(1847~1916)를 들 수 있다. 먼저 곽종석은 25세 때 이진상의 문하에 나아간 뒤 한주학통의 적전이요 한주학파의 종장宗匠으로서 망국의 현실을 살았다. 그는 이진상의 문하에 나아가기 전에 이미 그의 대표적 성리설이 담긴 「사단십정경위도四端十情經緯圖」를 지었으며, 이진상의 문하에 나아간 뒤인 28세 때 「심성잡기心性雜記」를 지어 스승의 심즉리설을 적극적으로 이어받았다. 그는 "한주 선생이 태어나서 맹자와 정자의 끊어진 실마리를 찾고 주자와 퇴계의 올바른 학문 전통을 살펴 심즉리를 제창하였다. 그리하여 잘못된 견해와 세간 학자들의 근거 없는 비판을 논파하였으니, 그 공으로 논한다면 오늘날의 정자라 해도 좋을 것이다"라고 하면서, 심즉리설은 스승 이진상이 처음 제창한 것이 아니라 뭇 성현들이 서로 전한 도의 핵심이라고 확신하였다. 그래서 그는 이황의 정통 후예임을 자처하는 이만인李晩寅·이재기李載基 등의 안동 지역 인사들이 제기한, 당시 간행된 이진상의 문집에 대한 비판에 적극적으로 맞서는 한편으로 심즉리설에 회의적인 태도를 취한 여타 영남지방의 이자

익李子翼·이종기李種杞·조긍섭曺兢燮 등을 설득해 갔다. 그는 또 기호 지방 화서학파 안의 심설논쟁에도 뛰어들어, 스승의 설을 수정하고 심주기心主氣를 주장하는 유중교柳重敎를 비판하면서 화서 이항로의 심주리설心主理說을 고수하는 김평묵金平黙·홍재구洪在龜·유기일柳基一을 지지하였다.[42]

곽종석은 이렇게 스승 이진상의 성리설을 계승, 발전시키면서 일생토록 처사로서 도학자의 삶을 살아가지만 당시 여타 도학자들과는 사뭇 다른 모습을 보인다. 1895년 을미사변이 일어나서 안동·상주 지역 퇴계 학맥의 후예들이나 기호지방의 화서학파와 노사학파 계열에서 의병을 일으키고 그에게 참여할 것을 요구하였을 때 그는 몇 가지 이유를 들어 거절하였다. 대신 그는 사우인 이승희·이두훈 등과 함께 상경하여 각국 공관에 일본의 패역을 성토하고 그 죄를 다스릴 것을 호소하는 「열국공관서列國公館書」를 보낸다. 1905년 을사늑약이 맺어질 때도 그는 의병에 참가하지 않고 고종황제에게 「청뢰거보호명정국체請牢拒保護明正國體」란 차자箚子를 올리며, 황제로부터 즉시 조정에 부임하라는 명을 받고 상경하던 중 조약이 맺어졌다는 소식을 듣고서는 매국노를 참하고 만국공법에 호소할 것을 청하는 「청참매국적신개덕열국공법소請斬賣國賊臣開德列國公法疏」를 올린다.

이렇듯 곽종석은 만국공법에 호소하는 등 '개명한' 도학자로서의 모습을 보이는데, 사실 그는 일찍부터 서양의 신학문에 관심을 가지고 있었다. 곧 그는 1899년에 이미 독일인 블룬칠리(步倫冠魅)가

---

42) 주41) 참조.

공법과 국제법에 대해 쓴 『공법회통公法會通』을 읽고서 발문을 쓴 적이 있으며, 제자 이인재李寅梓가 서양 고대철학을 연구하여 『고대 희랍철학고변古代希臘哲學攷辨』을 쓰자 역시 발문을 쓴 적이 있다. 1919년 3·1운동 후 그는 제자인 김창숙과 함께 흔히 '제1차 유림단 사건'이라고 일컬어지는 '파리장서사건'을 주도하게 되는데, 이것 역시 이전 그의 노선과 일맥상통함을 볼 수 있다.

이승희는 이진상의 대표적 제자이자 바로 그의 맏아들이기도 하다. 젊어서부터 한주학파의 일원으로서 스승이자 아버지인 이진 상의 성리설을 공부하여 이어받고, 이진상 사후 곽종석 등과 함께 문집을 발간하였으며, 문집 발간 후 이진상의 성리설에 대한 비판이 쏟아지자 온힘을 다해 옹호하였다. 그는 먼저 리발일도설에 대한 비판에 맞서 "미발未發에도 기가 없는 것은 아니나 성性의 실상은 리이며, 이발已發에도 기가 없는 것은 아니나 정情의 실상은 리이다. 그러므로 퇴계 선생이 성과 정은 한 가지 리이며 또 리는 그 자신 속에 체體와 용用을 가지고 있다고 단정코 말했던 것이다"[43]라고 하면서, 리발일도설은 이진상의 독창적 주장이 아니라 이황과 이상정 나아가 정경세와 정종로, 그리고 이익 등에게서 이미 제기되 었던 것이라고 변론한다.[44] 그는 또 이진상의 사칠리기설이 '수간竪 看'과 '횡간橫看'에 따라 달라짐을 말하기도 한다. 곧 종적으로 보면 사단과 칠정이 모두 리가 발한 것이지만 횡적으로 보면 사단은 리가 발한 것이고 칠정은 기가 발한 것이라고 말하면서, 이 모두

---

43) 李承熙, 『韓溪遺稿』 6, 「宣錄條辨」, 179쪽.
44) 李承熙, 같은 책, 「道南通文條辨」, 205쪽 참조.

주희와 이황의 생각을 드러내어 밝힌 것이자 바로 이진상이 「사칠원위설四七原委說」을 지은 까닭이라고 말한다.[45]

그리고 이승희는 이황이 심을 리와 기의 합으로 본 경우와 리만으로 본 경우가 있지만 심의 핵심은 어디까지나 주재의 본체에 있으며, 또 미발일 때는 기와 함께 말할 수 있지만 미발의 본체는 어디까지나 순수히 리일 따름이라면서 이진상의 심즉리설을 변론한다.[46] 그는 이 심즉리설이 양명학의 심즉리설과 같다는 비판에 대해서는, 겉의 문자만 보고 속의 내용은 보지 못한 결과로서 이진상의 심즉리설이야말로 참된 심즉리설이며 양명학의 심즉리설은 자기의 입장에서 보면 심즉기心卽氣라고 말한다.[47] 나아가 이 심즉리설의 연원은 중국의 공자·맹자로부터 이정·주희, 조선의 김굉필·정여창·조광조·이황 및 조식·김우옹·장현광 등을 거쳐 내려온 것이라고 말하였다.[48]

한편 이승희는 현실의 문제에도 적극적으로 나서, 일찍이 대원군 집정 시기인 1867년 21세 때에 5개조의 시국대책문을 올리고, 1881년에는 『조선책략』을 비판하는 척사소를 올린다. 이후 1895년 을미사변이 일어나자 곽종석 등과 함께 「열국공관서」를, 1905년 을사보호조약이 맺어지자 두 차례에 걸쳐 조약에 동의한 대신을 주벌하고 조약을 폐기할 것을 청하는 상소문을 올리며, 1907년에는 네덜란드 헤이그에서 열린 만국평화회의에 서한을 보내고, 당시 국채보상운

---

45) 李承熙, 같은 책, 「書先君四七原委說後」, 110~111쪽 참조.
46) 李承熙, 같은 책, 「宣錄條辨」, 178쪽 참조.
47) 같은 곳, 185~186쪽 참조.
48) 李承熙, 같은 책, 「道南通文條辨」, 204쪽 참조.

동의 성주지회장을 맡아 활동하기도 한다. 여기에서 볼 때, 그는 이진상이 살아 있을 때인 1880년대까지는 이진상 문하에서 함께 척사론의 입장을 견지하고 있으며, 이진상이 죽은 뒤인 1890년대부터는 곽종석과 마찬가지로 이진상의 성리설은 그대로 계승하면서도 다소 '개명한' 도학자로서의 모습을 보인다.

1908년 이미 노년에 접어든 이승희는 망명길에 올라 이상설李上卨 등과 중국 길림성吉林省 밀산부密山府에 한홍동韓興洞이라는 한인정착촌을 개척하는 데 힘을 쏟는다. 본 사업이 어려움을 겪게 되자 그는 중원을 둘러보러 나서는데, 이때부터 공자교운동에 뛰어들게 된다. 그는 당시 북경에서 중국 공교운동孔敎運動을 주도하고 있던 강유위康有爲·진환장陳煥章 등과 긴밀한 관계를 맺으면서 공교운동을 전개해 가는데, 그 바탕에는 여전히 이진상의 성리설이 깔려 있다.

한주학파의 재전제자들은 주로 면우 곽종석의 문하에서 배출된다. 대표적인 이들로 이인재, 하겸진, 이병헌, 김창숙 등이 있다. 먼저 성와省窩 이인재李寅梓(1870~1929)는 20세 때인 1889년 곽종석의 문하에 나아가 한주학통을 계승한다. 그는 이진상과 곽종석을 거쳐 내려온 리발일도설과 심즉리설을 이어받아 성리설에 대한 많은 연구를 남기고, 또 고령자치회 등 현실 활동에도 참여한다. 하지만 그가 한주학파에서 중요한 자리를 차지하는 것은 서양철학에 대한 연구 때문이다. 그는 1912년 서양의 고대 그리스철학을 소개하고 비판하는 내용의 『고대희랍철학고변』을 저술하였는데, 이것은 서양철학에 대한 연구의 효시로 평가할 수 있는 것이다. 그는 서양이 지금처럼 흥성하게 된 까닭을 찾아가다 마침내 서양

고대철학에 관심을 두게 되었음을 밝히고 있다.[49]

회봉晦峰 하겸진河謙鎭(1870~1946)은 27세 때인 1896년 곽종석의 문하에 나아가지만, 이미 그 이전에 조긍섭曺兢燮 등과 함께 남명 조식의 문집을 교열한 적이 있었으며, 안동의 김도화와 이진상 문하의 허유·이승희에게도 문학問學한 바 있었다. 그는 "심이라는 한 글자는 유학의 종지이다. 그러나 우리나라 유학자들의 학설이 어지럽게 얽혀서 아직 귀결되지 못하고 있다"라고 하면서 이를 밀년에 이르도록 한스러워하였다. 50세 때 지은 「심위자모설心爲字母說」에서는 성이나 정은 심의 한 측면일 뿐 어디까지나 심이 모체임을 역설하면서 심을 태극이나 상제에 상응시키는 등 절대적으로 중시하여, 심과 성을 상대시키거나 심을 낮추고 성을 높이는 기호학파의 노주老洲 오희상吳熙常과 간재 전우의 '성사심제性師心弟'와 같은 관점을 비판한다.[50] 대표적인 저술로는 「국성론國性論」(1921)과 『동유학안東儒學案』(1943)이 있는데, 그는 「국성론」에서 서양이 번영하게 된 것은 단순히 경제와 기술이 앞섰기 때문만이 아니라 자신의 국성을 잘 보존했기 때문이라고 하면서, 우리도 우리의 고유한 국성인 예의를 잘 간직한 바탕 위에서 서양의 발달된 경제와 기술 등을 받아들여야 한다고 강조하였다.[51] 『동유학안』은 장지연의 『조선유교연원朝鮮儒敎淵源』과 함께 한국유학사 연구의 선구적 업적으로 평가할 만하다. 그는 서양 학문에 대해서도 관심을 가져 정우현과 동서 철학에 대해 토론을 벌인 적이 있으며, 비록 서양철학에

---

49) 李寅梓, 『省窩集』, 卷2, 「上俛宇先生」 참조.
50) 河謙鎭, 『晦峰集』, 「性師心弟辨」 참조.
51) 같은 책, 卷25, 「國性論上」 참조.

대한 전문적인 저술을 남기지는 않았지만 단편적인 생각들은 문집 속에서 읽을 수 있다.[52]

진암眞菴 이병헌李炳憲(1870~1940)은 27세 때인 1896년 면우 문하에 나아간 뒤 장복추張福樞·이승희에게도 종유하며, 노사 기정진의 후예인 기우만奇宇萬이나 화서 이항로의 후예인 최익현 등과 같은 기호지방의 인사들을 만나기도 한다. 이때까지 그는 한주학통에 서서 전통적인 주자학을 수업한다. 그러다가 34세 때인 1903년 이후 몇 차례 상경하여 박은식·장지연·손병희 등과 같은 애국계 몽사상가들을 만나면서 새로운 사상을 접하게 되고, 이후 45세 때인 1914년부터 1925년까지 모두 5차례에 걸쳐 중국을 방문하여 강유위康有爲를 만나서 그의 지도를 받으며 공자교운동에 뛰어들게 된다. 그의 공자교운동은 1923년 경남 산청에 공교회 한국지부로 배산서당培山書堂을 건립하면서 절정에 이른다. 그는 1914년에 북경 에서『종교철학합일론宗敎哲學合一論』을 간행하며, 1919년에「유교복 원론儒敎復原論」을 짓는다. 아직 공자교운동을 전개하기 이전에 지은 『종교철학합일론』에서 그는 동서양의 종교와 철학을 비교하면서, 서양은 종교와 철학이 미신과 진지眞知라는 점에서 구분되지만 동양의 유교는 그것이 합일되어 있다고 주장한다. 그리고「유교복 원론」에서는 당시 유교에 대한 입장을 수구설守舊說, 혁신설革新說, 통신구설通新舊說, 통동서설通東西說의 넷으로 정리한 뒤, 공자의 가르 침이야말로 순수지선하여 세계 어느 곳에서나 받아들여질 수 있는 통동서설임을 밝히면서[53] 여타 입장을 비판하며 유교의 복원을

---

52) 김종석,「한말 영남 유학자들의 신학 수용 자세」, 292쪽 참조.

주장한다. 이어 강유위가 그의 「유교복원론」을 읽어 본 뒤 금문경학
今文經學적 기초가 빈약함을 지적하면서 금문경학에 대한 연구를
권고하자, 그는 말년에 금문경학 연구에 전념하여『공경대의고孔經
大義考』와『시경부주삼가설고詩經附注三家說考』같은 금문경학 저술을
남기게 된다.

심산心山 김창숙金昌淑(1879~1962)은 일찍이 18세 때인 1896년 곽종석
의 문하에 나아갔으며, 동시에 같은 '주문팔현'인 이승회·이종기·
장석영 등에게서도 전통적인 주자학 수업을 받았다. 청년기에
접어들었을 무렵 서울에서는 한창 애국계몽운동이 전개되고 있었
으므로, 그도 향리인 성주에서 명성학교明星學校를 세우는 등 대한협
회 지회 활동에 참가하였다. 1919년 3·1운동이 일어나자 그는
스승 곽종석과 함께 유림 세력을 규합하여 파리장서사건을 주도하
며, 그 뒤 1926년 다시 '제2차 유림단사건'을 주도하다 체포된다.
이처럼 그는 상해임시정부와 국내 유림 세력을 연결시키면서 독립
운동을 전개하였다. 해방 후 성균관대학교를 설립하여 초대 총장이
된다.

### 3) 낙동강 하류 지역의 성재 학맥과 학파

#### (1) 성재 허전

낙동강 하류 지역, 특히 진주·산청 등을 중심으로 한 남강 유역은
경상우도의 중심 지역이며, 바로 남명학의 온상이기도 하다. 16세

---

53) 李炳憲,『李炳憲全集』上,「儒敎爲宗敎哲學集中論」, 209~212쪽 참조.

기 중엽 남명 조식이 등장하여 남명학을 주창하자 일시에 남명학은 현 경남 전역과 성주·고령 등 경북 서남부 지역까지 퍼져 나갔다. 하지만 17세기 초 당시 북인 세력의 대표적 인물이자 조식의 대표적 문인인 내암 정인홍이 인조반정으로 몰락하게 되면서 남명학의 후예들은 심대한 타격을 받게 되며, 그 결과 남명학의 전승은 미미하게 되고 경상우도 지역은 19세기 중엽에 이르도록 뚜렷한 학파가 출현하지 않은 채 무주공산의 상태로 내려온다. 이러한 연유로 19세기 후반 근기 출신의 허전許傳이 김해도호부사金海都護府使로 부임해 와서 강학하자 이 지역의 많은 유생들이 일시에 몰려들게 되고, 낙동강 중류 지역에서 막 일어난 이진상의 한주학파가 이 지역에 파고들게 되며, 또한 기호지방 기정진의 노사학파와 전우의 간재학파마저 들어오게 된다. 이처럼 19세기 후반에 이르면 경상우도 지역에는 다양한 학파가 출현하지만 그들은 한결같이 조식과 그의 남명학에 대한 존숭의 모습을 보이는데, 이것은 바로 남명학의 여진이 남아 있는 지역적 연고로 말미암은 것이다.

먼저 성재性齋 허전許傳(1797~1886)이 김해도호부사로 부임해 온 것은 68세 때인 1864년 2월이다. 그는 1867년 8월 그의 학이 '위학僞學'으로 지목받아 의금부에 연행되기까지[54] 3년 여 동안 활발하게 강학활동을 벌여 김해와 진주 일대에 그의 학맥이 크게 번창하게 하였다. 부임 후 신산서원新山書院 등 김해 일대의 여러 서원들을

---

54) 경상도 암행어사 朴瑄壽가 김해도호부사 許傳을 '僞學'을 전파하고 백성을 貪虐했다는 죄목을 들어 義禁府에 연행하였다. 이에 허전의 제자 朴致馥 등이 허전의 죄목은 무고임을 흥선대원군에게 호소하여 곧 풀려났다. 朴致馥, 『梅屋文集』, 卷2, 「上雲峴宮辨誣省齋許先生書」 참조.

찾았으며, 매달 초하루와 보름에는 명륜당에서 강학하였고, 1865년에는 공여당公餘堂을 열어 강학하였다. 1866년 당시 조식을 모신 신산서원 원장을 맡고 있던 그는 진주 일대의 여러 사원祠院들을 둘러보았는데, 그때 현지의 많은 유생들이 종유하게 됨에 따라 자연스레 그의 학파는 남명학과 깊은 인연을 맺게 되었다. 대표적인 제자로는 박치복朴致馥·노상직盧相稷·이종기李鍾杞·허훈許薰·윤주하尹冑夏·김진호金鎭祜 등이 있는데55), 박치복은 정재 유치명 문하를, 허훈은 계당 유주목 문하를, 윤주하와 김진호는 한주 이진상 문하를 함께 드나들었다. 그리고 허훈 문하의 허위許蔿와 장지연張志淵 등은 그의 대표적인 재전제자이다.

허전의 학맥 연원은 근기지방 성호星湖 이익李瀷에 있다. 허전은 경기도 포천 출신으로, 21세 때인 1817년 순암順菴 안정복安鼎福의 제자인 하려下廬 황덕길黃德吉의 문하에 나아간다. 안정복은 이른바 '성호 우파'의 대표적 인물로 『천학고天學考』·『천학문답天學問答』 같은 서학 비판서를 저술한 적이 있다. 그리고 이익의 학맥 연원은 다시 미수眉叟 허목許穆과 한강寒岡 정구鄭逑를 거슬러 올라가 퇴계 이황에 이른다. 이렇게 이황에서 정구, 허목을 거쳐 이익에 이르는 학맥 연원에 대해서 이견이 있기도 하지만 허전과 그 후예들은 이 연원을 굳게 믿고 있었으며,56) 당시 조긍섭 같은 이도 이에

---

55) 그의 문인록인 『冷泉及門錄』에는 495명의 及門人이 실려 있는데 대부분이 영남지방의 유림들이다.

56) 許薰, 『舫山先生文集』, 卷21, 「省齋先生言行總錄」 등 참조. 이러한 학통의식은 許傳 사후 그의 제자들이 朴致馥을 스승으로 모시고 麗澤堂에서 강학한 내용에서도 확인할 수 있다. 곧 그들은 李滉의 「聖學十圖」와 鄭逑의 『心經發揮』를 비롯하여 許穆의 『經說』, 李瀷의 여러 경전에 대한 疾書, 安鼎福의 『下學指南』, 黃德吉의 『東賢學

동의하고 있다.57) 안동 지방 정재 유치명의 제자 가운데 그의 문하에
도 출입한 이들이 있는 것이나, 그의 제자들 가운데 퇴계학을
깊이 받아들이는 이들이 있는 것은, 이러한 학통의식과 무관하지
않을 것이다. 사실 이익-안정복 학맥과 이상정-유치명 학맥 간의
교유는 이전으로 거슬러 올라간다. 이상정이 서울에서 벼슬할
때 그는 안산의 이익을 자주 찾았고 안정복과도 교유하였다. 그리고
이상정의 문인인 정종로·남한조南漢朝 등도 안정복과 가깝게 지냈
으며, 남한조는 안정복의 『천학고』와 『천학문답』을 영남에 전하기
도 했다.58)

허전이 이익, 안정복, 황덕길의 학맥으로부터 물려받은 학문은
'성호 우파'의 학파적 특성이 잘 드러나 있는 도학적 경세론과
천주교에 대한 벽이단론闢異端論이다. 곧 "그는 도학으로부터 실학에
로의 이탈 방향이 아니라 실학에서 다시 도학에로의 복귀 내지
실학과 도학의 종합에의 방향을 보여 주어"59) 실학의 발전에는
별다른 기여를 하지 못하였고, 주로 도학을 실학과 접맥시키는
데 노력하였다. 이에 그는 고례古禮의 실현을 통한 제도개혁을 꿈꾸
며 40여 년의 시간을 들여 『사의士儀』를 저술하였다.60) 그리고 그는

---

則』 등을 강의하였다.(권오영, 『조선후기 유림의 사상과 활동』, 449쪽 재인용)
57) 조긍섭은 "무릇 퇴계를 종주로 삼아 배우는 자가 영남과 기호에 두 파가 있다.
  영남학은 정밀하고 엄격하여 항상 경전을 지키는 데 주력하고, 기호학은 넓고
  크며 응용과 시무를 시급하게 여겼다. 영남학은 갈암, 대산을 거쳐 정재 유치명에
  이르고, 기호학은 성호, 순암을 거쳐 성재 허전에 이르렀다"고 말하였다. 朴致馥,
  『晩醒文集』, 附錄, 卷2, 「墓碣銘」 참조.
58) 김종석, 「한말 영남 유학계의 동향과 지역별 특징」, 39쪽 참조.
59) 금장태·고광식, 『속유학근백년』, 91쪽.
60) 許傳, 『省齋集』, 卷11, 「士儀序」 참조.

성호학파 내 공서파攻西派의 입장을 이어받아 천주교 비판서인 신후담愼後聃의 『서학변西學辨』과 홍정하洪正河의 『사편증의四編證疑』에 발문을 썼으며, 중국 위원魏源의 『해국도지海國圖誌』를 읽고서는 서양 사정을 알려 주어 그들의 침략을 막는 데 도움이 된다고 높이 평가하였다.61)

### (2) 성재학파의 선개

허전의 문하에 들어오기 전에 먼저 유치명의 문하에 출입한 적이 있는 이로 박치복·김인섭金麟燮 등이 있다. 그들은 퇴계학과 더불어 남명학에 대해서도 크게 존숭하는 모습을 보인다. 박치복은 남명 조식이 이정二程과 주자의 학통을 이었고62) 그가 제시한 경敬과 의義는 학문의 관문을 여는 열쇠라고 칭송하였으며,63) 김인섭은 조식의 기상은 벽립만인壁立萬仞과 같고 그의 사상은 경과 의라고 칭송하였다.64) 그들은 이 지방 출신의 곽종석·허유 등과 같은 이진상의 문인들이나 정재규·조성가와 같은 기정진의 문인들과 함께 덕천서원德川書院 복설, 뇌룡정雷龍亭 중건, 문묘종사 상소65)와 같은 조식을 기리는 사업을 추진하였지만, 한주학파의 심즉리설에 대해서는 정재학파의 입장에 서서 비판하였으며66) 기호 학맥과도

---

61) 같은 책, 卷16, 「海國圖誌跋」 참조.
62) 朴致馥, 『晩醒文集』, 卷13, 「雷龍亭釋菜尙饗文」 참조.
63) 같은 책, 卷13, 「南冥曺先生雷龍亭釋菜告由文」 참조.
64) 金麟燮, 『端磎文集』, 卷22, 「二先生贊」 참조.
65) 南冥의 文廟 從祀 상소는 모두 45차례에 걸쳐 전개되었는데, 1883년에는 許傳과 朴致馥도 연이어 상소를 올린다. 許傳, 『省齋文集續編』, 卷1, 「請南冥先生從祀文廟疏」와 朴致馥, 『晩醒文集』, 卷4, 「請南冥曺先生從祀文廟疏」 등 참조.
66) 朴致馥, 『晩醒文集』, 卷8, 「明德辨許退而與金致受書條辨」과 卷6, 「答尹忠汝靑夏」; 金麟

별다른 교유관계를 맺지 않았다. 그들에게서는 실학의 여운을 찾기가 어렵고, 다만 도학자로 되돌아가는 모습만 볼 수 있을 뿐이다.

방산舫山 허훈(1836~1907)은 선산 출신으로, 29세 때인 1864년 허전의 문하에 나아갔다. 계당 유주목의 문하에도 출입하였지만 그는 "퇴계의 학통이 정구와 허목에 이르러 시·서를 힘써 제창하고 이익·안정복·황덕길을 거쳐 허전에 전해졌는데, 나는 실로 그의 문을 두드렸다"라고 하여 스스로 성재학통에 서 있음을 밝히고 있다.[67] 그는 「해조설海潮說」·「염설鹽說」·「포설砲說」·「거설車說」과 같은 실학 계통의 저술을 남기고 있지만 단편적이며, 그의 학문의 본령은 어디까지나 퇴계학의 정통성을 재확인하는 데 있다.[68] 퇴계는 동방의 주자이며 그 학설은 주자의 가르침과 꼭 들어맞는다는 확신 아래, 허훈은 이황의 학설과 다른 것은 가차 없이 비판하였다. 곧 그는 나흠순羅欽順의 '인심도심체용설人心道心體用說'과 이이李珥의 '인심도심상위시종설人心道心相爲始終說'[69]은 물론 자기 학통에 서있는 이익의 "리발기수理發氣隨는 사단과 칠정이 똑같다"라는 주장에 대해서도 이황의 설과 다르다고 비판하며,[70] 사돈 간인 이진상의 심즉리설에 대해서도 '심주호리心主乎理'는 옳지만 심즉리는 장차

---

爕, 『端磎文集』, 卷15, 「心卽理說辯」과 「心說」, 「明德」 참조.

67) 族姪인 許埰가 지은 문집 발문에서도 그의 학문 연원이 퇴계와 성호를 이은 성재에 있음을 밝히고 있다. 許薰, 『舫山先生文集』, 卷23, 「舫山先生文集跋」 참조.

68) 金道和는 墓碣銘에서 許薰의 학문이 朱子와 退溪에 연원이 있음을 강조하고 있으며, 省齋 등 실학과의 관련성에 대해서는 뚜렷이 드러내 밝히지 않고 있다. 許薰, 『舫山先生文集』, 卷23, 「墓碣銘」 참조.

69) 許薰, 『舫山先生文集』, 卷12, 「四七管見」 참조.

70) 같은 책, 卷13, 「星湖先生四七新編重跋辨」 참조.

양명학으로 빠질 수 있다고 비판한다.[71] 그리고 그는 여타 허전의 문인들과는 달리 남명학에 관심을 두지 않는다. 59세 때인 1894년 동학농민항쟁이 일어나 영양으로 피신해 있는 그에게 장지연이 관중管仲이나 제갈량諸葛亮 같은 난국의 명상이 되어 주기를 청하는 편지를 보내오자 그는 때가 아님을 들어 응하지 않다가,[72] 다음해 을미사변이 일어나자 청송에서 창의하여 의병장이 되기도 한다. 의병운동은 그의 아우 허로許魯와 허위許蔿가 적극적으로 이어 갔으며, 그 자신은 동생들의 의병운동을 뒤에서 도우면서 도학자로서 자정自靖하는 삶을 살았다.

허훈의 아우 왕산旺山 허위(1855~1908)는 의병운동에서 혁혁한 활동을 펼친다. 그는 1896년 선산을 근거로 창의하여 김산(김천)·상주·선산·성주·개령 등지의 연합의진인 김산의진金山義陣에 참가하며, 대구로 진격하던 중 관군에 패퇴한 뒤 다시 창의한다.[73] 그 뒤 1899년 신기선申箕善의 천거로 성균관박사成均館博士를 거쳐 의정부참찬議政府參贊 등을 역임한다. 1905년 을사늑약이 맺어지자 그는 배일排日 격문을 통해 보호국화 반대 운동에 앞장섰다가 1907년에 경기도 연천에서 다시 의병을 일으킨다. 그는 정환직鄭煥直·정용기鄭鏞基 부자를 독려하여 영천 지방에서 창의하여 산남의진山南義陣을 결성토록 하고 또 윤정의尹政儀와 서병희徐炳熙에게는 청도·경주·양산 등 경남·북 접경지대에서 창의하도록 하여 의병부대 간의

---

71) 같은 책, 卷11, 「心說」 참조.
72) 같은 책, 卷9, 「答張舜韶」 참조.
73) 許蔿, 『旺山先生文集』, 卷2, 「行狀」 참조; 권대웅, 「한말 영남유학계의 의병활동」, 『한말 영남유학계의 동향』, 200~202쪽 참조.

연합작전을 계획하였으나,[74] 마침내 일본 헌병대를 습격하다 체포되어 서대문형무소에서 사형을 당하였다. 그의 형 성산性山 허로도 함께 의병운동에 참가하였는데, 일제강점이 되자 허로는 허위의 자제까지 데리고 만주로 망명하여 부민단扶民團의 초대 단장을 지내는 등 독립운동에 전력하였다.

위암韋庵 장지연張志淵(1864~1921)은 여헌 장현광의 12대손으로 어릴 때 장복추에게 배웠으며, 성재 학맥의 허훈과 한주 학맥의 곽종석·이승희의 문하에도 출입하였다. 이 때문에 그는 도학과 더불어 허훈을 통해 근기 남인학파의 실학을 접할 수 있었다. 그는 특히 이 실학을 적극적으로 계승하여 애국계몽운동으로 발전시켜 나갔다. 곧 그는 37세 때인 1900년 광문사廣文社의 편집위원에 임명되자 다산 정약용의 『목민심서牧民心書』와 『흠흠신서欽欽新書』를 맨 먼저 간행하였으며, 정약용의 저작을 연구하여 『증보대한강역고增補大韓疆域考』를 편찬하고 『성호문집』의 출판도 계획하였다. 을미사변이 일어나자 창의 격문을 지었으며, 1897년에는 러시아공관에 파천해 있던 고종의 환궁을 청하는 만인소를 지었다. 그 뒤 시사총보사時事總報社와 황성신문사皇城新聞社 등의 주필을 거쳐 사장이 되었으며, 1905년 을사보호조약이 맺어지자 황성신문에 「시일야방성대곡是日也放聲大哭」이라는 논설을 실었다. 이 논설로 인해 신문은 정간되고 그는 옥고를 치르게 된다. 사장직에서 물러난 뒤 그는 윤효정尹孝定 등과 함께 대한자강회大韓自强會(뒷날 大韓協會로 개칭)를, 또 박은식朴殷植

---

74) 『山南倡義誌』上, 卷1과 김정명 편, 『조선독립운동』1, 105쪽, 「義兵將徐炳熙 逮捕의 件」 참조.(권대웅, 『한말 영남유학계의 의병활동』, 216쪽 재인용)

등과 함께 대동학회大同學會를 조직하여 애국계몽운동을 활발하게 펼쳐 나갔다. 1908년 블라디보스토크의 해조신문海潮新聞 주필을 맡고, 이듬해 귀국하여 진주의 경남일보慶南日報 주필을 맡게 되는데, 일제가 병탄하던 날 황현黃玹의 절명시絶命詩를 실었다가 경남일보는 폐간되고 만다. 그는 당시 유교망국론에 맞서 「유교변儒教辨」[75)]을 썼으며, 1913년에는 다카하시 도루(高橋亨)와 신문 지상에서 '공자교와 유학(末學)'에 대한 논쟁을 벌였다.[76)] 그리고 1917년에는 매일신보每日新報에 최초의 한국유교통사라 할 수 있는『조선유교연원朝鮮儒教淵源』을 총 125회에 걸쳐 실었다.

## 2. 근대 영남유학의 시기별 운동과 철학

근대시기 강제적 외압에 따른 개항이라는 급박한 현실이 눈앞에 닥치자 영남의 유학자들 사이에서 현실에 대한 인식과 대응의 차이가 일어나게 되며, 그에 따라 학파가 분화되고 학설도 새롭게 다듬어진다. 이것은 단순히 학맥적 사승관계와 이론적 차이로 학파가 분화되던 이전과 사뭇 다른 것이었다. 급박한 현실은 근대시기 내내 이어져 마침내 국망이라는 상황까지 치달았으며, 조선 500여 년 동안 관학으로서 절대적 지위를 누렸던 유학도 변신과 생존을 위해 몸부림치다가 끝내 국망에 대한 책임을 뒤집어 쓴 채 역사의 뒤안길로 사라져 갔다. 이렇게 근대시기는 현실이 이론에

---

75) 張志淵, 『韋庵文稿』, 216~217쪽, 「儒教辨」 참조.
76) 같은 책, 218~223쪽, 「辨高橋講演」 참조.

대해 크게 영향을 미친 시기이므로, 현실의 변화를 몇 단계로 나눈 뒤 영남 유학계는 각 시기에 현실을 어떻게 인식하고 대응하며 변모했는지를 살펴보기로 한다.

### 1) 개항기 척사위정운동과 영남만인소

#### (1) 척사위정운동

1840년 중국에 이어 1854년 일본이 외압에 의해 개항을 하고 조선도 프랑스와 미국 군함이 출몰하여 개항을 요구하는 상황을 맞게 되자 당시 집정자이던 흥선대원군은 강력한 쇄국정책을 시행하고, 이에 강화도에서 1866년 조불전쟁朝佛戰爭(丙寅洋擾)과 1871년 조미전쟁朝美戰爭(辛未洋擾)이 일어나게 된다. 대원군은 이렇게 대외적으로 쇄국정책을 시행하는 한편 대내적으로는 안동김씨 등의 세도정치를 막으면서 그 동안 정치적으로 내몰려 있던 남·북인 출신들을 고루 등용하고, 중앙집권을 강화하기 위해 재야 세력의 근거지였던 서원을 전국에 47개만 남겨놓고 훼철해 버린다. 하지만 대원군은 곧 민씨 척족세력들에 의해 실각하게 되고, 권력을 장악한 척족세력은 1876년 일본의 침략을 막아내지 못한 채 서둘러 개항을 하게 된다.

서슬이 시퍼렇던 대원군의 쇄국정책 시기에는 미처 개항론이 고개를 쳐들지 못하였으나 정치상황이 변화하자 개항에 적극적인 세력이 등장하며, 이들이 이후 개화정책을 주도해 나가게 된다. 이들 가운데는 북학파北學派를 계승한 환재瓛齋 박규수朴珪壽(1807~1876)의 문하에 출입한 이가 특히 많다. 박영효·홍영식·김옥균·김윤식·신기선 등이 바로 그들이다. 동시에 이들은 서울에 거주하는 집권 노론의 후예들로서 봉서鳳棲 유신환兪莘煥의 학맥을 잇고 있기도 하다. 유신환의 학맥도 연원은 율곡 이이에게 있지만, 이 시기에 이르면 유신환의 후예들은 사실상 전통의 주자학과 율곡학으로부터 벗어나고 있다. 1884년 갑신정변甲申政變을 거치면서 이들 간에도 분화가 일어나는데, 갑신정변의 주역들은 진작 주자학적 세계관으로부터 벗어났으며, 갑신정변에 참여하지 않은 김윤식·신기신 등도 비록 '동도서기론東道西器論'77)을 주장했지만 그 '동도'의 내용은 이미 주자학의 색채가 많이 옅어져 있었다.

개항에 반대하면서 전개된 척사위정운동斥邪衛正運動은 조불전쟁과 조미전쟁을 거치는 대원군의 쇄국정책 시기, 정권이 고종으로 넘어간 뒤 1876년 개항을 전후한 시기, 그리고 1880년 김홍집金弘集이 제2차 수신사修信使로 일본을 다녀오면서 청나라의 주일참찬관駐日參贊官 황준헌黃遵憲의 『조선책략朝鮮策略』을 가져오고 이로부터 유생들의 전국적인 저항이 일어나자 1881년 고종이 '척사윤음斥邪綸音'을 내리게 되기까지의 시기의 셋으로 크게 나눠 볼 수 있다. 1차와 2차 척사위정운동은 기호지방의 화서華西 이항로李恒老와 노사蘆沙 기정진奇正鎭 학파가 주도하는데, 이들은 율곡학통을 이은 재야 기호 노론 세력이 주축이다. 1차 척사위정운동이 대원군의 쇄국정책을 지지하는 가운데 전개된 것이라면, 2차 척사위정운동은 정부

---

77) 東道西器論은 『農政新編』에 대한 申箕善의 序文에서 본격적으로 제기되지만, 동도서기론적인 사고는 훨씬 더 거슬러 올라갈 수 있다. 1881년 斥邪衛正論者들에 의해 金弘集이 가져온 「私擬朝鮮策略」에 대한 비판의 상소가 쏟아졌을 때 이미 이에 맞선 동도서기론적 상소가 줄을 이은 바 있다. 한우근, 「개항 당시의 위기의식과 개화사상」, 127~133쪽 참조.

정책에 반대하는 것으로서 일본은 전통적인 교린의 대상이라는 정부의 논리에 맞서 지금의 일본은 더 이상 이전의 일본이 아니라는 '왜양일체론'으로 맞선다. 3차 척사위정운동은 개항 대상국을 확대하려는 정부의 시책에 맞선 것으로 영남 유생들이 앞장서고 기호 유생들이 이에 동참하는 양상을 띤다.[78]

이렇게 3차 시기에 이르면 전국적인 재야 유생들이 하나로 뭉치게 되는데, 수백 년 동안 서로 반목해 오던 기호 노론과 영남 남인 세력이 손잡게 된 점은 역사적으로 특기할 만한 사건이다.[79] 또 현실 인식과 대응에 따라 서로 연대하고 철학이론 상에서도 근접한 점은 더욱 값진 것이다. 곧 척사위정운동을 주도한 기호지방의 화서학파와 노사학파에서는 리기론 상에서 리 중심적 혹은 유리론 唯理論적 입장을 취하고 심心에 대해서도 리 중심적 해석을 하게 되는데,[80] 이것은 자신들의 율곡학통으로부터 많이 벗어나 있다. 결국 현실에 대한 인식과 대응으로부터 이렇게 이론이 새롭게 만들어진 점은 더없이 귀중하다. 기호지방의 재야 유림 가운데서도 율곡학의 정통 계승자임을 자처한 고산鼓山 임헌회任憲晦와 그를 이은 간재艮齋 전우田愚는 척사위정운동에 참가하지 않고 자정自靖의 길을 택하는데,[81] 여기에서 볼 수 있듯 기호 율곡학파는 개항을

---

78) 홍원식, 「주자학적 세계관의 선택―척사위정파의 사상과 운동」, 22~26쪽 참조.
79) 화서학파의 대표적 인물인 金平黙은 1876년 「丙子聯名儒疏」 때까지만 해도 南人 세력의 발호를 막기 위해서 畿湖 老論이 중심이 되어 척사위정운동을 전개해야 한다고 주장했는데, 「嶺南萬人疏」가 올라오자 지지와 함께 영남 학자 寒洲 李震相의 主理論이 華西 李恒老의 主理論과 대동소이하다고 평가한다. 권오영, 「김평묵의 척사론과 연명유소」, 139~140쪽 참조.
80) 홍원식, 「주자학적 세계관의 선택―척사위정파의 사상과 운동」, 31~38쪽 참조.
81) 田愚는 뒷날 華西學派의 崔益鉉이 擧義를 종용했을 때 거절하였고, 寒洲學派의

맞으면서 학파의 분화가 여러 갈래로 이루어진다.

앞에서 말한 바와 같이 영남 유생들은 1881년에 이르러서야 비로소 영남만인소를 통해 척사위정운동에 본격적으로 뛰어든다. 그들이 척사의식이 없었다거나 1, 2차 척사위정운동 시기에 아무런 움직임을 보이지 않았던 것은 아니다. 그들은 기호 노론과는 다른 근기 남인 성호 우파 계통의 척사사상을 계승하고 있었다.[82] 일찍이 1839년 성주 출신 이원조李源祚는 군자감정軍資監正으로 있을 무렵 성균관에 있는 인사들의 발의에 의해 영남에 천주교의 전파를 막는 내용의 척사통문을 각 향교와 서원에 보낸 적이 있으며,[83] 1866년 조불전쟁 시기에는 서울에서 강진규姜晉奎가 천주교에 물들지 말 것을 강조하는 척사통문을,[84] 그리고 대원군의 최측근으로 있던 좌의정 유후조柳厚祚가 영남 출신 신석호申錫祜・허원식許元栻 등과 함께 조불전쟁에 수요되는 군수조달을 위한 통유문通諭文을 영남지방에 보내기도 했다.[85] 이렇게 당시 척사운동은 주로 서울에서 관료생활을 하고 있던 인사들이 영남지방에 통문을 보내는 방식으로 전개되었다. 한편 영남지방에서도 박치복朴致馥[86]・이휘준李彙濬[87]・이종상李鍾祥[88]・정종현鄭宗鉉[89] 등이 척사통문을 지어

---

郭鍾錫이 파리장서사건에 동참할 것을 요청했을 때도 거절하였다. 그는 일제강점 직전에 군산 앞바다의 섬에 들어가 제자들을 가르치다가 그곳에서 죽음을 맞는다. 금장태・고광식, 『유학근백년』, 215쪽 참조.

82) 권오영, 『조선 후기 유림의 사상과 활동』, 355~359쪽 참조.

83) 李源祚, 『凝窩文集』, 「年譜」, 5年 己亥 참조.

84) 姜晉奎, 『櫟菴集』, 別集, 補遺, 卷1, 「太學通嶺南文」 참조.

85) 申錫祜, 『可軒文集』, 卷2, 「丙寅斥洋丙子斥倭後事實」과 「通道內各儒所文(丙寅洋擾時)」 참조.

86) 朴致馥, 『晚醒文集』, 卷9, 「斥邪文」 참조.

87) 李彙濬, 『復齋文集』, 卷4, 「斥邪文」 참조.

돌렸다. 개항을 전후한 시기에도 영남지방에서 척사론이 몇몇 일어났으나[90] 그 정도는 미미하였다.[91]

개항이 목전에 이르렀어도 영남 유생들의 주된 관심사는 서원의 사액 청원과 서원 훼철의 반대에 있었으며,[92] 이 과정에서 그들은 내부의 균열된 모습을 드러내 보이기도 했다. 대원군은 서원을 '망국의 근본'[93]으로 생각하여 1865년 만동묘萬東廟의 훼철을 시작으로 하여 1868년에는 전국적으로 미사액서원에 대한 훼철을 마무리 짓고, 1871년에는 '문묘종향인文廟從享人'과 '충절대의지인忠節大義之人'을 배향하는 47개 곳을 제외한 나머지 원사院祠들 모두 훼철하였다. 이때 그는 자신의 선조인 인평대군을 모신 서원도 훼철시키고 말았다. 그 결과 안동 지역에는 이황을 모시는 도산서원과 유성룡을 모시는 병산서원屛山書院을 제외하고는 호계서원虎溪書院을 위시한 모든 서원이 훼철되었다. 사실 병산서원도 처음에는 훼철 대상에 포함되었다가 뒤에 빠지게 된다.[94] 당시 경상도에는 사액 72곳,

---

88) 李鍾祥, 『定軒文集』, 卷14, 「禁邪學布喩文」 참조.
89) 『嶠南誌』, 卷10, 善山, 人物(武科) 참조.『嶠南誌』 속에는 당시 영남 각 지역의 척사의식을 지녔던 인물들이 수록되어 있다.
90) 李震相은 의거를 일으키기 위해 성주 지방 인사들과 모임을 가졌으나 조약이 맺어졌다는 소식을 듣고 그만두었다. 李震相, 『寒洲文集』, 附錄, 卷3, 「行狀」 참조. 그의 동생 李注相도 朝佛戰爭 시기에 斥邪詩를 지은 적이 있다.『嶠南誌』, 卷13, 星州, 人物(文學) 참조. 그리고 大山 李象靖의 高孫이자 定齋 柳致明의 高弟였던 李敦禹도 상소를 올린다. 李敦禹, 『肯庵文集』, 卷2, 「應旨陳三綱九目疏」 참조.
91) 권오영, 『조선 후기 유림의 사상과 활동』, 391~9 참조.
92) 개항이 이뤄진 다음해인 1877년 12월에도 李庭百·李敦禹·柳致厚·金鎭林 등 虎儒들은 聯名하여 虎溪書院 復設의 문제보다 더 큰 義理는 없다고 주장하면서 서울에서 상소운동을 벌인다. 朴周大, 『羅巖隨錄』第2冊, 200~201쪽 참조. 나아가 1881년 척사운동이 본격화된 뒤인 1883년 12월까지도 權世淵 등이 중심이 된 虎儒들은 虎溪書院의 복설을 청하는 상소를 올린다.『高宗實錄』, 20年 12月 11日 참조.
93) 朴周大, 『羅巖隨錄』第1冊, 5쪽 참조.

미사액 639곳의 원사院祠가 있었다.

그러자 원사를 중요한 세력 근거로 삼고 있던 향촌의 재야 유생들은 대원군의 이러한 원사 훼철을 일제히 반대하고 나선다. 안동 지방에서는 서원 철폐가 시행되기 이전 유치명의 문인들이 중심이 되어 임천서원의 청액운동을 막 시작하였는데, 이렇게 서원이 훼철되는 상황까지 맞게 되자 당혹스럽기 짝이 없었다. 이에 그들은 만인소를 올리는 등 격렬하게 서원 훼철을 반대하고 나섰지만 결국 임천서원은 강제로 훼철되고 만다.95) 이 과정에서 병산서원 쪽 유생들은 소극적인 자세를 취한다. 그들은 병산서원의 사액 지체가 임천서원 쪽의 방해 탓이라고 생각하였고 또 병산서원은 결국 훼철을 면하였기 때문인데, 해묵은 '병호시비屛虎是非'가 아직도 이어지고 있음을 볼 수 있다. 한편 이러한 연유로 대원군이 실각한 뒤 일어난 1875년 대원군에 대한 「봉환만인소奉還萬人疏」96)에는 병산서원 계통의 유생들이 적극적으로 참여한 반면 정재학파 계통의 호계서원 유생들은 소극적으로 참여한다.97)

### (2) 영남만인소

1881년 신사辛巳 「영남만인소」는 1880년 11월 도산서원에서 척사 통문을 발송하면서 시작되어 이황의 후손이자 1855년 장헌세자

---

94) 당시 左議政 柳厚祚는 훼철 대상인 未賜額서원에 자신의 先祖인 西厓 柳成龍의 屛山書院이 포함되어 있어 大院君에게 이를 분간해 줄 것을 건의하였다가 심한 질책을 받는다. 柳厚祚, 『洛坡先生文集』, 「上大院君別紙」 참조.
95) 권오영, 『조선 후기 유림의 사상과 활동』, 359~374쪽 참조.
96) 정진영, 「19세기 후반 영남유림의 정치적 동향」, 131~143쪽 참조.
97) 정진영, 같은 책, 155~157쪽 참조.

전례 상소 때 소수로 활동했던 이휘병李彙炳의 아들 이만손李晚孫이 소수疏首로 추대되는데, 이때 호유虎儒와 함께 유도성柳道性과 같은 병유屏儒[98]도 참여하게 됨으로써 비로소 영남좌도의 유림이 하나로 뭉치게 되고, 여기에 이진상李震相 등 영남우도의 유림들도 합류한다. 영남 좌·우도의 소유들은 만인소의 도회소道會所인 상주의 산양山陽 장터에서 모임을 가진 뒤 제출된 여러 소초疏草 가운데 전 예조참판 강진규姜晉奎의 척사소를 채택하게 된다. 소수 이만손 등이 상경하여 상소운동을 벌인 결과, 왕은 2월 26일 비로소 "벽사위정闢邪衛正은 소유들의 말을 기다리지 않아도 행해야 할 것이고, 다른 나라 사람의 사의私擬 문자(『조선책략』)는 애초에 깊이 궁구할 것이 못 되는 데다 잘못 보아 구절을 뽑아내었으니, 이를 구실로 번거롭게 소를 올리는 것은 조정을 비방하는 것으로밖에 볼 수 없다"[99]라는 비답을 내린다. 이에 소수인 이만손이 안동으로 내려가자[100] 영남 유림들은 다시 김조영金祖永[101]·김석규金碩奎[102]·김진순金鎭淳[103]을 연이어 소수로 삼아 2차, 3차, 4차 복합상소伏閤上疏를 전개한다. 이 과정에서 전국 각지의 유생들이 동조하게 되며, 마침

---

98) 영남만인소에 참가한 대표적인 屏儒로 柳道性 이외에 柳道觀·柳善榮·柳道夔·柳道黙, 그리고 柳疇睦의 제자인 金鼎奎·趙承基 등이 있다.

99) 『高宗實錄』, 卷18, 18年 2月 26日.

100) 승정원에 접수되지 않은 만인소의 草本이 뒤늦게 문제되어 그해 5월 李晚孫은 薪智島에, 姜晉奎는 鹿島에 유배된다.

101) 2차 소수로 활동한 金祖永은 안동 출신으로 본관은 義城이며, 함경도 安邊府에 유배되었다.

102) 3차 소수로 활동한 金碩奎(1826~1883)는 영주 출신으로 본관은 宣城이며, 평안도 德川郡에 유배되었다. 그는 文節公 金淡의 후손으로 柳致明의 문하에서 공부하였으며, 金興洛과 절친한 사이였다.

103) 4차 소수로 활동한 金鎭淳(1827~1908)은 안동 출신으로 본관은 義城이다.

내 5월 15일 척사윤음斥邪綸音104)이 발표되었다.105)

위에서 볼 수 있듯 1881년 영남만인소에 이르러서야 영남좌도의 유림들은 서구 열강의 침략을 직시하면서 그 동안 병호시비로 얼룩졌던 반목을 접고 단일 대오를 형성하기 시작했으며,106) 여기에 남인과 소론이 합세하고 영남우도 유림들도 합류하게 된다. 곧 영남만인소의 상소문은 강진규의 것이 채택되었는데, 그는 당론이 소론이며 이전 조불전쟁 시기에도 서울에서 관직생활을 하면서 영남지방으로 척사문을 띄운 적이 있던 인물이다. 그리고 이진상李震相을 중심으로 한 영남우도 출신의 유림들도 신사 영남만인소에 적극적으로 참여한다. 이진상은 신사 영남만인소 이전에 이미 호계서원 복설 만인소에 적극적으로 참여한107) 뒤 개항 당시 거의를 준비하다가 조약이 맺어졌다는 소식을 듣고 그만둔 적이 있으며,108) 1880년 도산서원의 척사통문이 돌자 성주의 송천松川 모임에서 척사통문을 띄우고109) 다시 황난선·송인호 등과 함께

---

104) 『高宗實錄』, 卷18, 18年 5月 15日 참조.
105) 권오영, 『조선 후기 유림의 사상과 활동』, 399~414쪽 참조.
106) 辛巳 嶺南萬人疏 이후에도 屛虎是非의 앙금은 완전히 가라앉지 않았다. 1883년 屛儒들이 屛山書院 가을 향사일에 柳成龍 단독의 文廟從祀를 청하는 소를 올리기로 하자 다시 갈등이 재연되기 시작하였고, 虎儒들은 이에 다시 虎溪書院의 復設 문제를 들고 나와 상소를 올린다. 권오영, 『조선 후기 유림의 사상과 활동』, 380~381쪽 참조.
107) 그는 1871년 정민병을 소수로 한 虎溪書院 復設 萬人疏에 公事員으로 참가하여 상경하며, 상소 도중 掌議 權承夏가 상소를 그만둔 채 귀향하고 掌議 李敏稷과 疏色 金道和도 이에 동조한다. 이때 그가 손으로 자신의 정수리를 잡고서 "모름지기 이 지경에 이른 연후에 물러가겠다"라면서 과격한 태도를 보이자 소수인 정민정은 자신의 뜻도 그렇다면서 칭찬하였다. 鄭直愚, 『疏行日錄』(계명대학교 도서관 소장) 참조.(권오영, 『조선 후기 유림의 사상과 활동』, 370~372 재인용)
108) 李震相, 『寒洲文集』, 附錄, 卷3, 「行狀」 참조.
109) 같은 책, 附錄, 卷1, 「年譜」, 庚辰 11月 참조.

성주 신광사神光寺에 모여 척사소를 발의하고 척사통문을 지어 돌렸으며,110) 또 다시 개령도회開寧都會를 열어 결의를 다지고111) 영남 좌·우도 유생들이 연합한 산양도회山陽道會에 격려의 글을 보낸다.112) 그의 동생 이주상李注相과 이운상李雲相도 조불전쟁 시기 척사시를 짓고 개령도회 때 도청이 되어 소청의 일을 주관하며,113) 그의 아들 이승희李承熙는 산양도회소에 척사소를 제출한다.114) 그리고 개령 출신 이규삼李奎三도 이진상·장복추張福樞·이종기·허훈許薰 등과 함께 영남만인소에 대해 논의한다.115) 이뿐만 아니라 기호 노론 계통의 재야 유생들도 영남만인소에 대해 지지하고 동참함으로써 현실인식을 바탕으로 하여 당파를 넘어선 전국적 재야 유생들의 연대가 이루어진다.

산양도회에서 최종 선택된 것은 강진규의 「신사의소辛巳擬疏」116)였지만, 그 밖에도 영주의 김석규金碩奎,117) 의성의 김기선金驥善,118) 영남우도 지역의 이종기李種杞119)·이승희·송인호宋寅濩120) 등 수십 여 명이 소초疏草를 제출한다.121) 그 내용이 대동소이하므로 강진규

---

110) 같은 책, 卷26, 「答李大衡」, 庚辰 참조.
111) 같은 책, 附錄, 卷1, 「年譜」, 庚辰 12月 참조.
112) 같은 책, 卷28, 「抵山陽道會所」 참조.
113) 『星山誌』, 卷3, 人物(儒望) 참조.
114) 李承熙, 『韓溪遺稿』, 卷1, 「請斥洋邪疏」 참조.
115) 『嶠南誌』, 卷18, 開寧, 人物(儒行) 참조.
116) 姜晉奎, 『櫟菴集』 別集, 卷1, 「辛巳擬疏」 참조.
117) 金碩奎, 『恥庵文集』, 卷3, 「上斥邪疏」 참조.
118) 金驥善, 『沂墅文集』, 卷2, 「擬斥邪疏」 참조.
119) 李鍾基, 『晩求文集』, 卷2, 「擬斥邪疏」 참조.
120) 宋寅濩, 『蓮觀聯芳集』, 卷6, 「斥邪疏」 참조.
121) 권오영, 『조선 후기 유림의 사상과 활동』, 422~431쪽 참조.

의 「신사의소」를 중심으로 척사위정론을 살펴보기로 한다.

강진규는 황준헌의 『조선책략』을 여덟 가지로 분류하여 비판하고 있는데, 이를 크게 셋으로 나누어 볼 수 있다. 먼저 황준헌의 '방아책防俄策' 곧 '친중국親中國'·'결일본結日本'·'연미국聯美國'을 통한 러시아 세력의 남하를 막는다는 것은 실효성이 없다고 비판한다. 그것은 조선과 러시아는 두만강을 사이에 두고 있지만 일본과 미국은 지리적으로 멀기 때문이며, 또 미국과 수교할 경우 러시아가 동일한 요구를 해 온다면 거절할 수 없을 것이라고 말한다. 다음은 앞의 것보다 더 중요한 것으로, 황준헌이 주공周公·공자의 도보다 야소교耶蘇敎가 더 훌륭하다고 한 것에 대해 분노에 찬 비판을 한다. 그는 야소교와 천주교는 한 뿌리라는 인식 아래 천주교는 정조 때부터 줄곧 배척해 온 것임을 강조한다. 셋째로 황준헌이 서학에 힘써 재화를 모으고 농업과 공업을 발전시켜야 한다고 주장한 것에 대해, 이러한 것들은 이미 선왕의 법에 들어 있는 내용이라고 말한다. 위 강진규가 쓴 상소의 내용을 볼 때 서양에 대한 인식이 조불전쟁 이래 별다른 변화가 없음을 알 수 있다.

## 2) 대한제국시기 의병운동과 애국계몽운동

### (1) 전기 을미의병과 한주학파의 분화

1894년 6월 일본은 갑오 동학농민군 토벌을 핑계로 진주하여 경복궁까지 점령한 상태에서 김홍집·유길준 등을 내세워 갑오개혁甲午改革을 단행하고, 청일전쟁淸日戰爭에서 승리한 일본은 다음해에 내정간섭을 더욱 강화하는 을미개혁乙未改革을 단행한다. 이에 민비閔妃가 러시아 세력을 끌어들여 일본을 견제하려 들자, 일본은 그해 10월 8일 을미사변乙未事變을 일으켜 그녀를 시해하고 만다. 고종은 1896년 2월 러시아 공관으로 피신(俄館播遷)하게 되며, 1년이 지난 1897년 2월 경운궁으로 환궁하여 대한제국大韓帝國을 수립하고 연호를 건양建陽에서 광무光武로 바꾼다. 을미사변 이후, 그리고 고종의 아관파천이 있기 이전인 1895년 12월 30일(음 11. 15), 개혁조치의 하나로 단발령斷髮令이 내려진다. 유림들은 자신들의 근거인 서원과 조상의 사당이 헐린 데 이어 이제 자신의 머리카락마저 잘려 나갈 상황에 처해진 것이다. '신체발부身體髮膚는 부모님으로부터 받은 것이라 조금이라도 훼손해서는 안 된다'고 굳게 믿는 그들로서는 하늘이 무너지는 듯한 일이었다. 이에 재야 유생들에 의한 전국적 무장항쟁인 의병이 일어나게 되는데, 그 투쟁 대상은 일본과 그 앞잡이인 친일 관료들이었다. 이러는 가운데 고종이 비밀리에 보냈다고 전해지는「애통조哀痛詔」가 각지에 전달되자 의병운동의 분위기는 한껏 고조되었다.[122]

　1896년 1월 13일(음 1895. 11. 27) 안동부[123]에도 단발령이 도착하자

---

122) 1896년 1월 29일(음 1895. 12. 15)에 보내진 이 밀조에서 고종은 "8도 고을은 同聲相應하여 의거하라"(이구영 편역,『湖西義兵事蹟』, 647쪽 참조) 하였으며, 또 "강성한 이웃이 틈을 보고 逆臣이 권력을 농간하였고, 더욱이 나는 머리를 깎고 면류관을 훼손하였으니 사천 년 예의지국을 나에 이르러 하루아침에 짐승의 땅으로 만들어 버렸다"면서 영의정 金炳始를 都體察使로, 서울을 중심으로 한 경기지역과 지방 7도에 근왕군을 조직하기 위해 "의로운 깃발을 든 선비에게 초토사의 벼슬을 주고 密符를 보낼 것이니, 각 군수는 印信을 스스로 새겨 쓰고 관찰사와 군수도 너희가 스스로 골라서 종군케 하라"라고 하였다.(拓菴先生文集刊行會,『拓菴文集』下, 454쪽) 그러나 고종은 10여 일 후인 1896년 2월 11일(음 1895. 12. 28), 바로 俄館播遷하던 날 의병해산명령을 내린다. 김희곤,「안동의병장 척암 김도화의 항일투쟁」, 294~295쪽 재인용.
123) 을미개혁 때 전국 8도를 23府로 재편했는데, 안동은 그 가운데 하나로 16개 군을 관할하는 觀察府가 설치되었다. 초대 안동관찰부사로 상주에서 동학농민군을 진압

바로 1월 15일과 16일 양일에 걸쳐 청성서원靑城書院과 경광서원鏡光書院, 호계서원虎溪書院에서 통문을 발송한다. 호계서원의 통문은 김도화金道和·김흥락金興洛·유지호柳止鎬 등 정재 유치명의 문인들이 주도하였다.124) 1월 20일, 이에 호응한 유림 1만여 명이 안동부에 모여서 유도성柳道性·김도화·김흥락·유지호·유지영柳芝榮 등을 윗자리에 앉히고 봉화 닭실(酉谷)의 권세연權世淵(1836~1899)을 의병장에 주대하여 안동부를 점령한다. 하지만 1월 30일(음 1895. 12. 16) 안동관찰부사 김석중金奭中이 대구 병정들을 데리고 안동으로 들어온다. 흩어진 안동의진이 2차 거사를 준비하고 있을 때 고종의 의병해산령이 전해지지만, 안동의진은 이를 무시한 채 안동부를 탈환한다. 이때 권세연이 의병장을 사임하자 김도화가 뒤를 이어 의병장에 취임한다.125)

김도화의 안동의진은 예안(선성)·순흥·영천(영주)·풍기·봉화 의진, 그리고 유인석柳麟錫이 주도한 호좌의진湖左義陣의 서상렬徐相烈

하는 데 공을 세운 金奭中이 부임하였다. 경상도에는 안동부를 비롯하여 대구부와 진주부, 동래부가 설치되었다. 禮安(옛 宣城)도 그때 安東府에 포함되었지만, 오랫동안 독립적인 행정구역으로 있었으므로 을미의병도 독자적으로 일어난다.

124) 『乙未義兵日記』(『古文書集成』 42, 安東周村 眞城李氏篇; 한국정신문화연구원, 1999) 참조.

125) 金道和, 『拓菴全集』 下, 「倡義陳情疏」 참조. 金道和는 해산령이 내려졌음에도 불구하고 의병장이 되어 활동한 것에 대해 다음과 같이 밝히고 있다. "왕명을 빙자한 친일내각이 파견한 관군들이 형벌과 살육을 일삼아 대신들을 결박하면서 국가의 명분을 무너뜨렸고, 선비들을 도살하면서 국가의 원기를 손상시켰으며…… 전일의 애통하게 보내신 뜻과는 일체 상반되는 것이옵니다. 전하의 인민들로 하여금 전하의 무기 앞에 모두 죽게 해야 됩니까? 기상이 처참하여 이 원통한 부르짖음이 하늘을 넘칩니다. 전하께서는 어찌 백성으로 하여금 이에 이르게 하십니까? 상반되는 일을 신들은 의심하는 바로서 곧 의병을 해산하지 못하는 이유입니다." 金道和, 『拓菴全集』 下, 「破兵後自明疏」.

부대와 예천회맹體泉會盟을 맺은 뒤 예천군수를 처형한다. 이어 연합의병진은 산양山陽에 집결하여 3월 29일(음 2. 16) 상주 태봉胎峰에 주둔하고 있던 일본군을 공격하여 격전을 벌인다. 열세에 몰린 의병들이 흩어지자 대구에 주둔하고 있던 일본군과 순검들이 추격하여 안동부의 1천여 민가를 잿더미로 만든다.[126]

안동 지역에서는 태봉전투에 참가한 6개 의진 이외에도 청송·영양·진보 등 총 14개의 의진이 등장하며, 낙동강 중·하류 지역에서도 김산·상주·개령·성주·선산 등의 김산 연합의진과 진주를 중심으로 한 진주의진이 결성되었다.[127] 이들 안동의진의 특징을 보면, 먼저 권세연·김도화의 을미의병에 유도성·유지영과 같은 병유屛儒들이 정재학파의 호유虎儒들과 함께 참여하는 것을 볼 수 있다. 1881년 신사 영남만인소 때 병·호 유림이 이미 연대를 시작했지만 사실 완전히 봉합되지는 않았는데,[128] 을미의병에 이르면 '벌왜伐倭'라는 명분 아래 더욱 봉합되는 모습을 보인다. 그리고 유치명의 재전제자들인 이상룡李相龍과 유인식柳寅植 등도 이때 청량산에서 의병을 일으킨다. 당시 안동의진은 퇴계학파의 정통 계승자로서 척사위정의 사상과 운동을 그대로 이어받았으며, 아직 내부적 분화가 일어나지 않았다고 할 수 있겠다.

그러나 한주 이진상의 후예들은 이 시기에 이르면 다른 길을

---

126) 권대웅, 「을미의병기 경북 북부지역의 예천회맹」; 김희곤, 「안동의병장 척암 김도화의 항일투쟁」, 301~313쪽 참조.

127) 영남지방 각 지역에서 일어난 을미의병에 대해서는 권대웅, 「한말 영남유학계의 의병활동」, 177~212쪽 참조.

128) 1894년까지도 金興洛과 柳道性은 屛虎是非로 서로 사이가 벌어져 있어서 李承熙가 金興洛에게 保合을 권하는 편지를 보낸다. 李承熙, 『韓溪遺稿』 7, 「年譜」 甲午 참조.

걷기 시작한다. 낙동강 중류 지역에서 일어난 김산 연합의진이 지리적으로 한주학파의 활동 지역과 겹치기 때문에 사상적 연관성을 생각해 볼 수도 있겠지만,[129] 곽종석郭鍾錫 등 이진상의 제자들은 의병운동에 참가하지 않는다. 김산의진은 김산의 여영소呂永韶·여중룡呂中龍, 선산의 허위許蔿 등이 주도한다.[130] 안동 지역 을미의병 창의 시기에 곽종석의 이름이 나오기는 하지만,[131] 그가 실제로 참여한 사실이 보이지 않으며 도리어 참여 요구에 대해 불참하는 자신의 입장을 밝히고 있다. 대신 그는 앞에서 말한 바와 같이 사우인 이승희李承熙·이두훈李斗勳 등과 함께 상경하여 각국 공관에 일본의 패역을 성토하고 그 죄를 다스릴 것을 호소하는 「열국공관서列國公館書」를 돌린다. 한주 이진상의 아들 이승희도 일찍이 아버지의 뜻을 받들어 신사 영남만인소에 적극적으로 참여한 적이 있었지만, 이제는 이처럼 그 길을 달리하고 있다. 이것은 현실에 대한 인식과 대응 방법에 차이가 생겨났음을 말해 준다. 이러한 국제공법을 통한 대응은 그들이 '개명開明'하여 눈을 밖으로 돌리기 시작했음을 의미하는 것으로, 그들은 나아가 스스로 국제공법과 서양에 대해 관심을 가지고 연구해 가기에 이른다. 한편 이렇게 한주학파가 안동 지역 퇴계학맥과 분리하여 나올 즈음에 이진상의 문집이 간행되어 나오자, 그의 심즉리설心卽理說과 유리론唯理論적 리발일도설理發一途說은 퇴계학설을 고수하고 있던 안동의 도산서원과 상주

---

129) 권대웅, 「한말 영남유학계의 의병활동」, 178쪽과 245쪽 참조.
130) 권대웅, 「김산의진고」 참조.
131) 권대웅, 「한말 영남유학계의 의병활동」, 184쪽; 김희곤, 「안동의병장 척암 김도화의 항일투쟁」, 292쪽 참조.

의 도남서원 유생들로부터 격렬한 비판을 받는다.

당시 영남지방에서 또 하나의 학파를 형성하고 있던 성재 허전의 후예들은 낙동강 지류인 남강 유역을 중심으로 형성된 진주의진에 많이 참가하였다. 진주의진은 허전의 문인인 노응규盧應奎가 중심이 되었으며, 이 지역 출신 노사盧沙 기정진奇正鎭의 문인들도 합류하였다.132) 그리고 허훈許薰을 통해 낙동강 중·상류 지역으로 전파된 성재의 학맥 또한 이 시기에 활발한 활동을 보인다. 허훈은 당시 진보에 머물면서 아우 허환許渙과 함께 창의하고,133) 그의 막내아우 허위는 선산에서 창의하여 김산의진을 이끈다. 한편 장지연張志淵은 허전과 허훈을 통해 내려온 성호星湖학통의 실학을 이어간다. 스승 허훈에게 현실에 적극적으로 나서 줄 것을 권하는 편지를 보내기도 하고 을미의병이 일어났을 때 격문을 지어 돌렸던 그는, 곧이어 상경하여 관료생활을 하면서 '개명'한 유학자로 변신하며 특히 실학을 중시하면서 현실운동에 뛰어든다. 그는 뒤이어 상경한 영남 출신의 유학자들과 교유하면서 유인식 등 많은 이들을 개명한 유학자로 변모시킨다.

### (2) 후기 을사의병과 애국계몽운동

1896년 서재필·윤치호 등이 중심이 되어 설립한 독립협회는 1898년 3월부터 운동을 대중적으로 확산시키기 위해 종로거리에서 만민공동회를 개최하여, 마침내 그해 10월 대신들이 참석한 가운데

---

132) 許善道, 『倡義將愼菴盧應奎先生抗日鬪爭略傳』(등사본, 1967), 「年表」참조.
133) 金道鉉, 「碧山先生倡義顚末」, 721쪽 참조.

공동으로 「헌의육조獻議六條」를 채택하여 고종에게 제출한다. 그러나 이들에게 정치적 위협을 느낀 광무정권은 독립협회와 만민공동회를 해산하는 한편, 1899년 군비증강과 왕권강화를 주요 내용으로 하는 광무개혁光武改革을 단행한다. 하지만 1904년 러일전쟁을 일으킨 일본은 군대를 대한제국에 주둔시킨 상태에서 강제로 '한일의정서韓日議定書'를 맺고, 러일전쟁에서 승전하자 1905년 7월과 8월에 미국과 카츠라-태프트 밀약을, 영국과 제2차 영일동맹을 맺어 대한제국에 대한 독점적 지배권을 확보한다. 그리고 같은 해 11월 이토 히로부미를 파견하여 일본군이 왕궁을 포위한 가운데 '을사오적'(이완용·이지용·박제순·이근택·권중현)과 야합하여 을사늑약을 맺는다. 고종은 본 조약의 부당성을 외국에 알리려고 노력하였으며, 그 일환으로 1907년 6월 헤이그 만국평화회의에 이준 등의 밀사를 파견한다. 하지만 일본은 이것을 빌미로 고종을 퇴위시키고 강압적으로 한일협약을 맺으면서 사법권을 박탈하고 군대를 해산시킨다. 이제 군사권과 외교권을 박탈당한 대한제국은 사실상 식민지 상태로 지내다가 1910년 8월 일제에 강점되고 만다.

　한일의정서와 을사늑약이 맺어지자 전국적으로 조약 파기를 주장하는 상소가 빗발치며 의병운동이 다시 일어나기 시작한다. 유인석柳麟錫·최익현崔益鉉 같은 을미의병을 주도했던 인물들이 다시 의병을 일으키고, 여기에 평민 의병장들이 가세하고 해산당한 군인들도 합류한다. 이들의 의병운동은 일제강점 이후까지 이어지며, 일부는 독립군으로 전환해 간다. 이러한 과정에서 의병운동은 그 성격이 점차 변모해 가고, 유림 출신 의병장들의 의식도 조금씩 바뀌어 간다.

의병운동이 전국적으로 확대되자 이들은 마침내 1907년 12월 서울진공계획을 수립하여 십삼도창의대진소十三道倡義大陣所를 세우게 된다. 그리하여 1908년 1월 허위許蔿가 이끈 선발대 300여 명이 동대문 밖 3리 지점까지 이르기도 한다. 그러나 일본의 대대적인 남한南韓 대토벌작전으로 인해 1909년에 이르면 의병진은 대부분 와해되고 만다.134)

재야 유생들이 주로 의병운동에 참여했던 것과 달리 지식인·관료·개명유학자 등은 학교 설립과 신문·잡지의 발간, 산업진흥 등을 통한 경제적·문화적 역량의 축적 등을 기반으로 국권 회복의 기틀을 마련하려는 애국계몽운동을 전개하였다. 이들 애국계몽사상가들은 고종의 '흥학조칙興學詔勅'에 부응하여 전국적으로 신식학교를 세우는가 하면 서우학회·호남학회·호서학회·교남학회 등의 각종 학회와 「대한매일신보大韓每日申報」·「황성신문皇城新聞」 등의 각종 신문, 대한자강회大韓自强會·대한협회大韓協會 등의 각종 단체를 통해 애국계몽운동을 전개하는 한편 식산흥업殖産興業에 힘썼다. 대표적인 인물로 박은식·장지연·신채호 등을 들 수 있다. 하지만 일본의 감시와 탄압이 점차 강화되자 정치적 성격이 엷어지면서 순수한 문화적·경제적 운동으로 전락해 가기 시작했으며, 내부적으로 친일세력이 나타나기도 했다. 이에 합법운동의 한계를 느낀 일부 애국계몽사상가들이 1907년에 신민회新民會라는 비밀결사를 조직하였지만, '105인 사건'으로 인해 애국계몽운동의 국내 기반은 와해되고 만다.

---

134) 홍원식, 「주자학적 세계관의 선택」, 26~30쪽 참조.

먼저 이 시기 영남지방[135]에서는 1905년 9월 영양의 김도현金道鉉을 시작으로 의병운동이 전개된다. 대표적인 것으로 경상 남·북도에 걸쳐 활동한 정환직鄭煥直·정용기鄭鏞基 부자와 최세윤崔世允의 산남의진山南義陣, 경북과 충북 접경 일대에서 주로 활동한 이강년李康秊 의진, 경북·강원도 동해안 일대에서 주로 활동한 신돌석申乭石 의진이 있으며, 그 밖에 안동의 유시연柳時淵·이상룡李相龍 의진, 가야산과 지리산 일대의 서명국徐明國 의진, 양산의 서병희徐炳熙 의진 등 영남 각지에서 크고 작은 의병들이 일어났다. 그런데 영남지방에서 의병이 본격화되는 것은 1906년 5월 당시 상경하여 광무정권의 관료 등으로 있으면서 구국활동을 벌이던 허위許蔿·여중룡呂中龍·노응규盧應奎·이강년 등에 의해서이다. 이때 허위는 안동을 중심으로 강원도 일대를 거쳐, 이강년은 상주를 중심으로 충청도 일대를 거쳐, 또 여중룡은 김산을 중심으로 전라도 일대를 거쳐 의병장 최익현과 합세하여 경성의 통감부를 격파하기로 맹서하였고, 이로부터 영남의 의병이 본격화하였다. 결국 영남지방의 의병운동은 처음부터 전국적인 연합의진을 구성하여 경성을 탈환하는 것을 목표로 한 것이었으며, 그 실행 과정에서 십삼도창의대진소가 만들어지고 서울진공계획이 추진되었던 것이다.

여기에서 보면 산남의진의 정환직·정용기 부자를 뺀 대부분의 의병장들은 을미의병의 의병장 출신이거나 참가했던 사람들이다. 정환직의 경우, 그는 고종의 밀지를 받고 관직을 물러나서 아들과

---

135) 을사늑약을 전후로 전개된 영남지방 의병운동에 대해서는 권대웅, 「한말 영남유학계의 의병활동」, 212~244쪽 참조.

함께 거의하였는데,136) 이강년도 마찬가지로 고종의 밀지를 받고 창의하였다.137) 그리고 신돌석·최세윤을 제외한 대부분의 의병장은 유생 및 관료 출신들이다. 하지만 의병진의 구성 인물들을 보면 이전과 다르다. 평민과 해산군인 등 다양한 계층의 인물들이 의병운동에 참가하였다. 그에 따라 의병운동의 성격도 바뀔 수밖에 없었다. 이제 충군이 아니라 애국과 국권회복을 기치로 내걸고, 국왕의 '앙망의뢰지심仰望依賴之心'에 기대는 것이 아니라 직접 발벗고 투쟁에 나선 것이다. 그것은 서원이나 향교에서 창의통문을 돌리고 학맥과 인맥을 중심으로 의병운동을 전개하던 예전의 양상과는 전혀 다르다. 그리고 을미의병 뒤 상경하여 관료 등을 지내면서 애국계몽사상을 접하였던 이들이 다시 의병이라는 무장항쟁으로 되돌아간 것도 눈여겨 볼 만하다. 이것은 애국계몽사상가들 가운데 많은 이들이 일제강점 이후 무장항쟁으로 돌아서는 것과 함께 독립운동사를 이해하는 데 중요한 대목이다.

영남지방에서의 애국계몽운동138)은 지역적으로 서울로부터 멀리 떨어졌다는 점과 더불어 학술·문화적으로 퇴계학을 중심으로 한 유학의 전통이 강했기 때문에 상대적으로 더뎠고 활발한 모습을 보이지 못하였다. 그러나 시간이 흐를수록 유림의 영향력은 감소해 갔다. 유림의 입장에서 볼 때 애국계몽운동은 많은 부분 자신의 사상적 전환이 전제되어 있다. 영남 유림들이 이러한 사상적 전환을

---

136) 『山南倡義誌』, 卷1, 「帝宮에서 密旨拜受」와 「都察使父子議論」 참조.
137) 국방부 전사편찬위원회, 『의병항쟁사』, 205쪽 참조.
138) 근대 영남유학계의 애국계몽운동과 관련해서는 김희곤, 「한말 영남유학계의 계몽운동」 참조.

겪게 되는 계기는 주로 상경하여 급변하는 현실을 직접 바라보고 먼저 사상적 전환을 겪은 인물과의 만남 등을 통해서이다. 1896년 상주 출신의 장지연이 상경하여 관료생활과 언론·출판 활동을 통해 일찍 현실에 눈을 뜨고, 뒤이어 을미의병에 참여하였던 선산의 허위, 김산의 여중룡·여영조呂永祚, 안동의 유인식·이상룡, 문경의 이강년, 진주의 노응규 등이 속속 상경하여 광무정권에 참여해서 새로운 사상을 접하고 사상적 전환을 겪으면서 영남유학은 또 한 차례의 분화를 겪게 된 것이다.

영남 출신의 인물들이 상경하여 만든 대표적 조직으로 1904년 8월에 설립된 충의사忠義社가 있다.[139] 허위·여중룡·여영조·이상룡·노응규, 그리고 영양 출신의 조병희趙秉禧 등이 중심을 된 충의사는 아직 척사위정적 사고의 흔적이 남아 있어 과도적 성격을 띠고 있기는 하지만 나름 중요한 위치를 차지하고 있다. 이들 가운데 조병희와 유인식은 장지연과 신채호 등과의 만남을 통해 먼저 혁신유림[140]으로 전환한 뒤 귀향하여 활동을 벌이며, 그 과정에서 많은 저항을 받기도 한다. 그리고 앞에서 본 바와 같이 허위와

---

139) 忠義社에 대한 직접적인 자료는 呂中龍의 『南隱先生遺集』 중의 「忠義社創立趣旨書」·「忠義社條例」·「署名錄」·「乙巳日記」 등이 있으며, 대표적인 연구로는 권대웅, 「韓末 在京 영남유림의 구국운동」(『일제의 한국침략과 영남지방의 반일운동』, 1995)이 있다.(김희곤, 「한말 영남 유학계의 계몽운동」, 주2 재인용)

140) 조동걸은 당시 유림을 斥邪儒林, 改新儒林, 革新儒林 셋으로 나누고 있다. 척사유림은 아직 尊華思想에 빠져 있던 유림이고, 개신유림은 개화와 독립을 주장하지만 아직 勤王思想에 빠져 있는 반면 혁신유림은 근왕사상을 넘어 최소한의 君主權만을 인정하는 것으로 구분한다.(조동걸, 『한국민족주의의 성립과 독립운동사 연구』, 304쪽 참조) 논자는 앞 寒洲 李震相의 후예들을 논의하면서 '開明'이라는 용어를 써서 구분하였는데, 이것은 조동걸이 말한 '改新'과 대체로 일치하지만 정치적 입장에만 국한하지 않고 좀 더 포괄적 의미로 사용하였다.

여중룡·이상룡·이강년 등은 을사늑약이 맺어지자 다시 의병운동에 참가하게 되는데, 이것은 이미 예전의 순수한 척사위정적인 것과는 다르다. 사실 여중룡은 의병항쟁과 동시에 대한자강회에 참여하고 고향 김산에 양성학교養成學校를 세우기도 하며, 이상룡은 대한협회의 안동지회장이 된다.

이 시기 애국계몽운동 단체의 활동을 살펴보면, 1906년 4월에 설립된 대한자강회는 초기에 설립된 대표적인 애국계몽운동 단체로서 1907년 8월에 강제해산당할 때까지 전국에 25개의 지회를 두고 활동하였다. 영남 출신 여중룡이 창립 무렵부터 참가하였으며, 영남지방에는 고령과 동래·청도·김해에 지회가 설립되었다. 대한자강회가 해산되고 3개월이 지난 1907년 8월에 그 조직의 상당 부분을 흡수한 대한협회가 다시 설립되어 1910년 9월에 해산되기까지 경북 지역에는 대구·안동·성주 등 10개 지회가, 경남 지역에는 동래·진주·김해 등 7개 지회가 설립되었는데, 조병희와 이상룡·김창숙金昌淑이 각각 대구지회와 안동지회 및 성주지회를 맡아 활동하였다. 대한협회의 중앙조직에는 장지연·신채호·안창호安昌浩·이회영李會榮과 같은 구국의 선봉에 선 인물들도 있었지만, 회장과 부회장 및 총무를 맡은 김가진金嘉鎭·오세창吳世昌·윤효정尹孝定 등처럼 일제의 통치에 협력하는 모습을 보인 이들도 있어 이상룡 같은 이는 중앙의 활동에 대해 강력하게 비판하였다.[141] 한편 대구에서 설립된 대구광학회大邱廣學會가 서울의 광학사廣學社와 연대하여 초기 계몽운동을 선도하기도 하였다.

---

141) 李相龍, 『石洲遺稿』, 「與大韓協會本會」 참조.

영남지방에서는 1906년 3월 고종의 '홍학조칙'에 이어 경상관찰사 신태휴申泰休의 '홍학훈령興學訓令'에 따라 학교 설립이 촉진되었으며,[142] 대구광문사도 홍학훈령에 부응하여 학교 설립에 앞장섰다. 이와 더불어 영남지방의 교육을 통한 애국계몽운동은 교남교육회嶠南敎育會와도 긴밀한 관련이 있다. 교남교육회는 1908년 3월 15일 영남 출신의 재경 인사 145명이 참가한 가운데 보광학교普光學校에서 설립되었다. 동래 출신 이하영李夏榮과 대구 출신 상호尙灝가 각각 회장과 부회장을 맡았고, 그 회원에는 여중룡·여영조·장지연·유인식·김호규金濩圭·서상일徐相日·이갑성李甲成 등 영남 각 지역 출신들이 망라되어 있다. 이들은 대부분 혁신유림이거나 새롭게 애국계몽운동가로 길러진 사람들이다. 이를 본받아 안동에서 유인식·김동삼金東三·하중환河中煥이 협동학교協東學校를 세운 것을 위시하여 여중룡과 여영조가 김산에 양성학교를, 김창숙이 성주에 성명학교星明學校를, 이인재李寅梓가 고령에 영신학교靈新學校를 세우는 등 수많은 학교가 세워져서 영남지방의 사립학교 수는 1910년 7월 당시 239개에 이르렀으니, 이것은 당시 전국 사립학교 수의 11.5%에 해당한다. 학교 설립의 주체는 이들 혁신유림뿐만이 아니라 전·현직 관료와 유지, 종교단체, 학회 등이 포함되어 있었다. 그 중에는 문중과 더불어 서원과 향교도 있었는데, 특히 향교는 홍학조칙과 홍학훈령에 따라 그 재원이 학교 설립으로 넘어갈 수밖에 없었기 때문에 불가피하게 신식학교로 전환하지 않을 수 없었다.

---

142) <皇城新聞>, 光武 10년 3월 19일~29일, 「興學訓令」 참조.

### 3) 일제강점기 독립운동과 유교개신

#### (1) 독립운동과 유림단사건

1910년 일제강점을 전후하여 많은 이들이 더 이상 국내에서는 독립운동이 불가능하다는 판단 아래 중국의 만주와 상해, 러시아의 연해주 일대로 망명길에 오른다. 특히 만주지방으로 떠난 이들은 독립운동기지를 건설하기 위하여 노력한다. 망명인들 가운데는 유인석·홍범도와 같은 의병장 출신과 함께 애국계몽운동을 펼쳤던 이들도 많이 포함되어 있다. 따라서 망명지에서는 무장항쟁과 애국계몽의 두 노선이 자연스레 결합하는 양상을 띤다. 1919년 4월 대한민국 상해임시정부가 수립되면서 독립운동은 단일대오를 갖추어 나가기 시작하였다. 동시에 임시정부는 국내 세력과도 긴밀한 연계를 맺으며 독립운동을 전개하였는데, 유림 세력들도 여기에 많이 동참하였다.

영남지방에서는 안동에서 대한협회 활동을 벌인 이상룡과 협동학교를 설립하여 운영하던 유인식·김동삼 등이 망명길에 오르며, 한주 이진상 학맥의 이승희와 김창숙도 망명길에 오른다. 유인식은 곧 귀국하여 다시 협동학교를 운영하는 등 국내에서 독립운동을 계속 벌여 나가지만, 이상룡과 김동삼 등은 경학사耕學社·부민단扶民團 같은 민족자치기구를 꾸리고 신흥강습소新興講習所와 같은 민족교육기관을 세우면서 독립운동기지를 마련해 갔다. 그들은 상해임시정부가 수립된 이후 서로군정서西路軍政署를 이끌고 참가하는데, 이상룡은 1925년에 국무령國務令에 오르기도 하였다. 이승희도 노구를 이끌고 망명하여 흑룡강성 밀산 일대에서 한인촌韓人村 건설에 주력하며, 이후 한인촌의 정신적 지주를 마련하기 위하여 공자교운동孔子敎運動에 뛰어들었다. 김창숙은 파리장서사건을 주도한 뒤 상해임시정부와 국내 유림 세력을 연결시키는 작업에 주력하다 발각되어 모진 옥고를 치렀다.

여전히 척사의식을 지닌 채 국내에 남은 대부분의 영남 유림들은 자정自靖의 길을 걷다가 생을 마감하였는데, 그 가운데는 향산響山 이만도李晩燾143)와 같이 죽음으로 일제에 항거한 이도 있다. 그러던 차에 두 차례에 걸쳐 유림들이 주도한 독립운동이 전개된다. 흔히 '제1차 유림단사건'이라고 불리는 파리장서巴里長書사건은 곽종석郭鍾錫이 앞장서고 그의 제자 김창숙 등이 주도한 것이다. 김창숙은 김정호金丁鎬와 처음 논의한 뒤 이중업李中業·유준근柳濬根·유진태兪鎭泰와 합의를 거쳐 서울의 유준근 집에서 구체적인 계획을 세웠다.144) 김창숙은 파리장서를 파리에서 활동하고 있던 김규식金奎植에게 보내는 한편 윤현진尹顯振에게 영문으로 번역하게 하여 한문본 3천 부와 영문본 2천 부를 국내외에 돌렸다. "한국 유림대표 곽종석과 김복한 등 137인은 삼가 파리평화회의에 참여하신 여러 각하들에게 봉서하노라"라는 말로 시작해서 "우리는 차라리 자진하여 죽을지언정 일본의 노예는 되지 않을 것이다"라는 말로 끝맺는

---

143) 李晩燾(1842~1910)는 退溪의 후예로 태어나, 23세 때인 1866년 慶科(廷試)에 장원급제하여 벼슬길로 나아간 뒤 工曹參議에까지 오른다. 1882년 미국과의 수교 문제로 조정이 시끄러워지자 낙향하여 학문과 교육에 힘쓴다. 1895년 을미의병 시기 禮安(宣城)에서 倡義하며, 1905년 乙巳保護條約이 맺어졌을 때는 연로하여 上疏로 항거하였다. 1910년 國恥日을 맞자 단식 24일 끝에 殉國하였다. 그의 아들 李中業과 손자 李棟欽·李椋欽, 그리고 며느리 金洛까지 독립운동에 나선다. 조동걸, 「향산 이만도의 독립운동과 그의 遺志」 참조.

144) 金昌淑, 『心山遺稿』, 310쪽 참조.

파리장서는, 내용 속에 나타나 있듯이 제1차 세계대전 뒤 파리평화회의에 참석한 각국 대표들에게 한국 유림들의 항일과 독립의 의지를 전하기 위한 것이다. 아울러 이것은 유림이 배제된 채 천도교와 불교·기독교 대표 33인의 명의로 선언된 「기미독립선언문」에 대한 화답과 지지의 의미를 가지고 있다.

1926년 군자금 모금 사건으로 다시 한차례 유림단사건이 일어나는데, 이 사건도 김창숙이 주도하였다. 그는 상해임시정부에서 활동하다가 북만주에 대규모 독립군기지를 건설하기 위해 군자금을 모으고자 1925년 국내에 잠입하여, 스승 곽종석의 『면우집』 간행 비용 등을 이유로 각 문중과 부호들로부터 거액을 모금하여 1926년 3월 26일 국외로 탈출하였다. 뒤늦게 이 사실을 안 일본 경찰은 관계자들에게 모진 고문을 가하며 그 뒤를 샅샅이 조사하였고, 1927년 3월 김창숙이 상해에서 잡혀 오자 수사가 더욱 확대되어 다음해까지 대대적으로 유림들이 조사받고 검거된다.

이 두 차례의 유림단사건으로 한주학파의 위상은 한층 더 높아지고, 학설과 운동노선에 따라 갈라졌던 영남 유림들은 하나로 뭉쳐서 무력증에서 떨쳐 일어날 수 있게 되었다.

### (2) 공자교운동

개항 이후 근대시기를 거치면서 유교는 심각한 위기상황을 맞이하게 된다. 정권의 담당자인 개화파들은 유교에 대한 신심信心을 점점 잃어 가게 되며, 1890년 말 대한제국시기에 이르면 마침내 유교에 대한 비판적 시각이 등장한다. 이렇게 유교가 비판의 전면에

나서게 되면서 일부 유교 지식인들은 유교개혁에 대한 적극적 입장을 취하게 된다. 대표적인 이들로서 박은식·장지연·신채호 등을 들 수 있다. 박은식은 「유교구신론儒敎求新論」[145]에서 조선 주자 학과 주자학자들의 폐해를 지적하면서 양명학을 대안으로 제시하 고 있다. 대체로 유교개혁의 내용은 유교의 말폐 혹은 주자학에 대한 비판으로 모아진다. 결국 그들은 유교 자체와 공맹孔孟에 대한 보위를 위해서도 유교개혁은 필수불가결한 것이라고 받아들였던 것이다.

여기에다 종교를 구국의 핵심적 방도로 인식하기 시작하면서 유교개혁과 더불어 유교종교화운동도 함께 일어나게 된다. 1899년 고종은 「존성윤음尊聖綸音」[146]에서 "세계의 모든 나라가 종교를 극진 히 숭상하는 것은 종교가 인심을 맑게 하고 정치의 도리가 여기에서 나오기 때문"이라고 하였으며, 장지연도 "종교란 국민의 뇌질腦質을 주조鑄造하는 원료요, 한 나라의 강약과 흥망이 종교에 달려 있다"라 고 말하였다. 박은식 역시 「종교설宗敎說」[147]에서 종교의 중요성을 강조한다. 모두 한결같이 정치교화적 기능에서 종교의 중요성을 강조한 것이다.

공자교운동의 본격적인 전개는 이승희와 이병헌에 의해 이루어 진다. 먼저 이승희는 1908년(62세)에 망명길에 오른 뒤 한인공동체를 통한 해외독립운동의 기지 마련과 한인공동체의 정신적 결속을

---

145) 박은식, 『박은식전집』 하, 44~48쪽 참조.
146) 『尊華錄』(宋秉稷 編, 1900) 卷6과 『大東正路』(許佽·郭漢一 編, 1903) 卷5에 각각 실려 있다.
147) 박은식, 『박은식전집』 중, 414~420쪽 참조.

위한 공자교운동의 전개에 매진한다. 그는 망명 다음해인 1909년 이상설李上卨 등과 함께 중국 길림성吉林省 밀산부密山府(현 흑룡강성 밀산시)에 한흥동韓興洞이라는 한인정착촌을 개척하고, 4년 뒤 이 한흥동개척사업이 어려움을 겪자 중원을 둘러보기 위해 나서면서 이때부터 공자교운동에 뛰어든다. 그는 1913년 12월 북경 공교회孔教會의 주임 진환장陳煥章을 만나 공교회 한인지회의 설치 문제를 논의하며, 다음 달인 1914년 1월 공교회로부터 동삼성東三省 한인공교회韓人孔教會 지회의 승인을 받는다. 이때 그는 공교회의 주창자인 강유위와 서신으로 공교회 등 여러 문제들에 대해 의견을 나누고, 진환장의 요청으로 「공교진행론孔教進行論」과 「공사관복설孔祀冠服說」을 지어 공교회의 종교의례를 정하는 데 기여한다. 특히 그의 「공교교과론孔教教科論」이 『공교잡지孔教雜誌』에 실리자 중국 공교회에서 공식적으로 채택하겠다고 나서기도 한다. 아울러 그는 유교의 이상정치론인 '대동大同'의 내용을 담고 있는 『예기』 「예운」편을 집중적으로 연구하여 『예운집주禮運集註』를 편찬하고, 공자의 전기를 고증하여 『공자세기孔子世紀』를 짓는다.

그런데 이승희의 공자교운동은 중국 공교회와의 긴밀한 관계 속에 전개되지만 막상 중국 공자교운동의 주창자인 강유위 사상과는 특별한 영향관계를 갖지 않는다. 그는 강유위에게 한두 차례 편지글을 보내기도 했지만 영향을 받은 흔적은 없다. 특히 같은 공자교운동이지만 이승희의 공자교사상은 강유위의 것과 판이하다. 강유위의 공자교사상이 주자학을 비판하고 기독교를 모델로 하고 있는 반면, 이승희는 반기독교·비인격신의 주자학적 공자교 사상을 가지고 있다. 그의 이러한 공자교사상은 공자교운동의 전개 이전부터 이미 마련되어 있었던 것이다.

바로 이승희는 56세(1902) 때 영국인 알렉산더 윌리엄슨(韋廉臣)과 함께 유교에서 말하는 '상제上帝'(神)가 '태극太極'(理)인가 아닌가의 문제로 논변한 적이 있다.[148] 윌리엄슨은 주자학에서 말하는 리는 지각知覺과 동정動靜이 없고 주재主宰할 수도 없는 비인격적 존재인 반면 상제는 신령스런 지혜와 힘이 있으며 이 지혜와 힘으로써 수재하는 신묘한 존재라고 주장한다. 이것은 원시유교의 상제를 기독교적 신과 연결시켜 주자학적 무신관을 비판한 것이라 할 수 있겠다. 이에 이승희는 태극(리)은 무형기無形氣의 존재로서 지각하고 동정하며 주재한다는 주자학적, 그것도 퇴계학통의 주자학적 입장에 서서 윌리엄슨의 주장을 비판하면서, 주재의 리가 참다운 상제라는 결론을 이끌어 낸다. 나아가 그는 상제와 천天·태극太極·리理·심心의 근원적 일치성을 확보하고 리발설理發說을 통해 주재성을 설명한다. 이것은 퇴계학통의 리발설과 한주학통의 심즉리설心卽理說을 바탕으로 유교를 종교화한 주자학적 공자교사상의 전개라고 할 수 있겠다.

이병헌은 1914년부터 1925년까지 5차에 걸쳐 중국을 방문하여 강유위의 지도를 받으면서 공자교운동을 전개하고 금문경학을 연구하였다. 공자교운동의 관점에서 보면 이병헌의 생애를 크게 3시기로 구분해 볼 수 있다. 첫 번째 시기는 나름대로 공자교사상을 확립하던 시기로, 1914년 3월 북경에서 저술한 『종교철학합일론宗教哲學合一論』 속에 그의 생각이 잘 나타나 있다. 그는 동서양의 종교와

---

148) 李承熙, 『韓溪遺稿』 6, 「韋君廉臣英人上帝非太極論辨」, 205~212쪽 참조.

철학을 비교하면서 서양은 종교와 철학이 미신과 진지眞知라는 점에서 구분되어 있지만 동양은 그것이 합일되어 있다고 말한다. 이때 진지로 합일되어 있는 동양의 종교와 철학이란 바로 유교이다. 동시에 서양의 기독교는 기본적으로 미신이라는 인식도 전제되어 있다. 두 번째 시기는 1914년 이후 중국에 여러 차례 드나들면서 강유위의 지도 아래 공자교운동을 전개하고 또 금문경학에 대한 연구를 시작한 시기로, 1919년 저술한『유교복원론儒敎復原論』이 당시 그의 생각을 잘 담고 있다. 그의 공자교운동은 1923년 공교회 한국지부로 배산서당培山書堂을 건립하면서 절정에 이른다. 강유위는 그의『유교복원론』을 읽어 본 뒤 금문경학적 기초가 빈약함을 지적하며 그에 대해 연구해 볼 것을 권유하고, 이에 그는 금문경학을 연구하기 시작한다. 마지막은 한국에서의 공자교운동이 실패로 끝난 이후 여생을 바쳐 금문경학 연구에 전념한 시기이다. 이 시기에 그는 1924년 동경의 일본제국도서관을 출입하며『공경대의고孔經大義考』를 저술하고 1926년에는 강유위에게서 격찬을 받은『시경부주삼가설고詩經附注三家說考』를 저술하는 등 수많은 금문경학 저술을 남겼다.

1917년 조선총독부는 종교령에 따라 유교를 종교단체에서 제외시켰다. 이러한 조치는 유교종교화운동을 전개하는 이들에게는 심대한 타격이 아닐 수 없었다. 이때 이병헌은 조선총독부에 장문의 항의 서한을 보낸다. 어떻게든 유교의 종교성을 선명히 드러내는 것이 무엇보다 급선무였기 때문이다. 이에 그는『주역』의 "성인聖人께서 신도神道로써 가르침을 베풀자 천하 사람들이 복종했다"(觀卦「象傳」)라는 구절 속의 '신도로써 가르침을 베풀다'란 말을 통해 공자가 종교가이며 유교가 종교임을 애써 밝히고,[149] 이에 따라 『주역』을 공자교의 으뜸 경전으로 일컬었다. 유교의 종교성은 "하늘의 주재자는 상제上帝이고, 상제는 바로 신神을 일컬으며", "태극太極은 상제의 대명사이고, 상제는 태극의 주옹主翁"[150]이라고 말하는 대목에서 잘 나타나고 있다. 여기에서 그는 태극(理)과 신神을 인격성의 상제와 연결시킨다. 그는 다시 신과 심心의 관계를 다음과 같이 밝혔다. "심은 곧 신이다.…… 신을 궁구한다는 것은 바로 심을 다함을 일컫는 것이다."[151] 여기에서 비로소 상제上帝, 태극太極(理), 신神, 심心이 근원적 일치성을 가지면서 공자교사상의 핵심적 내용과 체계를 이룬다.

### (3) 서양 학문 연구

겉으로 확연하게 드러난 서양의 발달 배경에는 기독교와 같은 종교가 아닌 근대국가체제나 더 근원적인 것으로 철학이 있다고 생각한 이들이 생겨난다. 이에 그들은 서양 근대국가의 사상적 기반이 되는 근대계몽사상과 사회진화설, 나아가 서양철학에 대해서 학습한다. 특히 대한제국시기 애국계몽사상가들은 중국의 변법사상變法思想[152]을 적극적으로 받아들여 우리 민족과 국가가 처한 절박한 위기의 현실을 알리는 한편 구망救亡의 방도를 찾고자 하였다.[153] 이러한 상황 속에서 일찍이 서양과 국제 상황에 관심을

---

149) 李炳憲, 『李炳憲全集』, 「敬告域內儒林同胞」, 314~316쪽 참조.
150) 같은 책, 「天學・天之主宰」, 197~199쪽 참조.
151) 李炳憲, 『李炳憲全集』 下, 「孔經大義考・繫辭下」, 117~120쪽 참조.
152) 홍원식, 「청말 변법운동과 공자 되세우기」 참조.

가졌던 한주 이진상의 후예들과 애국계몽운동에 뛰어든 혁신유림들은 물론, 여타 몇몇 영남 유림들도 나름대로 서양 학문에 대해 관심을 가졌다.154)

영남 유학자들의 서양 학문에 대한 직접적인 저술을 보면, 한주 이진상의 학맥으로는 이승희의 「태서격물설변泰西格物說辨」, 곽종석의 「서공법회통후書公法會通後」·「서철학고변후書哲學攷辨後」·「서조중근곤언후書曺仲謹困言後」, 이인재李寅梓의 「고대희랍철학고변古代希臘哲學攷辨」, 이병헌의 「유교위종교철학집중론儒敎爲宗敎哲學集中論」 등이 있고, 정재 유치명의 학맥으로는 이상룡의 「진화집설進化輯說」·「합군집설合群輯說」·「격치집설格致輯說」, 유인식의 「학범學範」·「태식록太息錄」, 송기식宋基植의 「현금現今의 각 종교 및 구서歐西 각 학설의 고증비례考證比例」, 조긍섭曺兢燮의 「곤언困言」 등이 있다.

이상의 서양 학문에 대한 관련 저술 가운데 비교적 이른 시기에, 비교적 체계적으로 저술된 것이 이상룡의 세 집설이다. 이것은 그가 상경하여 당시 유행하고 있던 애국계몽사상을 접한 뒤 사상적 전환을 겪을 무렵 저술한 것이다. 먼저 그는 「합군집설」에서 루소의 민약론民約論 등에 관심을 갖고서 사회계약설에 따른 입헌군주제를 지지하고 있다. 이것은 혁신유림으로서의 모습으로, 강유위와 양계초의 변법론에 부정적 입장을 취한 곽종석의 면우학파나 조긍섭 등과 좋은 대조가 된다. 이어 그는 「격치집설」에서 『대학大學』 속 유학의 대표적 격물설 내용이 너무 소략하며 그에 대해 추가 해석한

---

153) 홍원식, 「애국계몽운동의 철학적 기반」 참조.
154) 김종석, 「한말 영남 유학자들의 新學 수용 자세」 참조.

주희朱熹의 「격치보전格致補傳」의 내용 또한 불명확하다면서, 베이컨과 데카르트, 칸트의 인식론을 정리하고 있다. 이것은 좀 더 이른 시기(1892)에 나오긴 했지만 이승희가 「태서격물설변」에서 서양의 자연과학은 인간에게 절실한 문제를 버려 둔 채 요원하고 공허한 원리만 좇으며, 서양의 근대학문은 오직 기의 논리에만 의존하여 근본을 상실한 채 말단만 좇고 작은 것에는 밝지만 큰 것에는 어둡다고 비판한 것과 역시 좋은 대조가 된다. 마지막으로 그는 「진화집설」에서 다윈의 자연진화론과 키드의 사회진화론을 소개하면서, 우승열패優勝劣敗·적자생존適者生存 같은 자연계의 원리가 인간사회에도 그대로 적용된다고 하였다. 그리고 이를 바탕으로 전통 유학의 호고주의好古主義적 입장을 비판하고 강유위가 제시한 거란세據亂世·승평세升平世·태평세太平世의 춘추삼세설春秋三世說을 지지한다.

이인재의 서양 학문에 대한 연구[155]는 좀 더 근본적인 데로 들어가고 있다. 이인재는 스승 곽종석에게 올리는 편지에서 자신이 서양철학에 대해 연구하게 된 원인을 다음과 같이 밝히고 있다. 곧 자신은 서양의 발달 배경에 정치제도가 있다고 생각하여 서양의 헌법이나 행정에 관한 책들을 구하여 읽었는데, 연구하다 보니 그것들의 뿌리가 철학에 있다는 결론에 도달하여 서양철학을 연구하게 되었다는 것이다.[156] 그는 서양철학이 유학과 비슷하며 그 중에서도 특히 아리스토텔레스의 학설이 그러하다면서, 고대 그리

---

155) 김종석, 「성와 이인재의 서구수용론과 신학에의 관심」 참조.
156) 李寅梓, 『省窩集』, 卷2, 「上俛宇先生三」 참조.

스철학에 대하여 소개와 함께 비판을 가하고 있다. 간접 자료를 통한 연구라는 한계와 기본적으로 유학의 호교론護敎論적 위치에 서 있다는 문제가 있을지라도 서양철학에 대한 최초의 연구란 점에서 그 의미가 크다.

# 제3장 동도서기론과 시무개화파

## 1. 여는 글

1907년 <황성신문皇城新聞>은 '구학문舊學問과 신지식新知識의 관계'란 제목의 사설에서 당시 정치운동과 학술사상의 지형도를 다음과 같이 그려 놓고 있다.

或曰 我自有我法하고 彼自有彼法하니 我何必效彼리오 「大學」一篇이 已足治國平天下오 『周禮』一部가 已足以正百官安萬民이어늘 夷狄之法을 豈可混用於我國哉아 하나니, 此蓋一派오.

或曰 五帝가 不同禮하고 三王이 不同樂하니 古今이 殊宜에 豈可膠柱鼓瑟이리오 以舊學으로 爲體하고 新學으로 爲用하여 以彼之長으로 補我之短이라 하나니, 此又一派오.

或曰 優勝劣敗는 天演公例라, 舊代學術이 固不適宜於今日오 舊時人物이 固不適用於今時니, 雖堯舜이 復作이라도 不可以治今日之天下라. 頑固思想과 腐敗學問은 一切 摧陷而廓淸之하여 無復遺跡之可尋이라야 此國此民을 庶可拯救라 하니, 此又一派오.

或曰 舊學은 有舊學之特長하고 新學은 有新學之特長하니 於舊於新에 參酌損益하여 以定一代之新規하면 可以雄長六洲하고 卓冠古今이라 하나니, 此又一派오.[1)

위 첫 번째는 개항과 개화를 반대하며 일체의 서양 학문을 받아들일 필요가 없다는 주장을 편 척사위정론斥邪衛正論을 이은 것으로, 을사늑약과 군대해산에 반대하며 전개한 의병운동을 가리킨다. 두 번째는 구학舊學을 체體로 삼고 신학新學을 용用으로 삼자는 동도서기론東道西器論을 내세우며 개항기 때부터 척사위정운동에 맞서 전개된 개화운동을 주로 가리킨다. 세 번째는 시대가 바뀐 만큼 구학은 청산하고 서양으로부터 들어온 신학을 전적으로 받아들이자는 것으로, 독립협회와 만민공동회를 이은 노선을 주로 가리킨다. 마지막 네 번째는 바로 <황성신문> 자신들의 노선으로, 구학과 신학은 각각 장점이 있기 때문에 그 장점들을 '참작손익參酌損益'하자는 것이다. 본 사설이 실릴 당시는 애국계몽운동이 한창 전개되던 시기로서, 이미 을사늑약(1905)을 거쳐 국권 상실이 눈앞에 이르렀음에도 정치와 학술적 상황이 무척 혼란스러웠음을 한눈에 알 수 있다. 이렇듯 1876년 개항 이후 20세기에 접어들 때까지 조선은 크나큰 충격과 혼돈 속에 빠져 있었다.

　여기서는 이 가운데 두 번째에 해당하는 개화파의 사상과 운동에 대해 살펴보고자 한다. 이에 대한 연구가 적지 않지만 대부분 갑신정변(1884)을 전후한 시기, 그것도 갑신정변의 주역인 '변법개화파變法開化派'에 집중되어 있다. 이 글은 개화파의 사상과 논리가 동도서기론의 바탕 위에서 전개되었음에 주목하여 흔히 온건개화파라고 일컬어지는 '시무개화파時務開化派'를 중심으로 살펴볼 것이다. 변법개화파가 이들로부터 분화, 파생되어 나간 이후에도 <황성

---

1) <皇城新聞>, 1907. 5. 15, 「舊學問과 新知識의 관계」(社說).

신문>에서 볼 수 있었듯이 이들은 20세기 초 대한제국시기까지 존재했을 뿐만 아니라 당시 현실에 있어서는 주도적 위치에 서 있었다. 따라서 동도서기론을 중심으로 한 이 고찰은 개화파뿐만 아니라 이 시기 각 사상과 운동의 좌표와 방향에 대한 전체적인 이해를 하는 데에도 기여할 수 있을 것이다.

동도서기론은 개항론, 나아가 개화론의 핵심적인 사상이자 논리이며, 동도서기론을 주장한 내표적 인물은 김윤식金允植(1835~1922), 신기선申箕善(1851~1909) 등이다. 동도서기론이 본격적으로 등장한 것은 개항 이후 김홍집金弘集(1842~1896)이 일본에 수신사修信使로 다녀오면서 청나라 주일 외교관 황준헌黃遵憲의 『조선책략朝鮮策略』을 가져옴으로써 개항의 확대 문제를 놓고 조정과 온 나라가 떠들썩하던 때였다. 그렇지만 사상적·역사적 연원으로 보면, 멀리로는 이익李瀷의 성호학파星湖學派나 북학파北學派의 서학西學·서교西敎 수용과 닿아 있으며, 가까이로는 박규수朴珪壽와 오경석吳慶錫, 유홍기劉鴻基 등의 개항론과 닿아 있다.[2]

동도서기론을 본격적으로 제기한 신기선 등은 역사적 상황의 변화 속에서도 자신의 기본적 입장은 바꾸지 않은 채 논의의 중심만 이동시킴으로써 동도서기론의 역사적 의미가 다르게 드러나게 하였다. 곧 그것이 초기에는 서기수용론西器受容論의 성격이 강하였는데, 후기로 가면서 동도보존론東道保存論으로 변모하게 된 것이다. 달리 말하면 적극적·진보적 성격에서 소극적·보수적 성격으로

---

2) 노대환은 동도서기론의 형성과정을 18세기 후반 서기수용 논의에서부터 그 연원을 추적해 논의하고 있다. 노대환, 「19세기 동도서기론 형성과정 연구」(서울대학교 박사학위논문, 1999).

바뀌었다고 할 수도 있겠다. 여기에서 어느 한 모습만 가지고서 동도서기론을 이해하거나 규정하는 것은 무리가 있다고 본다.

이처럼 신기선 등이 동도서기론을 자신들의 기본적인 사상과 논리로 사용하였던 만큼, 먼저 도기론에 대한 분석을 한 뒤 그들이 이 도기론을 현실에 어떻게 적용하였는지 살펴보기로 한다.

## 2. 동도서기론의 논리적 구조

동도서기론은 이전 유학의 도·기 범주를 현실에 적용한 것이다. 도·기 범주가 맨 처음 등장한 곳은『주역周易』「계사전繫辭傳」이다. 여기에서 "형이상의 것을 도라 하고 형이하의 것을 기라 한다"[3]라고 하여, 형상을 지니지 않은 것과 지닌 것을 도道와 기器라고 이름 붙이고서 서로 대비시켰다. 곧 여기에서는 형상이 없는 존재인 도와 형상이 있는 존재인 기가 '서로 구분됨'(相分)을 밝힌 것이다.

그런데 뒷날 주자학에서는『주역』에서 말한 도와 기가 서로 구분된다는 관점을 받아들이면서도, 동시에 한 사물(혹은 사태)에 있어서는 서로 떨어질 수 없음을 말하였다.

> 기 또한 도이고, 도 또한 기이다. 도는 일찍이 기와 떨어지지 않으니, 도 또한 기의 리理이다. 리는 다만 기에 있어서의 리여서 리와 기는 일찍이 떨어지지 않는데, 한 번 음이 되게 하고 한 번 양이 되게 하는 것을 도라고 이른다.[4]

---

3)『周易』,「繫辭傳」, "形而上者謂之道, 形而下者謂之器."

여기에서 주희는 『주역』의 도기론道器論을 자신의 리기론理氣論으로 전개시키고 있으며, 또한 도道와 기器, 리理와 기氣의 '불상리不相離'와 '불상잡不相雜'의 논리도 말하고 있다. 도와 기는 서로 떨어질 수 없음에도 그 각각은 엄연히 구분된다는 관점이다. 그렇다면 어떻게 구분된다는 것인가? 한 번 음이 되게 하고 한 번 양이 되게 하는 원인자(所以然者)는 도이자 리이고, 도와 리가 이끄는(시키는)데 따라서 한 번 음이 되고 한 번 양이 되는 주체는 기器라는 것이다. 주희의 이러한 관점은 그의 선배인 정이程頤가 『주역』의 "일음일양지위도一陰一陽之謂道"[5]를 해석하면서 "도가 (바로) 음과 양인 것이 아니고, 한 번 음이 되게 하고 한 번 양이 되게 하는 것이 도이다"[6]라고 말한 것을 이은 것이다. 곧 그들은 『주역』의 "일음일양지위도"를 자신들의 철학 내용에 맞게 고쳐서, '일음일양' 앞에다 '소이所以'란 글자를 덧붙여 "소이일음일양지위도"라고 하였다. 도와 기器, 리와 기氣는 서로 떨어지지 않되 존재의 층차가 있다는 점에서 구분된다는 것이다. 이렇게 되면 도와 기는 서로 떨어지지 않은 채 결합해 있되, 도는 주主 곧 주도적·중심적 위치에 있게 되고 기는 종從 곧 종속적·부차적 위치에 있게 된다.

이러한 인식은 본말론本末論과도 연결된다. 주자학자들은 『대학大學』의 "사물에는 본과 말이 있고 사태에는 종終과 시始가 있으니, 먼저 하고 뒤에 할 것을 알면 도에 가까울 것이다"[7]라는 말에서

---

4) 朱熹, 『朱子語類』, 卷75, "器亦道, 道亦器也. 道未嘗離乎器, 道亦是器之理, 理只在器上, 理與器未嘗離, 所以一陰一陽之謂道."
5) 『周易』, 「繫辭傳」, "一陰一陽之謂道."
6) 程頤, 『二程遺書』, 卷6, "道非陰陽也, 所以一陰一陽道也."
7) 『大學』, "物有本末, 事有終始, 知所先後, 則近道矣."

본과 말의 내용을 가져와 하나의 주요 범주로 삼았다. 『대학』은 사물에는 본과 말이 있게 마련이며 당연히 본이 앞서고 말이 뒤따르게 됨을 말하고 있는데, 도기론이 이 본말론과 결합하면 도가 본이고 기가 말이라는 도본기말론道本器末論이 자연스레 도출된다. 주자학자들의 이러한 사유와 범주를 그들의 한 후예인 개화파들이 받아들여 자신들의 주장을 펴는 데 다양하게 사용한다.

아울러 개화파들은 체體·용用의 범주도 쓰고 있는데, 이것 역시 주자학자들이 즐겨 쓰던 것으로 정이가 말한 '체용일원體用一源'[8]에 뿌리를 두고 있다. 체용일원이란 본체와 현상(혹은 작용)이 한 근원이란 의미로, 모든 사물과 사태는 본체와 현상이라는 두 모습과 내용을 가지지만 그 근원은 하나이며, 아울러 본체는 같지만 현상은 다양하게 변모할 수 있다는 것이다. 본말론과 체용론이 구체적인 내용과 범주에 있어서는 약간의 차이가 있지만, 개화파의 동도서기론자들에게 있어서는 도본기말道本器末이 되었든 도체기용道體器用이 되었든 도가 근원이 되고 기가 말단이 된다는 점에서 의미상 별 차이가 없다. 그들은 다만 역사적 상황에 따라 임의로 필요한 범주를 가져와 자신들의 주장을 펼쳤던 것이다.


## 3. 초기 개화파와 서기수용론적 동도서기론

동도서기론의 관점에서 볼 때, 초기 개화운동과 후기 개화운동은

---

8) 程頤, 『易傳』, 「序」.

갑신정변이 주요 분수령이 된다. 갑신정변에 오게 되면 개화파 내부의 분화가 이뤄지면서 일파가 '변법'을 주장하며 정변을 주도하게 된다. 변법개화파들의 정변이 '3일천하'로 끝나 버리면서 그 주역들은 현실에서 큰 좌절을 맛보게 되지만, 그 사상은 한 걸음 더 나아가 대한제국시기에 이르러 탈바꿈을 하게 된다. 곧 그들은 동도서기론의 틀을 부수고 나가 마침내 동도의 폐기를 주장하게 되는 것이다. 결국 남은 자들만이 동도서기론의 논리를 고수하며 개화운동을 이어간 것이 바로 후기 개화운동이다.

중국과 일본이 서구 열강의 무력 앞에 힘없이 개항하는 모습을 바라본 조선의 위기의식은 크나클 수밖에 없었으며, 그럴수록 더욱 굳게 문을 닫았다. 이 과정에서 정부의 쇄국정책에 적극적으로 동조하는 재야 유생들에 의해 전국적으로 척사위정운동이 일어났다. 그러나 개항의 압박은 더욱 거세어져서 결국 떠밀리듯 개항을 맞게 된다. 정부가 갑자기 개항으로 정책을 바꾸자 그들은 당연히 저항하고 나섰다. 이후 그들은 줄곧 정부의 개항 확대와 개화정책들을 비판하였으며, 대한제국시기에 이르러서는 의병운동으로 그 정신과 노선을 이어갔다.

한편 개항에 내심 동조하며 정부의 개화정책에 적극적으로 동참하는 개화파가 생겨났다. 1880년 제2차 수신사로 김홍집이 일본을 다녀오면서 가져온 『조선책략』이 다시 한 번 재야 유생들의 전국적인 저항을 불러왔지만, 고종은 척사윤음斥邪綸音(1881)[9]을 통해 이를

---

9) 조선 때 총 4차의 척사윤음이 있었다. 본 척사윤음은 제4차에 해당하는 것으로 '辛巳斥邪綸音'이라고 부른다.

잠재우고 개항과 개화정책을 계속 추진해 나갔다. 결국 이듬해 임오군란壬午軍亂(1882)이 일어나 정부의 정책은 더 큰 위기를 맞았으나, 고종은 다시 개화윤음開化綸音(1882)을 내림으로써 정부의 변함없는 개항 확대와 개화정책 추진의 의지를 천명하였다.

그(서양의) 교教는 사악하므로 당연히 음성미색淫聲美色과 마찬가지로 멀리해야 하지만, 그 기器는 이로워서 진실로 이용후생利用厚生할 수 있는 것이니, 농상農桑·의약醫藥·갑병甲兵·주거舟車의 제도를 꺼려서 행하지 않을 수 있겠는가? 그 교를 내치는 것과 그 기를 본받는 것은 상충하지 않을 수 있는 것이다. 무릇 강약의 형세가 이미 현격한데, 진실로 저들의 기를 본받지 않는다면 어찌 저들의 모욕을 막고 저들이 넘겨다보는 것을 방지할 수 있겠는가?10)

이것은 전형적인 동도서기론의 관점이다. 이에 앞서 신기선은 수신사 일행으로 일본을 다녀온 안종수安宗洙가 서양 농서를 보고 지은 『농정신편農政新編』의 서문에서 보다 정교하게 동도서기론을 펴고 있다.

어떤 사람은 이렇게 말한다. "이 법은 서양인들의 법(西人之法)에서 많이 나왔고, 서양인들의 법은 야소교(耶蘇之敎)이다. 이 법을 본받으면 그 교를 본받는 것이다. 차라리 수양산의 고사리를 먹고 살지언정 어찌 배부르고 따뜻한 데 뜻을 두어 이 법을 모방하겠는가? 『시경』에 이르기를 '어그리짐도 없이 잊음도 없이 모두 옛 법도를 따른다'라고 했으니, 선왕의 제도 없이도 이를 수 있는 것은 아직 들어보지 못했다." 아! 이는 도와 기가 분변됨(道器之分)을 모르는 것이다. 동서고금을 막론하고 바뀔 수 없는 것은 도이고 수시로

---

10) 金允植, 『金允植全集』 下, 「曉諭國內大小民人」(1882).

변화하므로 고정적일 수 없는 것은 기이다. 무엇을 도라 하는가? 삼강오상三綱五常과 효제충신孝悌忠信이 이것이다. 요순주공堯舜周公의 도는 해와 별처럼 빛나서 비록 오랑캐 지방에 가더라도 버릴 수 없다. 무엇을 기라 하는가? 예악禮樂·형정刑政·복식服飾·기용器用이 이것이다. 당唐·우虞·삼대三代 사이에도 덜하고 더함이 있는 것이거늘 하물며 그 수천 년 뒤에 있어서랴! 진실로 때에 맞고 백성에 이로운 것이라면, 비록 오랑캐의 법(夷狄之法)일지라도 행할 수 있는 것이다.11)

신기선은 도와 기는 '서로 구분된다'(相分)는 관점 아래 도는 바뀔 수 없지만 기는 바뀔 수 있음을 전제한 뒤, 서도西道와 서기器(西法)를 구분하지 못하는 척사위정론을 비판하며 '진실로 때에 맞고 백성에 이로운 것이라면 비록 오랑캐의 법(夷狄之法)일지라도 행할 수 있음'을 주장하고 있다. 그러면서 요·순·주공의 도인 삼강오상과 효제충신은 바뀔 수 없는 것이지만 예악·형정·복식·기용 등은 필요에 따라 서양의 것이라도 얼마든지 받아들일 수 있다고 말한다. 여기에서, 유교적 윤리를 동도에 포함시키는 것은 당연하지만, 얼마든지 받아들일 수 있다고 한 서기의 내용 속에 예악과 형정까지 포함시킨 것은 의외적이라는 생각이 든다. 아무래도 서기의 핵심적 내용은 그가 말한 '기용'이라고 본다.

이어서 신기선은 서양의 기술은 동양이 미칠 바가 아니지만 도는 동양의 것이 뛰어남을 말하면서, 동양의 도와 서양의 기를 함께 행한다면 서로 충돌되지 않을 뿐만 아니라 온 세계를 평정할 수 있을 것이라고 공언하였다.

---

11) 申箕善, 「農政新編序」(安宗洙 編, 『農政新編』, 廣印社, 1885).

대개 동양인들(中土之人)은 형이상에 밝기 때문에 그 도가 천하에 독존하고, 서양인들(西土之人)은 형이하에 밝기 때문에 그 기가 천하에 무적이다. 동양의 도로써 서양의 기를 행한다면 온 세계를 평정하는 일도 대단한 것이 못된다.…… 진실로 우리의 도를 거행할 수 있으면 저들의 기를 행하는 것도 마치 손바닥을 뒤집는 것과 같이 쉽다. 이렇듯 도와 기는 서로 맞대어 떨어지지 않는다. 이 책이 나오더라도 한갓되이 행해질 수는 없으니, 오직 우리의 도를 거행한 후에나 이 책은 행해질 것이다.[12]

여기에서는 신기선이 도와 기가 서로 떨어지지 않음, 곧 '상수相須'의 논리를 적극적으로 펼치면서, 동도를 본으로 삼고 서기를 말로 삼을 것을 주장하고 있다. 얼핏 보기에 동도를 높이는 데 주안점이 있는 것처럼 생각되지만, 목적은 어디까지나 서기의 적극적 수용을 말하는 데 있다. 그들이 마주한 상대가 일종의 '동도동기東道東器'를 주장하는 척사위정론자라는 점을 생각하면 왜 이와 같이 말하였는지 쉽사리 이해할 수 있다. 척사위정론자들의 우려를 불식시키고 그들로부터의 공격을 무마하고 방어하는 데 무엇보다 좋았기 때문이다.

또한 여기에서 동도서기론자들이 서기만의 수용을 주장하고 동도의 보존과 존숭을 강조했다고 해서 그들이 말한 동도가 동도동기론의 입장에 선 척사위정론자들의 동도와 같다고 생각해 버린다면, 이것은 너무나 소박한 생각일 것이다. 동도의 내용에 있어서도 그러하거니와 동도에 대한 태도와 신심信心에서 양자 사이에는 이미 큰 차이가 생겨나고 있었다.

---

12) 위와 같은 곳.

요컨대 이 시기 동도서기론을 내세운 개화파들은 도기상분론을 통해 척사위정파를 비판함으로써 적극적인 서기수용론을 펴는 한편 도기상수론과 도본기말론을 통해 척사위정파로부터의 비판을 막고자 하였다.


## 4. 후기 개화파와 동도보존론적 동도서기론

임오군란으로 개화파는 큰 시련을 겪었지만, 고종은 개화윤음을 내리면서 지속적으로 개화정책을 추진해 갔다. 그러나 임오군란으로 진주한 청나라 군대가 속국화의 속셈을 품고서 사사건건 내정에 간섭하면서 정부의 개화정책은 더뎌지고 왜곡되어 갔다. 이에 불만을 품은 한 무리의 개화파들이 고종을 옹립하고서 갑신정변甲申政變(1884)을 일으켰으나 실패하고 만다. 그들은 좀 더 빠르고 근본적인 개화정책의 추진을 주장하여 흔히 '급진개화파' 혹은 '변법개화파'로 불린다. 여기에서 그들이 주장한 변법이 기존의 동도서기론과 균열을 일으키게 된다. 변화시키고자 한 법의 내용 중 동도서기론에서 변화시킬 수 없는 것으로 묶어 둔 동도의 내용과 상충되는 것이 있게 된 것이다. 이에 따라 개화파는 기존의 동도서기론을 고수하는 '시무개화파'[13)와, 이들로부터 갈라져 나간 '변법개화파'

---

13) 개화파를 변법파와 시무파란 용어로 나눈 것은 『한국근대 개화사상과 개화운동』(한국근현대사회연구회 지음, 신서원, 1998)에서 처음으로 제기되었으며, 이 책 속에서 시무개화파에 대해 한철호(「시무개화파의 개혁구상과 정치활동」)와 김문용(「동도서기론의 논리와 전개」)이 집중적으로 논의하고 있다.

로 나누어지게 되었다.[14]

변법개화파는 정변 실패 후 정치 일선에서 사라지게 되었으며, 시무개화파가 현실을 주도하게 되었다. 김홍집과 김윤식 등이 그 대표적 인물들이다. 그들은 계속해서 개화정책의 저항세력인 척사위정론을 견제하는 동시에 새롭게 변법론을 비판해야 하는 입장에 서게 되었다. 이러한 상황은 1890년대 중반 갑오개혁 때까지 이어진다. 김윤식의 글이 그들의 입장을 잘 대변해 주고 있다.

> 형이상자를 일러 도라 하고 형이하자를 일러 기라 한다. 도는 형상이 없고 기 가운데 깃들어 있으니, 도를 찾는 자가 기를 버리고서 어떻게 하겠는가. 그러므로 군자의 학문은 체와 용을 서로 바탕 삼고 기와 도를 함께 익히는 것이다.[15]

이것은 1891년에 쓴 글로, 그는 '체와 용을 서로 바탕 삼고 기와 도를 함께 익힐'(體用相資, 器道兼習) 것을 강조하면서 "도는 형상이 없고 기 가운데 깃들어 있으니, 도를 찾는 자가 기를 버리고서 어떻게 하겠는가"라고 말하고 있다. 도본道本의 입장이 이전보다 많이 약화되었음을 볼 수 있는데, 이는 척사위정론이 그만큼 약화되었음을 뜻하는 동시에 개화정책이 이미 상당히 보편화되었음을 뜻하기도 한다. 아울러 그는 정변을 일으킨 변법개화파에 대해서는 다음과 같이 비판하였다.

---

14) 개화파의 구분과 명칭에 대해서는 다음을 참조. 이광린, 『韓國史講座』 5(일조각, 1981), 126~132쪽; 강재언 저, 정창렬 역, 『한국의 개화사상』(비봉출판사, 1981), 200~212쪽; 하원호, 「개화사상과 개화운동의 역사적 변화」, 『한국근대 개화사상과 개화운동』(신서원, 1998), 10~17쪽.

15) 金允植, 『續陰晴史』 上, 辛卯(1891) 2月 17日條, 「宣田記述評語三十四則」.

갑신정변을 일으킨 난적들이 유럽은 아주 높이면서 요순과 공맹을 가벼이 여기고 폄하하여, 유교의 윤리도덕을 야만으로 여김으로써 유럽의 도로 바꾸고자 하고 가는 곳마다 개화를 들먹였다. 이것은 천리를 없애 버리고 관과 신발을 뒤바꾸는 꼴이라고 말할 만하다.…… 그들이 개발변화開發變化라고 말하는 것은 겉만 번지르르하게 말로 꾸며 대는 것이다. 이른바 개화라는 것은 시무時務에 힘쓰는 것을 말한다.16)

김윤식은 변법개화파들이 서구의 도만 높이고 요순과 공맹의 도를 야만시하면서 말로만 그럴싸하게 개화를 떠들어 댔을 뿐이라고 비판하면서, '시무' 곧 눈앞 현실의 문제를 해결하는 데 온 힘을 쏟는 것이 참다운 개화라고 주장하고 있다. 여기에서는 동도보존론의 모습이 돋보인다. 곧 동도서기론은 이 시기에 이르면 변법론을 주요 비판 대상으로 삼으면서 서기수용론에서 동도보존론으로 그 중심이 이동해 감을 볼 수 있다. 이와 같은 모습은 그가 변법 곧 서구의 정치제도를 모방하는 것은 당장 힘써야 할 시무가 될 수 없으며, 어디까지나 때와 능력에 맞게 정치를 이끄는 것이 바람직하다고 하면서 근본이 되는 동도에 먼저 힘써야 함을 말하는 데서 더욱 분명하게 나타난다.17)

갑신정변에 연루되었다 장기간 유배생활을 마치고 돌아온 신기선은 더욱 퇴영적인 모습을 보이고 있다.

---

16) 위와 같은 곳.

17) 金允植, 『金允植全集』 下, 「時務說 – 送陸生鐘倫遊天津」, "今之論者, 以倣效泰西之政治制度, 謂之時務. 不量己力, 惟人是視是, 猶不論氣稟病症, 以服他人經驗之藥, 以求其霍然之效, 蓋甚難矣.……由是觀之, 雖有善法, 不可一朝通行於地球之上, 明矣.……是以善爲國者, 因時制宜, 度力而處之, 不傷財不害民. 務固其根本, 則枝條花葉, 將次第榮茂. 今之所謂時務, 皆泰西之枝條花葉也. 不固其本, 而先學他人之末, 可謂知乎." 참조.

무릇 개화라고 하는 것은 공도公道를 회복하고 사견私見을 없애며 관리와 백성으로 하여금 놀고먹지 않도록 함으로써 이용후생의 근본을 열고 부국강병의 기술을 다하게 하는 것일 뿐임을 말함에 지나지 않는다. 어찌 관면冠冕을 훼손하고 오랑캐의 습속(夷狄之俗)을 따른 후에나 개화가 되겠는가? 요컨대 태초 이래로 외국의 압제를 받으면서 나라를 다스릴 수 있는 이는 없었으며, 또 인심을 어기고 중론을 위배하며 근본도 없고 점진적이지도 않으면서 신법을 행할 수 있는 이는 없었다.[18]

갑오·을미개혁 후 상황은 크게 달라진다. 1890년대 후반 대한제국시기로 접어들어 다양한 정치운동과 학문사상이 나타나면서 동도서기론은 수세적 위치에 내몰리게 된다. 그럼에도 그들은 일관되게 동도서기론을 견지함으로써 더욱 보수적·퇴영적 위치에 선다. 당시 운동과 사상을 선도했던 <독립신문>의 사설에서 그것을 잘 확인할 수 있다.

지금 대한국 정치와 풍속을 보건대 태서 문명한 나라에서 존숭하는 교화는 이단이라 하여 근본이치를 궁구하여 보지도 아니하고 다만 태서 각국의 병기와 전보선과 전기와 전기차와 화륜선과 우체법과 각항 기계는 취하여 쓰고자 하니, 이것은 그 근본을 버리고 끝만 취함이라. 나무부리 배양할 생각을 아니하고 나무의 가지와 잎사귀만 무성하기를 바라니 실로 우스운지라.[19]

이 사설에서는 서도와 서기는 뿌리와 가지의 관계와 같은 것인데 뿌리인 서도를 배양할 생각은 하지 않고 서기가 필요하다고 해서 그것을 구하는 데에만 매달리는 동도서기론을 정면으로 비판하고

---

18) 申箕善, 『日省錄』, 疏, 高宗 31年(1894) 10月 3日條.
19) <독립신문>, 1899년 8월 19일, 사설.

있다. 서도서기론의 입장에 선 이들이 이전 동도서기론이 전가의 보도처럼 휘둘러대던 도기상수론과 도기본말론을 가져와서, 그 방향을 돌려 동도서기론을 다시 공격하는 장면을 여기에서 볼 수 있다. 이렇게 됨으로써 이제 논의의 중심은 도와 기, 동도와 서기의 문제가 아니라 도와 도, 곧 동도와 서도의 문제로 옮겨 가게 된다.


## 5. 맺는 글

1876년 조선이 개항을 하게 되면서 개항의 확대와 개화정책의 추진을 적극적으로 지지하는 가운데 신기선 등에 의해 동도서기론이 제기되었다. 동양 3국은 유사한 역사적 상황을 맞으면서 조선에서 제기된 동도서기론은 중국의 중체서용론中體西用論이나 일본의 화혼양재론和魂洋才論과 흔히 대비되기도 한다.

도와 기의 논의는 원래 『주역』 「계사전」에 나오는 것으로, 도는 형이상자이고 기는 형이하자이므로 서로 구분된다는 의미였다. 그런데 뒷날 주자학은 『주역』에서 말한 도와 기의 논의를 계승·발전시켜, 형이상인 도는 불변적이고 형이하자인 기는 가변적인 것이라 하여 '서로 구분되면서'(相分) 동시에 '서로 필요로 하는'(相須) 것이라고 말하였다.

조선 말 개화파들은 동도서기론을 펴면서 주자학이 제시한 도기의 상분과 상수의 논리를 현실에 적절히 적용하여, 초기에는 척사위정론과 맞서면서 적극적인 서기수용론西器受容論을 폈다. 그러나 후기로 오면서 서도수용西道受容의 압박이 높아지자 동도서기론은 적극적인 동도보존론東道保存論으로 그 중심이 이동하게 되어, 기독교 등 서도의 수용은 물론 어떠한 정치제도의 변화도 반대하고 또 동도의 변용變容에 대해서도 소극적인 자세를 취함으로써 역사적으로 보수적이고 퇴영적인 모습을 드러내 보였다.

# 제4장 김옥균·유길준과 후쿠자와 유키치

개항 이후 조선은 1884년 갑신정변甲申政變과 1894년 갑오개혁甲午改革을 거치면서 근대국가로서의 면모를 갖추어 가게 된다. 이 두 사건은 일본과의 긴밀한 관계 속에서 일어났는데, 갑신정변의 주역인 김옥균金玉均(1851~1894)과 갑오경장의 주역인 유길준兪吉濬(1856~1914)은 모두 후쿠자와 유키치(福澤諭吉, 1835~1901)와 깊은 관계를 맺고 있었다.

조선 정부는 개항 이후 척사위정운동斥邪衛正運動 등의 강력한 저항에도 불구하고 근대국가로 발돋움하기 위해 나름 노력하는 가운데 1876년 김기수金綺秀와 1880년 김홍집金弘集을 대표로 하는 수신사修信使를 2차에 걸쳐 일본에 파견하였다. 이어 1881년에는 보다 본격적인 근대화를 위한 대규모 방문단을 조직하여, 일본에는 박정양朴定陽을 대표로 하는 신사유람단紳士遊覽團을, 중국에는 김윤식金允植을 대표로 하는 영선사領選使를 파견하였다.

이런 가운데 어윤중魚允中의 수행원 자격으로 신사유람단에 포함된 유길준은 홀로 일본에 남아 후쿠자와 유키치가 경영하는 게이오의숙(慶應義塾)에 입학하여 그의 보살핌과 지도 아래 1년 반 가량 유학생활을 하게 된다.

한편 갑신정변의 주역인 김옥균은 1882년 봄 서광범徐光範 등과 함께 일본을 방문하였다. 이때 후쿠자와 유키치의 문하에서 수학 중이던 유길준이 통역과 안내를 맡았다. 메이지유신(明治維新) 이후 일본의 발전상에 크게 감명을 받은 김옥균은 후쿠자와 유키치와 여러 차례 만나 서로의 생각을 나누었으며, 후쿠자와 유키치의 한·중·일 삼국 연대론에 깊게 동의하였다. 또 후쿠자와 유키치는 김옥균에게 외무경外務卿인 이노우에 가오루(井上馨) 등 당시 정계와 관계의 유명한 인물들을 소개해주었다. 김옥균은 정치단체인 흥아 회興亞會(뒷날 亞細亞會로 바뀜)에도 참석하여 많은 인물들을 만났으며, '아시아를 일으키는 의견'(興亞之意見)이라는 내용의 글을 발표하기도 했다.

김옥균은 1882년 다시 박영효朴泳孝가 이끄는 수신사의 일행으로 방일하여 조선 최초의 신문인 <한성순보漢城旬報>의 발간을 준비하는데, 당시 <지지신보(時事新報)>를 발간하고 있던 후쿠자와 유키치로부터 많은 도움을 받았다. 그는 다음해인 1883년 호조참의戶曹參議의 신분으로 차관 도입을 위해 세 번째 방일하게 된다. 이렇게 일본을 자주 드나들면서 그는 자연스레 일본에 많은 지인들을 가지게 되었으며, 또한 친일적 정치배경을 가진 정객으로 성장하게 된다.

1884년 갑신정변이 '3일천하'로 끝나고 일본으로 망명한 뒤에도 김옥균은 후쿠자와 유키치와 친밀한 관계를 유지하며, 1885년 미국 유학을 마치고 귀국하던 유길준도 후쿠자와 유키치를 다시 찾는다. 그리고 유길준은 1894년 갑오개혁의 주역으로 참여했다가 친러

내각에 밀려 일본에서 10여 년간의 망명생활을 하게 된다.

후쿠자와 유키치와 김옥균, 유길준 이 세 사람은 당시 대표적인 정객이기도 하지만, 동시에 대표적인 사상가이기도 하다. 여기에서는 이 세 사람의 교유와 사상적 비교를 통해 한·일 근대철학의 일면을 살펴보고자 한다.


## 1. 후쿠자와 유키치의 활동과 사상

후쿠자와 유키치는 나카쓰 번(中津藩, 현 규슈 오이타 현 나카쓰 시)에서 유학에 조예를 가진 하급무사의 아들로 태어나 일찍이 나가사키(長崎)와 오사카(大坂)에서 난학蘭學을 공부한 뒤, 1858년 번의 지시로 에도(江戶)로 가서 번의 무사들에게 난학을 가르치게 된다. 당시 에도의 도쿠가와 정부는 1854년 미국과 화친조약을 맺은 뒤 그가 에도로 간 바로 그 해에 통상조약을 맺었으며, 존왕양이론尊王攘夷論을 앞세워 조약에 반대하는 반막부反幕府 세력에 대해 대대적인 탄압을 가하였다.[1] 요시다 쇼인(吉田松陰) 등이 바로 이때에 희생되었다. 도쿠가와 정부는 서양 문물을 적극적으로 받아들이기 위하여 이미 1857년에 번서조소蕃書調所[2]를 설립했으며, 1859년에는 미국·영국·네덜란드·프랑스·러시아 5개국과 교역을 허용하고 요코하마(橫濱)를 개항한다. 후쿠자와 유키치는 개항장인 요코하마를 방문한 뒤 영학英學을 배우기로 결심하고, 1860년 마침내 첫 방미사

---

1) 이를 역사상 安政大獄이라 부른다.
2) 1863년에 開成所로 이름을 바꾸며 東京大學의 前身이 된다.

절단의 호위함 함장 기무라 요시타케(木村喜毅)의 배려로 미국 방문길에 오른다. 귀국 후 그는 정부의 외국 관련 업무를 맡게 되어, 1861년에는 1년간 유럽을 방문한다. 1867년에 그는 다시 미국 방문 길에 오르는데, 그때에는 이미 1년 전에 출간한 『서양사정西洋事情』으로 전국적인 유명인사가 되어 있었다. 그의 『서양사정』은 존왕파尊王派와 좌막파佐幕派 모두에게 필독서였다.

1867년 대정봉환大政奉還에 이어 조슈(長州)와 사쓰마(薩摩) 번 출신이 중심이 된 존왕양이파尊王攘夷派가 보신전쟁(戊辰戰爭)에서 승리하고, 마침내 1868년 천황을 옹립하여 메이지유신(明治維新)을 단행한다. 1869년, 판적봉환版籍奉還에 이어 1871년 폐번치현廢藩置縣이 시행됨으로써 강력한 근대적 중앙집권국가의 기틀이 마련되었는데, 존왕양이파들도 메이지유신을 통해 정권을 장악한 뒤부터는 적극적으로 개명정책을 시행해 갔다.

이에 도쿠가와 정부에 참가하였던 후쿠자와 유키치도 유신정부의 정책을 적극적으로 지지하면서 식산흥업殖産興業과 부국강병을 부르짖고 문명개화론文明開化論을 주장하였다. 이 시기에 그는 당시 대표적인 양학자들의 모임인 명육사明六社에 참여하여 활동하였으며, 『학문을 권함』(學問のすすめ, 1872~6)이나 『문명론의 개략』(文明論之槪略, 1875) 같은 책들을 저술하였다. 1879년 무렵에는 애국사愛國社가 중심이 되어 전국적인 국회개설 청원운동이 전개되었는데, 그도 「국회론國會論」을 지어 여기에 동참하였다. 하지만 그는 급진적인 자유민권운동에 대해서는 민권과 국권이 양립해야 하는 것인데 민권만 주장한다는 점에서 비판하였다.[3] 1881년 정부는 국회설립을 약속한 뒤 1889년 일명 메이지헌법(明治憲法)인 대일본제국헌법大日本帝國憲

法을 제정하고, 다음해인 1890년 첫 제국의회帝國議會를 열었다. 그는 메이지정권 내내 재야에 있으면서 게이오의숙(뒷날 慶應大學)을 세워 인재를 양성하고 <지지신보>(1882)를 발간하여 국민을 계도하였다. 국민에 대한 계몽과 인재 양성이 부국강병의 전제이자 첩경이라고 생각했던 것이다.

후쿠자와 유키지는 부강한 근대국가의 건설을 한결같은 목표로 삼고, 이를 위해서는 국민에 대한 계몽과 인재 양성이 무엇보다 중요하다고 여겨 게이오의숙을 세우고 <지지신보>를 발간하였다. 바로 여기에 그의 사상적 특징이 있으며, 바로 이 때문에 그는 문명개화론자로 불리게 된다. 당시 비슷한 역사적 상황에 있던 동아시아 3국 대부분의 지도자들이 군비증강과 식산흥업에 매진하고 있을 때 그는 교육과 계몽의 중요성을 들고 나왔던 것이다. 이러한 그의 생각은 자연스레 근대적 국가체제의 정비를 주장하는 것으로 이어졌다. 의회개설운동을 벌인 것도 그 중 하나이다. 그는 국민의 힘을 중시했고, 힘 있는 국민만이 힘 있는 국가를 세울 수 있다고 생각하였다. 그리하여 일본은 한국이나 중국과 달리 일찍이 근대적 국가체제를 갖추고서 부국강병을 추구하였으며, 바로 이 때문에 성공적인 근대화를 달성할 수 있었다. 그러자 한국이나 중국의 일부 개명한 지도자들도 뒤늦게 '일본의 길'이 옳다고 생각하여 답습해 보았으나 끝내 좌절하고 말았다. 조선의 갑신정변과 중국의 변법유신變法維新 등이 바로 그 대표적인 경우라고 할 수 있겠다.

---

3) 『通俗民權論』참조.

후쿠자와 유키치가 앞장서서 개항을 통해 부국강병을 주장하고 나선 것은 일찍이 양학을 공부하고 직접 미국과 유럽을 둘러봄으로써 위기의식이 크게 들었기 때문이다. 그는 서구 열강들의 침략을 막고 일본을 보존하는 길은 개항을 통해 부국강병을 이루는 길밖에 없다고 확신하였던 것이다. 이러한 생각에서 그는 동양 3국 연대론을 제기하기도 한다. 동아시아 3국이 힘을 합쳐 서구 열강들의 침략을 막아 내자는 주장이다. 당시 동아시아 3국의 많은 지도자들이 그와 같은 생각을 가졌다. 하지만 1880년대 중엽으로 접어들면서 그의 생각은 바뀌기 시작한다. 그는 이른바 '탈아론脫亞論'을 제기하였던 것이다. 「탈아론」이란 글에서 그는 일본이 더 이상 이웃 한국이나 중국의 개명을 기다릴 시간적 여유가 없으며, 이제 아시아의 일원에서 벗어나 서구 열강이 하는 것처럼 한국이나 중국을 대해야 한다고 주장하였다. 비록 낡은 유학의 틀을 벗어 버리지 못하고 있는 이웃 한국과 중국의 지지부진한 모습에 실망하여 이러한 주장을 폈다고 말하기는 했지만, 이것은 메이지유신의 삼걸三傑 중 한 사람인 사이고 다카모리(西鄕隆盛)가 정한론征韓論을 제기한 이래 근대 일본인들의 속마음을 드러낸 것이라고 볼 수 있다. 이 때문에 얼마 뒤 청일전쟁淸日戰爭(1894)에서 일본이 승리하자 그는 진정으로 기쁨에 북받쳐 감격의 눈물을 흘렸던 것이다.

후쿠자와 유키치의 사상적 연원은 사쿠마 쇼잔(佐久間象山, 1811~1864)의 '화혼양재론和魂洋才論'에 연결시켜 볼 수 있다. 그의 양학 중시가 '양재론'과 일치하기 때문이다. 그렇다면 그는 '화혼'에 대해서는 어떠한 생각을 가지고 있었으며, 화혼의 내용은 무엇이라고 생각하였는가? 사쿠마 쇼잔과 요코이 쇼난(橫井小楠), 요시다 쇼인 등은 유학이 화혼이라고 생각하였으며,[4] 막부 후기에 등장한 국학자國學者들의 후예들은 당연히 신도神道를 화혼으로 여겼을 것이다. 후쿠자와 유키치는 먼저 한학漢學이나 국학國學을 공부해서는 부국강병을 이룰 수 없다고 주장하였다.[5] 이어 그는 명분과 문벌 중시, 남녀불평등 등의 풍토를 유학과 직간접적으로 연결시켜 비판하였다.[6] 유교적 국가이념에 바탕을 두고 있는 봉건적 국가체제에 대해서는 일찍부터 결별하였던 터이다. 전체적으로 그는 유학에 대해 상당히 비판적이었다고 볼 수 있다. 따라서 그가 유학을 화혼으로 여기지 않은 것은 분명하다. 그렇다면 그는 화혼의 진작에 노력하였는가? 화혼과 자유민권의 근대 서구사상 간에는 충돌이 일어나지 않았는가? 메이지정부는 신도를 내세워 적극적으로 국민의 도덕정신을 배양시키고자 애썼으며, 이 내용은 뒷날의 교육칙어敎育勅語 속에 반영되어 있다. 우선 그는 화혼의 진작보다는 자유민권의 전파에 더 힘을 쏟았다고 볼 수 있다. 그리고 아버지의 친구로부터 유학을 높이 평가하지 않는다고 비판받자 그 자신 또한 효제孝悌를 중시하며 "메이지 이후 '양유혼동洋儒混同'으로 서로 융합하게 된 것은 천하의 행운"이라고 말하였다. 이로 볼 때 그가 유학을 전면적으로 부정한 것은 아니었다. 곧 유학의 몇몇 도덕적 내용들이 보편적 자유민권사상과 서로 통한다고 그는 생각하였던 것 같다.

---

4) 미나모토 료엔, 박규태·이용수 옮김, 『도쿠가와 시대의 철학사상』(예문서원, 2000), 227~245쪽 참조.
5) 가와무라 신지, 이혁재 옮김, 『후쿠자와 유키치』(다락원, 2002), 131~3쪽 참조.
6) 후쿠자와 유키치, 엄창길·김경신 옮김, 『학문을 권함』(지안사, 1993), 158~9쪽 참조.

## 2. 김옥균의 활동과 사상

김옥균은 1870년경 20세를 전후하여 유명한 실학자 박지원朴趾源의 손자이자 대표적 개항론자인 박규수朴珪壽의 문하에 나아가 국제 정세와 외국 상황에 눈을 뜨면서 개화사상가로 성장하였다. 당시 박규수의 문하에는 김윤식, 신기선, 박영효, 홍영식, 유길준 등 뒷날 개화파 인물들이 많이 출입하였다. 1872년 문과에 장원으로 합격한 그는 성균관전적成均館典籍, 홍문관교리弘文館校理 등의 관직을 거치지만, 관직생활이 그다지 순탄하지 않았다. 그는 앞에서 언급한 대로 1881년 일본을 방문한 이후 1882년과 1883년에도 일본을 다녀오면서 친일파의 대표적인 인물로 급부상하였다.

이 무렵 조선은 1882년 대원군이 일으킨 임오군란이 민비閔妃가 불러들인 청군에 의해 실패하고, 이후 청의 내정 간섭과 청과 결탁한 수구적 민씨 척족세력들로 말미암아 개화정책이 제대로 실현되지 못하고 있는 상태였다. 이에 일군의 개화파 관료들이 중심이 되어 갑신정변을 일으킨다. 하지만 이 정변은 다시 청군의 개입으로 '3일천하'로 끝나고, 정변의 주역인 홍영식 등 일부는 피살되거나 처형되고 김옥균과 박영효, 서광범, 서재필 등은 일본으로 망명하게 된다. 김옥균은 일본에서 정치적 재기를 노리지만, 일본 정부는 조선 정부의 압력으로 1886년 그를 오가사와라(小笠原) 섬으로 유배했다가 2년 뒤 다시 홋카이도(北海道)로 이배하였다. 그는 1890년 유배에서 풀려나 도쿄로 돌아오지만, 1894년 이홍장李鴻章과 담판을 벌이기 위해 상해로 갔다가 함께 간 홍종우洪鍾宇에게 암살되었다. 시신은 염장鹽藏된 채 조선으로 보내져 양화진의 형장에서

능지처참되었다.

김옥균의 개혁정책 방안은 정변 이틀째 날에 발표한 「개화파정강開化派政綱」 속에 잘 나타나 있으며, <한성순보>에 실린 「회사설會社說」과 「치도약론治道略論」, 「갑신일록甲申日錄」, 그리고 망명 중 고종에게 보낸 편지 속에도 들어 있다. 그는 먼저 청국에 대한 조공을 폐지하여 주권을 확립하고, 민씨 척족세력 및 무능하고 수구적인 관리들을 내쫓으며 문벌을 타파하여 강력한 중앙집권국가의 기틀을 마련할 것을 주장하였다. 또한 부국강병의 달성을 위한 경제·군사 등의 관제 개편 및 학교 설립을 통한 인지人智의 계발을 주장하고 외국 종교의 유입을 통한 교화의 필요성 등을 제기하였다.[7] 한마디로 그는 부국강병을 실현할 수 있는 중앙집권적 근대국가체제로의 이행을 주장하였던 것이다. 그가 메이지유신을 모델로 하고 있음을 쉽게 알 수 있다. 그에게서는 자유민권사상이나 그것을 바탕으로 한 의회 설립과 같은 주장은 보이지 않는다. 그는 전형적인 '위로부터의 개혁'의 길을 걸었던 것이다.

김옥균은 개혁의 가장 방해되는 세력이 청나라라고 생각하였다. 임오군란을 진압하기 위해 민비가 불러들인 3천 명의 청군이 한성에 주둔하고, 또 청나라가 진수당陳樹棠을 재정고문으로, 독일인 묄렌도르프(한국명 穆麟德)를 외교고문으로 파견함에 따라 청나라가 조선의 내정에 깊숙이 간여하면서 개화정책의 시행은 지지부진해지고 말았던 것이다. 이에 김옥균 등 일군의 개화파들은 일본을 끌어들여 청나라 세력을 몰아내고자 하였다. 바로 이 때문에 그들은

---

7) 김옥균이 고종에게 보낸 편지 참조.

'친일파'로 불리게 되었는데, 이를 일제강점기 때의 친일파와 구분할 필요가 있다. 대외관계에서 볼 때 김옥균의 기본적인 입장은 친일·반청이 아니라 어디까지나 한중일 3국의 협화와 연대에 있었기 때문이다. 그가 일본에 망명해 있을 무렵 후쿠자와 유키치는 이미 탈아론으로 생각을 바꾸었지만, 그는 죽을 때까지 자신의 생각을 바꾸지 않았다.[8]

혼히 김옥균 등 갑신정변의 주역들을 변법개화파變法開化派라고 부른다. 그렇다면 변법이란 무엇인가? 그들이 추진한 변법의 내용은 무엇인가? 적어도 정변 이틀째에 발표한 그들의 정강 속에서는 변법의 내용이 뚜렷이 발견되지 않는다. 근대적 제도개혁 정도이다. 전제군주제에 대한 비판이나 입헌군주제의 요구와 같은 정체政體에 대한 언급은 없다. 물론 자유민권의 주장도 없다. 그렇다면 그들을 규정하는 변법이라는 용어의 의미는 상당히 제한적으로 풀이할 필요가 있다.

하지만 김옥균 등 갑신정변 주역들은 정변을 통해 이전 동도서기론과 결별한 점 또한 분명히 가지고 있다. 철학의 관점에서 핵심적 문제는 동도인데, 그들은 비록 정체에 대해 말하지는 않았지만 적어도 근대적 제도개혁의 필요성을 말한 동도서기론자이며, 더욱이 외국 종교의 도입을 통해 국민 교화의 필요성을 말한 동도서기론자이다. 그들에게 있어서 주자학적 지배질서는 청산의 대상이었으며, 현실의 전제군주적 정치제도는 개혁의 대상이지 보존의 대상이

---

8) 그는 上海의 미국租界 鐵馬路(현 河南北路)에 있는 同和洋行에 岩田三和란 이름으로 투숙하였다.

아니었다. 사실상 그들은 동도 보존에 대한 인식을 거의 가지지 않았다. 이 점이 여전히 동도서기론을 견지하는, 혹은 동도보존론으로 무게중심을 옮긴 '시무개화파'와 그들 간의 차이점이다. 그들의 발걸음은 이미 동도 보존에서 폐기로, 그리고 서도 수용의 필요성 제기로 상당히 옮겨 가 있었다.

## 3. 유길준의 활동과 사상

유길준은 박규수의 문하에 출입하면서 개화사상가로 성장하며, 김옥균 등 개화파 인물들과 일찍부터 교유하였다. 그는 앞에서 말한 대로 1881년 신사유람단의 일행으로 일본을 방문하였다가 후쿠자와 유키치의 지도 아래 게이오의숙에서 1년 반 가량 유학생활을 하게 된다. 그는 조선의 첫 해외유학생으로서 서양 문물을 섭렵하였으며, 당시 도쿄대학 객원교수로 와 있던 모스(Edward S. Morse)로부터 일본에 막 소개되고 있던 사회진화론도 접했다. 임오군란으로 유학생활을 접고 귀국한 뒤에는 통리교섭통상사무아문統理交涉通商事務衙門의 주사主事로 잠시 있다가 1883년 7월에 조선의 첫 견미遣美 사절단인 보빙사報聘使의 일행으로 민영익閔泳翊을 수행하여 방미 길에 오른다. 그는 민영익의 배려로 다시 미국에서 유학생활을 하게 되며, 일본에서 만난 적이 있는 모스 교수를 찾아가 많은 도움을 받았다.

갑신정변 실패의 소식을 접한 유길준은 1885년 여름 유럽을 돌아본 뒤 홍콩과 일본을 거쳐 귀국하였다. 귀국길에 그는 동경에서 후쿠자와 유키치와 김옥균을 만났는데, 김옥균을 만난 것이 빌미가 되어 귀국하자마자 체포되어 7년간의 구금생활을 하게 된다. 이 동안에 그는 『서유견문西遊見聞』을 저술하였다. 구금에서 풀린 뒤 그는 김홍집 등과 함께 1894년 갑오개혁에 참여하나, 1896년 고종의 아관파천俄館播遷과 함께 친러 내각이 들어서자 일본으로 망명하여 11년의 세월을 보내게 된다. 망명 중 대한제국 정부에 대한 정변 계획이 발각되어 김옥균이 유배되었던 오가사와라 섬과 하치조지마(八丈島)로 유배되기도 하였다. 1907년 귀국 뒤 그는 애국계몽운동에 적극적으로 참여하였으며, 1910년 일제강점 뒤 조선귀족령朝鮮貴族令에 의해 남작男爵이 내려졌으나 거부하였다.

유길준의 『서유견문』은 중국 위원魏源의 『해국도지海國圖誌』나 후쿠자와 유키치의 『서양사정』과 비견되는 책이다. 그가 『서유견문』의 집필을 마친 것은 1889년 구금 중일 때이고 발간한 것은 그로부터 다시 6년 뒤인 1895년이지만,9) 이것을 쓰려고 마음먹고서 자료를 모으고 초고를 쓰기 시작한 것은 1881년 일본 유학 시절이었다.10) 여기에서 스승 후쿠자와 유키치의 『서양사정』이 그의 저술에 큰 영향을 주었음을 짐작할 수 있다. 사실 책의 편제에서 닮은 점이 많고, 내용도 많이 참고하고 있다. 하지만 『서유견문』은 서양에 대한 단순한 견문기가 아니라 개화사상가로서의 자신의 생각을 풍부하게 담고 있다. 아울러 그는 이 책이 보다 많은 사람들에게 읽힐 수 있도록 국한문혼용체를 사용하였는데, 이것은 언문일치운

---

9) 東京 交詢社에서 初刊되었다.
10) 유길준, 서훈 역주, 『서유견문』(명문당, 2003), 「序文」 참조.

동의 효시라는 점에서도 그 가치가 높다.

유길준은 "개화란 인간세상의 천만 가지 사물이 지극히 좋고 아름다운 경지에 이르는 것을 말한다"[11]라고 정의한 뒤, 개화한 나라와 반개화한 나라, 미개화한 나라의 셋으로 등급을 나누었다. 또 그는 '실상實狀의 개화'와 '허명虛名의 개화'가 있음을 말하였다. 실상의 개화란 사물의 이치와 근본을 깊이 연구하고 고증하여 그 나라의 처지와 시세에 합당케 하는 것을 가리키며, 허명의 개화란 지식은 부족하면서도 타인의 좋은 것만을 덮어 놓고 시행하는 것을 말한다. 덧붙여 그는 아무 분별도 없이 외국 것은 무조건 훌륭하다고 여기고서 자신의 것을 업신여기는 것은 개화당이 아니며, 그것은 어디까지나 '개화의 죄인'이라고 하였다. 갑신정변을 일으킨 자들을 가리켜서 말한 것이란 생각이 들지만, 그 자신이 당시 갑신정변을 일으킨 개화당 주역 김옥균을 만난 것 때문에 구금된 상태인 것을 감안하여 들을 필요가 있겠다. 결론적으로 그는 "개화하는 일이란 타인의 장기長技를 취하는 것뿐 아니라 자기 자신의 훌륭하고 아름다운 것을 보전하는 데에도 있는 것이다"[12]라고 말하였다.[13]

유길준은 역사상, 그리고 현 지구상에 있는 다양한 정치체제에 대해 말하면서 입헌군주제와 공화제의 우수성을 인정하고 있다. 하지만 그 선택은 국민의 풍속과 국가의 형편을 돌아보아야 한다고 하여, 국민의 지식이 부족한 나라인 경우 갑작스럽게 그 나라

---

11) 위의 책, 351쪽.
12) 위의 책, 356쪽.
13) 위의 책, 제14편 중 '개화의 등급', 351~9쪽 참조.

국민들에게 국정참여권을 주어서는 안 된다고 못 박는다.[14] 그는 국민의 권리는 인정하면서[15] 이런 말을 하고 있는 것이다. 국민의 권리를 인정하고 또 입헌군주제 혹은 공화제가 우수한 정치체제임을 인정하되, 조선의 당시 상황으로서는 그 실현이 시기상조임을 말하고 있다.

청나라의 외세 개입에 대한 유길준의 입장은 김옥균과 마찬가지로 단호하다. 『서유견문』의 제1편과 제2편은 세계의 인문과 자연지리에 대한 개관이므로 서론에 해당한다. 실제 본론은 제3편부터 시작한다고 볼 수 있는데, 그 첫 내용이 바로 '방국邦國의 권리'에 관한 것이다. 그는 "나라(邦國)라고 하는 것은 한 겨레붙이가 지구 한쪽 편의 산천에 의거하여 그들 나름대로의 정부를 세우고, 다른 나라의 관할을 받지 않고 살아가는 것을 가리킨다"[16]라고 첫 말을 꺼낸 뒤에 울분을 토해 내고 있다.

무릇 강대국의 군주가 군주라면 약소국의 군주도 역시 군주인 것이다. 일국의 최상위에 자리잡은 존귀한 지위에 있으며, 최대의 권력을 집행하여 정치를 베풀며 법령을 제정하는 것은 이 나라에서나 저 나라에서나 다름이 없을 것이다. 그렇다면 저 나라의 군주에게 충성을 다하는 신하가 이 나라의 모든 정사를 다스려 나가는 군주와 동등한 예로써 대하지 않을 경우, 이를 가히 합당한 일이라고 할 수 있겠는가. 무엄하기 그지없는 가장 극단적인 불경不敬이라고 할 수밖에 없다.[17]

---

14) 위의 책, 제5편 중 '정부의 종류', 154~162쪽 참조.
15) 위의 책, 제4편 중 '국민의 권리', 120~141쪽 참조.
16) 위의 책, 96쪽.
17) 위의 책, 109쪽.

울분의 상대는 이론의 여지가 없이 임오군란과 갑신정변의 진압을 통해 사사건건 내정간섭을 행한 청나라이다. 그는 이렇게 청나라의 내정간섭에 강하게 반발하면서, 궁극적으로 모든 외세로부터 자유로울 수 있는 중립국을 선호하게 된다.[18]

앞에서 유길준은 "개화하는 일이란 타인의 장기를 취하는 것뿐 아니라 자기 자신의 훌륭하고 아름다운 것을 보전하는 데에도 있는 것이다"라고 말하였다. 이 말에서는 동도서기론자로서의 냄새가 물씬 난다. 그렇다면 그가 말하는 보존해야 할 우리의 아름다운 것은 무엇인가? 전제군주제를 말하는가? 그는 지금의 전제군주제를 무너뜨려야 한다는 말은 하지 않았지만, 궁극적으로 보아 입헌군주제나 공화제가 더 옳고 낫다고 보았다. 여기에는 결국 언젠가는 거기로 옮겨 가야 한다는 생각이 담겨 있다. 또 자유민권을 바탕으로 한 국민의 권리에 대해서도 그는 비중 있게 소개하고 있다. 그렇다면 그가 전제군주제를 절대적으로 옹호하고 있다고 보기는 어렵다. 이것은 곧 동도서기론에 있어서 동도의 내용 중 중요한 부분이 흔들리고 있는 것이다. 국민의 권리를 말하면서 종교의 자유도 중시하고 있다.

또한 유길준은 교육의 중요성을 강조하면서, 교육에는 도덕교육과 재예才藝교육, 공업교육의 셋이 있는데, 그 취지는 각각 정덕正德·이용利用·후생厚生에 있다고 말한다. 하지만 정덕의 도덕교육을 위해서 굳이 유학을 끌어들이고 있지 않다. 이런 것들은 볼 때, 그가 비록 유학을 비판하고 있지는 않지만 유학을 중시하고 있지도

---

18) 유동준 저, 『유길준전』(일조각, 1987), 151~3쪽 참조.

않음을 알 수 있다. 결국 그가 말한 우리가 보전해야 할 아름다운 것이 무엇인지 분명하지가 않다. 그런 만큼 그에게서 동도의 비중은 약해질 수밖에 없다.

# 제2부 동도변용론과 근대 후기의 철학

# 제1장 근대 후기 철학의 전개

## 1. 독립협회와 신학·서도수용론

지금 대한국 정치와 풍속을 보건대 태서 문명한 나라에서 존숭하는 교화는 이단이라 하여 근본 이치를 궁구하여 보지도 아니하고 다만 태서 각국의 병기와 전보선과 전기와 전기차와 화륜선과 우체법과 각항 기계는 취하여 쓰고자 하니, 이것은 그 근본을 버리고 끝만 취함이라. 나무부리 배양할 생각을 아니하고 나무의 가지와 잎사귀만 무성하기를 바라니 실로 우스운지라.[1]

이것은 독립협회에서 발간한 <독립신문>의 1899년 8월 19일자 사설 내용이다. 한마디로 이것은 이른바 '동도서기론東道西器論'에 대한 비판이다. 좀 더 정확히 말한다면, 이것은 '동도보존론'에 대한 비판이라 말할 수 있겠다. <독립신문>의 이와 같은 서도론의 입장에 선 동도론 비판은 한국철학사에서 한 전환점을 이루고 있다. 그리고 비판의 한가운데에는 유교, 그 중에서도 조선을 지배했던 퇴계退溪 이황李滉과 율곡栗谷 이이李珥의 주자학朱子學이 있다.

---

1) <독립신문>, 1898. 8. 19. 사설.

이때 와서 비로소 조선 500여 년을 이념적으로 떠받치고 있던 주자학이 본격적으로 비판되기 시작한다. 물론 이전에도 윤휴尹鑴와 박세당朴世堂, 그리고 양명학이나 실학 계열의 학자들에 의한 주자학 비판이 없었던 것은 아니다. 하지만 그것은 조선이라는 높은 봉건왕조의 울타리 속에서 전개된 것이어서 대한제국시기와 상황이 달랐다. 이 사설에서는 주자학만이 아니라 모든 전근대시기의 학술과 문화가 함께 '구학舊學'으로 지목되는 한편, 서양의 '신학新學' 수용이 적극적으로 주장되고 있다.

위 사설의 논지는 "태서 각국의 병기와 전보선과 전기와 전기차와 화륜선과 우체법과 각항 기계"와 같은 '서기西器'에만 관심을 둘 뿐 그 근본이 되는 "태서 문명한 나라에서 존숭하는 교화" 곧 '서도西道'에 대해서는 이단이라 하여 그 근본 이치를 궁구하지 않는다는 것이다. 아울러 이 사설은 도와 기의 관계가 그러하듯 서도와 서기가 한 나무에 있어서 뿌리와 가지·잎의 관계처럼 서로 분리할 수 없으며, 더욱이 서도와 서기는 단순히 분리할 수 없는 것이 아니라 서도는 뿌리이고 서기는 가지와 잎에 해당하기 때문에 마땅히 뿌리인 서도를 더욱 북돋우어야 서기도 무성할 수 있다는 주장을 담고 있다.

돌아보면 1876년 일본과의 개항 이후 1890년대 갑오개혁과 광무개혁을 거쳐 독립협회운동에 이르기까지 정부의 공식적인 입장은 '동도서기론'에 서 있었으며, 비록 만족스럽지는 못했지만 현실도 이에 따라 변모하였다. 그런 점에서 초기 동도서기론은 개항론과 적극적 서구문물수용론의 이론적 배경이 되었다. 곧 이 시기 동도서기론은 적극적 서기수용론이라는 의미를 가지고 있었다. 그런데

1890년대 중후반으로 오면 서기 수용의 당위성에 대한 이의 제기가 많이 수그러들고, 현실적으로도 이미 서기 수용이 상당히 진척되어 있는 상황이었다. 따라서 이 시기의 동도서기론은 결국 동도보존론으로 나타나게 되고, 그만큼 보수적이고 퇴영적인 모습을 띨 수밖에 없었다. 위의 <독립신문> 사설은 바로 이러한 동도보존론적 동도서기론을 비판하는 내용이다.

앞서 말한 바와 같이 이 시기에 이르면 극히 보수적인 소수를 제외하고는 이제 더 이상 서기 수용을 문제 삼지 않는다. 서기 수용이 당연시되고 현실화된 상황이라고 볼 수 있다. 문제는 도이다. 동도냐 서도냐가 비로소 문제의 핵심이 된 것이다. 특히 여기서는 기가 이미 서기로 전제된 이상, 보다 적극적이고 성공적인 서기 수용을 위해서는 어떠한 도가 적합한가가 논의의 중심이 되었다.

위 사설은 도와 기의 관계가 뿌리와 가지·잎의 관계와 같으므로 성공적인 서기 수용을 위해서는 적극적인 서도의 수용이 필수불가결하다고 말했다. 여기에는 형이상의 도道와 형이하의 기器는 서로 떨어질 수 없다는 주자학의 도기불상리론과 도가 근본이고 기는 말단이라는 도본기말론道本器末論의 입장이 깔려 있다. 그렇다면 동도서기론자들은 어쩔 수 없이 도와 기는 각각의 존재 영역이 있으므로 서기의 수용에 동도가 아무런 방해가 되지 않으며, 나아가 서기는 궁극적으로 동도의 지배를 받아야 한다는 입장을 견지할 수밖에 없을 것이다.

이렇게 독립협회운동을 기점으로 1900년대를 접어들면 이제 동도와 서도의 문제가 논쟁의 중심에 서게 된다. 이는 곧 구학과 신학 간의 논쟁이라고 볼 수도 있겠다. <독립신문>에서 직접적으로 동도를 비판하고 있지는 않지만, 하루가 시급한 성공적 서기 수용을 위해서는 그 근본이 되는 서도 수용이 반드시 필요하다고 말한 만큼 유교를 중심으로 하는 동도에 대한 비판적 입장이 분명히 바탕에 깔려 있다.

그렇다면 그들이 부강한 서양을 만들어 냈다고 생각한 서도는 과연 무엇인가? 기독교가 바로 그것이다. 그들은 이미 다른 사설에서 자연숭배의 아프리카는 야만의 상태이고 회교를 믿는 터키·페르시아·아라비아 등 서방아시아 나라들이나 불교를 믿는 청국·조선·일본·인도, 유교를 믿는 청국과 조선 등은 반半야만·반半개화의 상태에 있다고 지적하면서, "기독교를 착실히 믿는 나라들은 세계에서 제일 강하고 제일 부유하고 제일 문명하고 제일 개화되어 하느님의 큰 복음을 입고 살더라"라고 단정하고 있다.[2] 결국 <독립신문>은 서양의 부강, 곧 서기 발달의 바탕에 기독교가 있으며, 그렇기 때문에 기독교를 신앙해야 서양처럼 부강해질 수 있다는 주장을 펴고 있다.

하지만 이러한 <독립신문>의 관점과 조금 다른 생각을 가진 개화 지식인들도 있었다. 먼저 서양의 부강함 바탕에 서도가 있다는 인식에는 대체로 동의하면서도, 과연 그 서도가 무엇이냐 하는 데에 있어서는 이견이 나타난다. <독립신문>처럼 그것을 기독교로 지목하여 기독교에 대한 신앙을 주장하는 것과는 달리, 어떤 이는 자유민권설을 바탕으로 한 근대적 국가제도와 법에서 찾는가

---

2) <독립신문>, 1897. 1. 26. 사설.

하면, 또 어떤 이는 다시 그 자유민권설의 바탕에 철학이 있다고 생각하여 칸트 등 근대철학으로부터 시작하여 고대 그리스철학으로 거슬러 올라가기도 했다.

또 다른 한 계열은 서양의 부강함의 바탕에 기독교가 있음을 일단 인정한 뒤, 역사적·현실적 상황을 고려할 때 당시 우리에게 서양의 기독교보다 유교가 더 적합하다고 주장한다. 그런데 이들이 말하는 유교는 단순히 이전의 유교가 아니다. 이들은 기존의 유교에 대한 나름의 비판을 통한 변용과 계승을 말한다. 이때 유교에 대한 비판의 계기와 관점은 서도이다. 곧 이들은 일단 서도를 수용하여 이를 바탕으로 유교를 비판하고, 궁극적으로는 유교를 비판적으로 계승할 것을 말한 것이다. 이처럼 이들은 유교 곧 구학에 대해 무조건적으로 폐기나 청산을 말하지 않았으며, 그렇다고 동도서기론자들처럼 유교에 대해 무조건 고수할 것을 주장하지도 않았다. 이런 점에서는 크게 보아 동도와 서도, 구학과 신학의 절충론자라 보아도 무방하겠다. 여기에서 다시 유교를 어떻게 변용할 것인가는 여러 갈래로 나누어진다. 사실상 근대시기 유교와 구학의 행보와 운명은 이들에게 달려 있게 된다.


## 2. 유교 비판과 구학·동도청산론

1910년 국권 상실이라는 절망적 현실을 맞이하여 그 책임의 표적이 500여 년간 조선왕조를 떠받쳤던 주자학, 나아가 유학 일반으로 맞추어지면서 전통에 대한 부정 일변도의 인식과 함께 청산론적 견해가 대두된다. 이제 단순히 서도 수용의 필요성을 주장하는 것을 넘어서서, 적극적으로 동도 비판과 청산을 말하는 반전통反傳統의 분위기가 팽배해진 것이다. 그들은 전통이란 모름지기 허물이요 짐이 될 뿐이며, 동도는 서도와 양립하거나 병존할 수 없다고 생각하였다.

좀 더 정확히 말한다면, 당시 대부분의 논객들은 국권 상실의 제일 책임자로 당쟁을 꼽았다. 그런데 문제는 이 당쟁이 조선왕조의 지배 이념이자 철학이었던 주자학과 직접적으로 관련성이 있는가 하는 것이다. 애국계몽운동에 참여한 뒤 일제강점기에 『조선유교 연원朝鮮儒教淵源』을 지은 장지연張志淵 같은 이는 당쟁이 국권 상실의 큰 책임자임은 인정하면서도 그것이 주자학과 직접적인 관련성은 없다고 본다. 따라서 유학은 물론 주자학도 청산 목록에 올리지 않는다. 한편 장지연과 같이 애국계몽운동에 참여한 뒤 망명지에서 독립운동을 계속한 박은식朴殷植과 그의 양명학을 계승한 정인보鄭寅普 같은 이들은, 주자학과 당쟁의 직접적 연관성은 말하지 않았지만 당시의 총체적 현실이 주자학적 조선과 깊은 연관성이 있다고 생각하였다. 곧 그들은 국권 상실이 조선의 주자학자들뿐만 아니라 주자학 자체의 이론적 특성 및 한계에서부터도 기인했다는 인식을 하고 있었다. 따라서 주자학은 그들에게서 비판과 청산의 대상이 되고, 반면 양명학과 그 뿌리가 되는 공맹유학은 도리어 부흥의 대상이 된다.

그러나 이 시기를 대표할 수 있는 입장은 아무래도 주자학이나 양명학, 공맹유학의 구분 없이 유교 모두를 청산의 대상으로 지목하는 계열일 것이다. 먼저 국어학자 권덕규權悳奎는 <동아일보>에 발표한 「가명인假明人 두상頭上에 일봉一棒」이라는 글에서 주자학자들의 춘추대의春秋大義 사상과 사대모화事大慕華 정신을 집중적으로 비판하는 가운데, 특히 전우田愚와 같은 대명의리大明義理 일파를 "중국사상의 노예가 되어 남을 자기에게 동화시키는 대신에 자기를 남에게 동화시켜, 이름은 조선인이로되 그 내용은 중국인의 일모형一模型에 지나지 않는" "양주 밥 먹고 고양 굿을 하는 자들"이라고 거칠게 몰아세운다.3) 그리고 변호사 이인李仁은 잡지 『신민新民』의 「법률만평」에서 서양자제도婿養子制度와 동성 간 혼인 금지를 비판하면서, 공자를 높여 부르는 공부자孔夫子를 썩어 빠진 인간이란 뜻의 '공부자孔腐子'로, 공자의 이름인 공구孔丘를 도둑 같은 인간이란 뜻의 '공구孔仇'로 표기하여 세상을 들끓게 하였다.4) 이러한 이들의 거친 비판 속에 유교는 발붙일 곳이 없게 된다.

비록 이렇게 격렬한 언사로 유교를 비판하지는 않았지만, 나라와 더불어 우리 민족이 이렇게 절망의 구렁텅이에 빠지게 된 것은 다름 아닌 조선 500여 년간의 유교에 그 원인이 있음을 전제하고서 민족성의 개조를 통한 우리 민족의 갱생과 우리나라의 부흥을 외친 이들로 이광수와 최현배가 있다. 그들의 현실인식은 처절하다. 우리는 나라만이 아니라 민족성마저 무너져 내렸다는 것이다. 이렇기 때문에 그 근본에서부터, 바로 민족성의 개조로부터 새롭게 시작해야 한다는 것이다. 그들은 이렇게 우리 민족성이 무너져 내린 것이 무엇보다 유교에 원인이 있다고 보았다. 비록 앞서와

---

3) <동아일보>, 1920. 5. 8~9, 「假明人 頭上에 一棒」(權惠奎) 참조.
4) 李仁, 「법률만평」(『新民』, 1931) 참조.

같이 유교의 청산을 적극적으로 주장하지는 않았지만, 유교에 대해서는 아예 언급조차 하지 않은 채 신학문에만 관심을 두는 것이 당시 지식인들의 주류였다. 그들 역시 크게 보면 구학의 청산론자라 할 수 있겠다. 이렇게 하여 구학은 주변으로 떠밀려나고 마침내 우리에게서 망각되어 간다.

먼저 이광수는 1922년 『개벽』지에 장문의 「민족개조론」5)이란 글을 실었다. 그는 어느 한 민족의 흥성과 쇠퇴는 모두 민속성에 그 원인이 있으므로, 어느 한 민족을 개조하는 일은 반드시 그 민족성의 바탕인 도덕에서부터 시작되어야 한다고 주장하였다. 이어 그는 갑신정변 이래 조선 민족의 개조운동을 되돌아보면서, 조선 민족 쇠퇴의 원인이 바로 도덕적인 데 있는데도 당시 지도자들이 도덕적·정신적 개조가 가장 급선무임을 자각하지 못한 채 오직 신지식의 주입만을 외친 데에 문제가 있다고 지적하였다. 그리고 당시 조선 민족의 도덕성이 결여된 원인으로 허위, 비사회적 이기심, 게으름, 무신無信, 비겁함과 나약함, 사회성의 결핍 등을 들고 있는데, 이러한 원인의 뿌리가 조선의 유교에 있다고 생각했음은 어렵지 않게 짐작할 수 있다.

한글학자인 최현배도 1926년에 「조선민족 갱생의 도」라는 글을 발표하였다.6) 그는 먼저 당시 조선 민족의 민족적 질병을 진찰하는 것에서부터 시작하여 의지의 박약함, 용기 없음, 활동력의 결핍, 의뢰심의 많음, 저축심의 부족, 성질의 음울함, 신념의 부족, 자존심

---

5) 『개벽』 1922. 5, 「민족개조론」(이광수) 참조.
6) 1926년 최현배는 66회에 걸쳐 <동아일보>에 「조선민족 갱생의 도」라는 글을 발표하였다.

의 부족, 도덕심의 타락, 정치·경제적 파멸 등을 지적하고 있다. 이어 이러한 민족적 질병의 원인으로서 문文의 중시에 의한 문약文弱 과 노동 천시와 같은 조선 500년간의 악정, 사상 자유의 속박, 자각 없는 교육, 한자의 해독, 양반계급의 횡포, 번문욕례繁文縟禮의 누설縷絏, 불합리·비경제의 생활방식, 조혼早婚의 폐해, 나이 자랑하기, 미신의 성행 등을 든다. 이 중에서도 특히 그는 사상 자유의 속박을 말하면서, 조선의 유학은 주자학만 존립한 채 철저하게 배타적이고 고루하며 형식에 경도됨으로써 참다운 유교정신을 실현하지 못했다고 말한다. 그렇다고 그가 참다운 유교정신의 실현을 통한 민족 갱생을 꾀한 것은 아니다. 그는 신교육과 계몽운동, 도덕의 경장, 경제의 진흥, 민족 고유문화의 발양 등을 통한 민족 갱생의 길을 제시하고 있다. 여기에서 그가 말한 발양해야 할 민족 고유문화 속에 유교, 특히 주자학이 포함되지 않음은 물론이다. 그가 한글학자의 길을 걸은 것에서도 알 수 있듯, 그것은 한글과 그 한글을 중심으로 한 비중화적非中華的인 순수한 한국 고유문화이다.

유교나 구학의 입장에서 보자면, 그래도 그들에 대한 비판자는 괜찮다. 최소한의 관심을 표명한 것일 수도 있기 때문이다. 참기 어려운 것은 멸시였으며, 더욱 참기 어려운 것은 본체만체 무시하고 그냥 지나쳐 버리는 것이었다. 사실 일제강점기 동안 내내 유교와 구학은 신학에 의해 멸시와 무시의 시간을 보냈다고 해도 지나친 말이 아닐 것이다. 멸시와 무시는 비판과 다르다. 멸시와 무시를 통해서는 청산을 기대할 수도 없다. 이러한 의미에서 어찌 보면 우리는 유교나 구학에 대한 청산 과정을 거치지 않았다고 볼 수도 있다. 제대로 된 비판이 있으면 거기에 반反비판이 따를 수 있고, 그러다 보면 여기에서 청산이나 극복, 계승의 길도 열릴 수 있기 때문이다.

그 좋은 예를 중국 근대시기 5·4신문화운동과 현대신유학의 등장에서 볼 수 있다. 1912년 천신만고 끝에 손문孫文에 의해 공화정이 세워졌다가 몇 년 지나지 않아 다시 원세개袁世凱에 의해 전제군주제로 되돌아가사, 이세 비판의 초점은 유교와 공자에게로 맞추어진다. 진독수陳獨秀 등이 발간한 『신청년新靑年』을 중심으로 "공가점을 타도하자!"(打倒孔家店), "모두 다 서양에서 배우자!"(全般西化) 등의 구호가 등장하면서 '민주'와 '과학'은 이제 진리의 잣대이자 시대정신이 된다. 당시 신문화운동의 선봉에 섰던 노신魯迅은 그의 소설 『광인일기狂人日記』에서 유교를 "사람을 잡아먹는 예교禮敎"라고 말하였으며, 호적胡適은 "씻어야 할 역사의 때(垢)"라고 비판하였다. 역사적 조건이야 좀 달랐지만 크게 보면 우리의 유교 비판도 그들과 궤를 같이한다. 하지만 중요한 차이점은, 그들은 철저하고 제대로 된 비판을 통해 중요한 청산 과정을 거쳤으며, 이 과정에서 유학에 강한 애정을 가진 이들에 의해 유학이 현대적으로 새롭게 변모하였다는 데에 있다.

이렇듯 제대로 된 비판 없는 구학에 대한 신학의 차가운 멸시와 무시의 태도는 마침내 구학을 망각의 나락으로 빠뜨리고, 신학 자체도 이윽고 설자리를 잃어버리게 된다. 구학이 사라져 불모지로 된 땅은 이미 신학이 뿌리내리기에도 너무 척박한 곳으로 변모해버린 것이다. 이렇게 하여 우리에겐 기억할 만한 가치가 있는 과거가 없어져 버렸으며, 결국 우리는 우리의 과거를 잊고 내다버리기에 여념이 없었다. 공교롭게도 이것은 당시 우리의 침략자인 일본제국주의자들의 기대에 너무나 부응하는 꼴이 되고 말았다. 그들은 조선 민족으로 하여금 자신의 역사를 잊게 하기 위해 온 힘을 쏟았으며, 이를 위해서 그들은 못난 조선을 만들어 내는 데 온 정성을 다 바쳤다. 이렇게 굳이 기억해야 할 인물도, 돌아보아야 할 역사도 없는 조선을 만드는 과정에서 이른바 '조선학' 연구가 왕성하게 일어났다. 그래도 이것은 불임不姙의 사건은 아니었다. 무엇보다 그것은 '조선학'에 맞서는 '국학' 연구를 촉발시켰기 때문이다. 그러면 아래에서는 20세기로 접어든 뒤의 유학의 행보와 국학 연구에 대해서 살펴보기로 한다.

## 3. 유학의 구신과 변용

사실상 유학은 20세기로 접어들면서 역사의 전면에서 사라져 간다. 유학자는 더 이상 존경받는 지도자가 되지 못하며, 유학은 더 이상 시대의 문제를 해결해 줄 사상이 되지 못한다. 그럼에도 다시 유학을 주목하는 이유는 무엇인가? 그것은 공자에서 시작하여 주희를 거쳐 이황에 이른 유학사상 그 자체보다, 흔히 일컫는 문학·사학·철학과 같은 인문학을 비롯해 수많은 우리의 전통이 그 속에 녹아들어 있기 때문이다. 유학이 우리의 모든 전통일 수는 없지만, 유학에 대한 부정은 자칫하면 우리 전통에 대한 부정으로 나아갈 수 있다.

20세기로 접어들 무렵만 해도 겉모습만 보면 유학은 여전히 건재하였다. 동도서기론에 입각한 동도 보존의 목소리는 여전히 높았고, 척사위정론에 입각한 동도 고수의 목소리마저 아직 잦아들지 않은 상태였다. 하지만 유학의 미래가 이들에게 달려 있는 것은 아니었다. 이미 그들이 발 딛고 있는 기반은 무너져 내리고 있었으며, 그들의 주장은 색 바래 가고 있었다. 유학의 운명은 어떻게든 '구신求新'과 변모를 통해 유학을 거듭나게 하려는 이들에게 맡겨신 것이나.

먼저 애국계몽사상가들 가운데 이러한 유교구신의 노력에 뛰어든 이들이 있다. 그들은 이미 독립협회운동에 참여여 한 차례 서학西學의 세례를 받은 적이 있는 이들로, 박은식과 장지연 등이 대표적인 인물이다. 그들은 중국의 강유위康有爲, 양계초梁啓超 등이 제기한 변법사상을 받아들여 애국계몽운동을 전개하였다. 중국의 변법사상가들은 서양의 근대 계몽사상과 사회진화론 등을 받아들여 입헌군주제를 주장하는 한편, 공자와 유교사상을 근대적으로 새롭게 해석해 낸다. 곧 공자의 인仁의 철학을 사랑과 평등의 원리로, 유교의 대동사상을 민주주의로 해석하며, 『주역』의 음양변화의 원리를 진화론으로 재해석해 대체한다. 그러나 그들은 자신들이 공자와 유교사상을 새롭게 해석했다고 말하지 않는다. 이제까지 잘못 이해되고 잘못 실현되었을 뿐 원래 공자와 유교사상의 내용이 그러했다고 말한다. 이에 따라 공자와 유교사상은 비판받을 이유가 없을 뿐만 아니라, 도리어 계승과 발양의 대상이 되고 만다. 박은식 등 한국의 애국계몽사상가들은 바로 이러한 변법사상을 수용한 것이다. 그들은 사회진화론을 통해 급박한 위기의 실상을 알리고서 자강自强만이 유일한 길임을 주장하고, 자유민권설을 바탕으로 이제 나라의 주인된 입장에서 애국할 것을 호소하였던 것이다.

그리고 박은식은 바로 이러한 입장에 서서 유교가 거듭날 것을 주장하는 「유교구신론儒教求新論」을 쓴다. 그는 여기에서 유교가 불교나 기독교처럼 번성하지 못한 이유로서 인민을 도외시한 채 지나치게 제왕의 편에 선 점, 배우는 이가 찾아오기를 기다리는 소극적인 자세, 간이직절簡易直切한 양명학을 내친 채 지리한만支離汗漫한 주자학만 높인 점 세 가지를 들고 있다. 이 가운데 첫 번째 이유로 든 유교의 인민 경시 및 전제군주의 특성은 비판의 화살이 공자에게로 향해 있지 않다. 그러한 특성은 순자荀子의 유학에서 비롯된 것이고, 공자의 대동설이나 맹자의 중민설重民說을 볼 때 원래의 유학은 그렇지 않았다는 것이다. 중국 변법사상가들의 논조와 다를 바 없다.

박은식의 주장 가운데 변법사상가들과의 차별점이 있다면 양명학을 대안으로 내놓은 것이다. 양명학 중의 대동사회론을 주목한 것도 사실이긴 하지만, 그의 초점은 공부론에 있었다. 주자학의 공부 방법이 너무 힘들고 지루하여 주자학을 중시했던 조선 유학자들은 실천성을 결여한 채 현실 문제에 제대로 대처하지 못했다고 평하면서, 간단하고도 쉽고 절실한 양명학의 공부 방법을 제시하고 있는 것이다.

박은식의 양명학 중시의 관점은 정인보에게로 이어져 이른바 근대양명학파를 형성한다. 정인보는 양명학을 현실의 민족운동과 연결시키는 한편 양명학의 이론과 역사적 전개에 대해서도 깊이 연구한다. 특히 이 과정에서 아직까지 그 존재가 알려지지 않았던 한국양명학의 실체를 드러낸 점은 국학 연구의 중요한 한 결실이다.

이 점에 대해서는 뒤에서 다시 거론하기로 한다.

위에서 보았듯이 애국계몽사상가들은 자유민권사상을 바탕으로 한 서양의 정치체제에 주목하고 있다. 곧 그들은 서양이 부강한 바탕에는 그것을 가능하게 한 정치체제가 있다고 생각하여 그것을 배우고자 하였으며, 다시 공자와 유교사상을 해석하면서 우리의 전통 속에서 그것을 확보해 내고자 한 것이다. 결국 그들은 이러한 자유민권사상을 바탕으로 한 서양의 정치체제를 서도西道로 본 것이다. 이것은 <독립신문>에서 기독교를 서도로 본 것과 다르다. 한편으로, <독립신문>처럼 서양의 부강함이 기독교에 힘입은 것이라는 관점은 동의하되, 기독교를 통해서가 아니라 유교를 종교화시키거나 유교를 포함한 다양한 전통사상을 교리체계로 묶은 근대민족종교운동이 크게 일어난다. 유교종교화운동을 전개한 대표적인 인물로 이승희와 이병헌을 들 수 있으며, 대표적인 근대민족종교운동으로는 동학東學을 이은 천도교天道教를 비롯하여 대종교大倧教, 원불교圓佛教, 증산교甑山教 등을 들 수 있다.

20세기에 들어서면서 유교를 거듭 살아나게 하려는 다양한 노력들이 있었지만 그 영향력은 미미하였으며 제대로 이어지지도 못하였다. 여기에다 신학의 멸시와 무시가 더해져 사실상 유교는 일제강점기를 거치면서 운명을 다해 갔다. 그러나 해방 후 이렇게 부정적으로만 인식되던 유교에 대해 조심스레 긍정적인 평가를 내리는 목소리가 들려오기 시작한다. 현상윤玄相允이 『조선유학사』에서 '조선유학의 조선사상사에 미친 영향'이란 대목을 서술하면서, 조선유학의 공功을 죄罪와 함께 거론한 것이다.[7] 그는 그 공으로 군자학의 면려勉勵, 인륜도덕의 숭상, 청렴절의의 존중을 들고, 죄로

는 모화사상, 당쟁, 가족주의의 폐해, 계급사상, 문약文弱, 산업능력
의 저하, 상명주의尙名主義, 복고사상을 들었다. 또 10여 년 뒤, 고려대
학교 철학과 교수로 재직하던 이상은李相殷은 현상윤이 유교의 죄로
든 것은 어디까지나 파생적인 것이지 본질적인 것은 아니라고
하여 더욱 유교를 두둔하고 나선다. 이러한 관점은 20세기 말로
오면서 유교자본주의론, 동아시아적 가치론과 같은 이른바 '동아시
아 담론'을 불러일으킨다.


## 4. 국학과 유학 연구

대한제국은 1905년 일본과 강제로 을사보호조약을 맺으면서
외교권을 박탈당하고, 뒤이어 1907년 군대마저 해산당하면서 독립
주권국가로서의 지위를 상실한다. 바로 이 시기에 애국계몽운동이
일어난다. 의병의 마지막 저항이 있긴 했지만 부국강병을 통해
나라를 구하겠다는 것은 이미 때늦은 생각이 되었으니, 현실적으로
국내에서 할 수 있는 유일한 민족운동이 애국계몽운동이었는지도
모른다. 그들은 국권 상실을 눈앞에 두고 마지막 수단으로 학교와
학회, 언론 등을 통한 애국사상 고취에 나서는데, 여기에서 근대시
기 국학 연구가 태동한다. 결국 국학 연구는 민족운동의 한 계기로
시작된 것임을 알 수 있다. 운동의 차원을 넘어서서 보다 체계적인
국학 연구가 이루어지는 것은 좀 더 시간을 기다려야 한다.

---

7) 현상윤, 『朝鮮儒學史』(현음사, 1949), '조선유학의 조선사상사에 미친 영향' 참조.

한편으로 그 성격은 좀 달리하지만 애국계몽운동에 앞서 한 차례 국학 연구의 움직임이 일어난 적이 있는데, 먼저 이에 대해 간단히 살펴보기로 한다. 일찍이 실학자 홍대용洪大容은 당시 집권 주자학자들의 소중화小中華사상을 비판하면서, 중국과 오랑캐는 매한가지라는 '화이일야華夷一也'의 주장을 편다. 이 주장은 중국을 상대화시킴으로써 중세 동아시아의 중화론적 보편질서를 부정하고 있다. 동쪽 오랑캐인 우리 조선도 마냥 중국의 변방인 것이 아니라 중국처럼 하나의 중심일 수 있다는 것이다. 이러한 생각이 실학자들에게 계승되어 우리의 역사, 언어, 지리 등에 대한 관심이 높아지면서 상당히 활발한 연구가 이루어지고, 소설의 배경과 산수화의 소재 등도 우리나라로 옮겨 온다. 이렇게 하여 회화 방면에서 이른바 '진경眞景시대'가 열리게 된 것이다. 여기에서 볼 수 있듯 실학자들의 국학 연구는 당시 집권 주자학자들의 중화론적 사고를 비판하면서 전개된 것이었다.

이와 달리 애국계몽운동시기의 국학 연구는 나라의 운명이 경각에 이른 상황에서 전개된다. 워낙 급박한 처지라 강고한 무력투쟁만이 유일한 길일 수 있는 상황이었지만, 문화운동 차원에서 전개된 것이 당시 국학 연구이다. 대한제국 인민 각자에게 스스로 나라의 주인임을 자각시켜서 그 힘을 바탕으로 나라를 되세워 보자는 것이 애국계몽운동이며, 그러기 위해서는 무엇보다 내 나라에 대해서 잘 알고 자긍심도 가져야 한다는 생각에 따라 국학 연구의 열기가 달아오른다.

먼저 주시경은 한글의 중요성에 주목하여 이에 대한 연구와 함께 적극적인 보급에 나섰다. 그러나 이 시기의 국학 연구는 특히 역사학 방면에서 박은식, 신채호 등에 의해 활발하게 진행되었다. 이들은 단군으로부터 시작된 반만년 우리 역사의 유구함 및 광활한 만주 땅을 역사의 무대로 삼았던 우리 고대사의 위대함을 강조하고, 국가적으로 어려웠던 시기마다 등장한 민족 영웅을 들추어 내는 데 초점을 맞추었다. 이를 통해 우리 역사를 이해하고 민족적 자긍심을 가지도록 했을 뿐만 아니라, 나아가 당시의 난국을 극복할 민족영웅이 등장하기를 고대했던 것이다. 일제강점으로 모든 것이 무너져버린 상황에서도, 그들은 민족혼이야말로 역사의 동력이라 외치면서 민족갱생의 불씨를 지피고자 노력하였다.

역사 방면에서뿐만 아니라 사상과 문화 방면에서도 우리 민족의 유구함과 위대함을 드러내려는 노력이 있었다. 장지연은 최초의 우리나라 유교사라고 할 수 있는 『조선유교연원朝鮮儒敎淵源』(1917)에서 『서경』에 나오는 '기자동래설箕子東來說'을 바탕으로 공자가 탄생하기 500여 년 전에 이미 우리나라에 유교가 전래해 왔다고 말하면서, 우리가 바로 유교의 종주국이라는 주장을 내놓는다. 이것은 기본적으로 조선 주자학자들의 소중화사상을 이어받고 있지만, 이것이 지니는 역사적 배경과 의미는 그것과 크게 다르다.

조금 자세히 들여다보면, 장지연은 유교가 바로 우리의 국학이라는 생각을 가지고 있음을 알 수 있다. 곧 국학 연구란 차원에서 그는 『조선유교연원』을 쓴 것이다. 이것은 당시의 일반적인 생각이었다고 할 수 있으나, 이와 조금 다른 생각을 가진 사람들도 있었다. 유교가 중국으로부터 우리나라에 들어오기 이전에 이미 고유의 사상과 종교가 존재했다고 주장하는 이들로, 신채호와 최남선 등이 대표적인 인물이다. 따라서 똑같이 국학 연구를 한다 하더라도 대상과 관점이 다를 수밖에 없다. 신채호의 경우처럼 고유 사상과 유교를 대립적으로 파악하고 유교에 대해 비판적 시각을 가지는 것은 오히려 당연할 것이다.

3·1운동 후 국학 연구는 새로운 단계로 발전해 간다. 3·1운동 후 대학설립운동이 거세게 일어나자 일제는 1924년에 민족 차별을 완화하는 조처로 '내선공학內鮮共學'이란 명분 아래 경성제국대학京城帝國大學을 설립한다. 이와 더불어 민립民立으로 보성전문, 연희전문, 이화여전과 같은 전문대학들도 세워진다. 이제 국학 연구의 장은 이들 대학으로 옮겨 간다.

먼저 일제의 조선총독부는 경성제국대학 교수들을 내세워 '조선학' 연구에 힘을 쏟는다. 그 목표는 민족동화民族同化이다. 그들은 한편으로는 '내선일체內鮮一體'와 '내선동조內鮮同祖'를 내세우면서, 다른 한편으로는 조선의 역사와 사상, 문화, 학술 등과 더불어 조선 민족의 민족성을 폄하하는 데 열을 올린다. 겉으로는 근대적·객관적·실증적 연구임을 내세우지만, 사실상 전형적인 일제의 관변학문이라고 할 수 있겠다. 한편 주로 민립대학 교수로 재직하고 있던 민족진영의 학자들이 중심이 되어 그들의 '조선학'에 맞서면서 국학 연구가 크게 일어난다. 이 단계에 이르면 국학 연구는 단순히 민족운동의 차원을 넘어 근대학문으로서의 면모를 갖추게 된다.

먼저 한글 연구 방면을 보면, 최현배 등 주시경의 제자들이 발간한 동인지 『한글』과 조선어연구회(뒤에 조선어학회로 바뀜)가 중심이 되어 철자법 통일, 문법 연구, 사전 편찬 및 한글보급운동이 활발히 전개된다. 일제는 여러 방법으로 이들의 활동을 방해하다 마침내 한글 사용을 금지하기에 이른다. 국문학 방면에서는 연희전문 교수로 있던 정인보의 활동이 두드러진다. 그는 국문학 연구와 더불어 국문학 분야의 정화라 할 수 있는 시조를 되살려 내려는 노력도 함께 하여 '현대시조'를 직접 짓기도 하였다. 이 밖에 민속학 분야에서 최남선, 이능화 등도 선구적 연구를 행하였다.

일제 관변학자들의 조선 역사 연구는 한마디로 축소와 왜곡으로 가득 찼다고 해도 과언이 아니다. 그들은 '실증'이라는 미명 아래 단군과 고조선 등 삼국시대 이전을 우리 역사에서 잘라 냈으며, 우리 역사의 무대를 한반도, 그것도 한강 유역 이남으로 좁혀 버린다. 역사상 위대한 인물에 대한 폄하와 역사적 사건에 대한 왜곡된 해석은 비일비재하였으며, 마침내 민족성을 들먹이며 우리 민족 자체를 모멸한다. 그들이 우리 민족성을 들먹거리는 것은 이광수나 최현배의 그것과 질적으로 다르다. 이것은 전형적인 '식민사학'이다. 민족진영의 사학자들은 앞선 시기 선각자들의 민족사관을 이어 받아 이들과 대적하였다. 마르크스주의 계열의 사학자들도 우리 역사 속에는 마르크스주의적 역사발전 5단계가 그대로 존재하였음을 밝히면서 이들과 맞섰다.

철학 방면의 대표적인 일제 관변학자는 경성제국대학 교수로 재직 중이던 다카하시 도루(高橋亨)이다. 그는 일찍이 1913년 장지연과 '공자교와 유학(宋學·주자학)'에 대해 지상 논쟁을 벌인 적이 있으며, 경성제국대학 교수가 된 뒤인 1929년에는 「이조 유학사에 있어서 주리파主理派와 주기파主氣派의 발달」이라는 제목의 장문의 논문을 발표한다. 이 글은 조선유학사에 대한 본격적인 논문이라는 점에서 높이 평가할 만하지만, 문제는 그 시각에 있다. 곧 그는 조선유학사의 특징으로 주자학 연구에만 매달리는 고착성, 새로운 견해를 제기하지 못한 사상적 종속성, 그리고 당쟁과 긴밀하게 연관된 당파성을 들고 있다. 그의 이러한 주장은 한국유학 연구자들이 넘어야 할 과제로 던져졌다. 먼저 박은식의 양명학을 계승한 정인보는 1933년 <동아일보>에 연재한 『양명학연론』 중의 「조선양명학파」란 글을 통해 그 동안 그 존재마저 불확실했던 조선의 양명학파를 드러내 보임으로써 조선에는 주자학만 존재한 것처럼 말한 다카하시의 주장을 반박하고 있다. 정인보는 이 밖에도 다카하시가 의도적으로 소홀히 다룬 실학에 주목하였으며, 양명학의 '양지'론을 역사학에 적용한 '얼'사관을 바탕으로 민족사학을 전개하였다. 이런 점에서 그는 명실상부한 '국학 대사'라 할 수 있겠다. 그리고 부정적으로만 해석되던 이황의 주자학이 현상윤의 『조선유학사』에 이르러 도리어 조선유학의 정수로 이해되고, 이렇게 이황의 퇴계학에 대한 재평가와 더불어 해방 후 유학 방면의 국학 연구는 새롭게 시작되었다.

# 제2장 애국계몽운동과 그 철학

## 1. 대한제국시기의 애국계몽운동

러일전쟁 후 1905년 이른바 을사늑약으로 일본의 보호국 위치로 전락한 당시 대한제국 지식인의 위기의식을 한 애국계몽 단체에서 발간한 잡지의 다음과 같은 논설에서 잘 읽을 수 있다.

當此之時하야 國如不國이면 非惟不國이라 民亦不保요, 非惟不保라 種類가 從而 漸滅하나니 可不懼乎? 아…… 古之國滅에는 但히 國主만 改하고 國號만 變할 뿐이더니, 今則其國이 滅하면 其民이 奴隷가 되여 踐踏과 斬艾를 被하야 畢竟 其 種類가 漸盡消滅한 후에 已하나니, 嗚呼! 慘矣라.1)

여기에서 볼 수 있다시피 당시 애국계몽사상가들의 위기의식은 국가 존망의 위기에서 그치는 것이 아니라 민족, 나아가 인종(황인종을 가리킴)의 절멸이라는 데까지 치닫고 있다. 이러한 위기의식은

---

1) 朴聖欽, 「愛國論」(『西友學會月報』 創刊號). 1907년 7월 31일자 <大韓每日申報>의 「保種策」이란 글에도 "盖國家가 不存이면 人種이 隨以滅絶을 世界歷史에 前轍이 自在하니 此等境遇는 多言을 不俟하고 亦可洞悉할지라"라고 말하는 대목이 있다.

정도의 차이와 그것을 헤쳐 나가는 방법의 차이만이 있을 뿐 당시 지식인들에게 있어서 공통된 것이라고 말할 수 있다. 그리고 그 차별성에 따라 우리는 그들의 운동과 사상을 갈래지어 볼 수 있는 것이다. 당시에 이미 이에 따라 구분하고 있는 것을 볼 수 있다.

> 或曰 我自有我法하고 彼自有彼法하니 我何必效彼리오 「大學」一篇이 已足治國平天下오 『周禮』一部가 已足以正百官安萬民이어늘 夷狄之法을 豈可混用於我國哉아 하나니, 此蓋一派오.
> 或曰 五帝가 不同禮하고 三王이 不同樂하니 古今이 殊宜에 豈可膠柱鼓瑟이리오, 以舊學으로 爲體하고 新學으로 爲用하여 以彼之長으로 補我之短이라 하나니, 此又一派오.
> 或曰 優勝劣敗는 天演公例라, 舊代學術이 固不適宜於今日이오 舊時人物이 固不適用於今時니, 雖堯舜이 復作이라도 不可以治今日之天下라. 頑固思想과 腐敗學問은 一切 摧陷而廓淸之하여 無復遺跡之可尋이라야 此國此民을 庶可拯救라 하니, 此又一派오.
> 或曰 舊學은 有舊學之特長하고 新學은 有新學之特長하니 於舊於新에 斟酌損益하여 以定一代之新規하면 可以雄長六洲하고 卓冠古今이라 하나니, 此又一派오.[2]

여기에서는 당시의 현실 인식과 대응을 크게 네 갈래로 나누고 있다. 곧 첫 번째가 철저한 전통주의 입장에 서서 모든 것을 전통의 유학에서 구해야 한다는 주장이다. 바로 다음 제기되는 '동도서기론東道西器論'과 비교한다면 '동도동기론東道東器論'으로 이름 붙여 볼 수 있는 것으로, 당시 의병운동과 같은 노선이 여기에 속한다. 두 번째는 동도서기론 계열이다. 갑오개혁 이후 정권 담당자들의 입장이 주로 여기에 해당한다. 세 번째는 '서기西器'의 성공적인

---

2) <皇城新聞>, 1907. 5. 15, 「舊學問과 新知識의 관계」.

수용을 위해서는 '서도西道'의 수용이 절대적으로 필요하며, 이를 위해서는 반드시 '동도東道'가 비판·폐기되어야 한다는 입장이다. 독립협회와 만민공동회를 잇는 이들이 주로 이 입장에 선다. 마지막 네 번째는 구학舊學과 신학新學의 장점을 취해야 한다는 입장이다. 이것은 얼핏 두 번째의 동도서기론과 비슷해 보이지만 실제 내용은 그렇지가 않다. 동도서기론은 도는 전통의 것, 기는 서양의 것이라는 틀이 짜여 있고, 도와 기 가운데 어디까지나 도가 근본이라는 도체기용道體器用과 도본기말道本器末의 인식이 바탕에 깔려 있다. 하지만 이 네 번째 입장은 더 이상 '기'를 문제 삼고 있지 않다. '서기'의 전제 아래 도를 문제 삼고 있는 것이다. 그것도 반드시 동도를 근본으로 삼는다는 전제가 없이 동도와 서도의 장점을 취한다는 입장이다. 애국계몽운동의 기본적인 입장이 여기에 해당한다.

이렇듯 애국계몽운동이 일어나던 시기에 이미 이른바 구학과 신학 간의 논쟁이 첨예하게 일어나고 있었던 것이다. 특히 이 시기에 이르면 구학과 신학의 논쟁은 새로운 장면과 단계로 접어든다. 문제의 중심이 도로 옮겨와서 구학의 계승과 청산의 문제, 곧 유교의 계승과 청산의 문제가 논의의 초점이 된다. 동시에 이것은 국망이라는 현실의 책임과 맞물려 전개된다. 이러한 구학, 바로 전통 유교에 대한 정면에 선 비판의 제기는 <독립신문>에서 시작되었다고 볼 수 있다.

지금 대한국 정치와 풍속을 보건대 태서 문명한 나라에서 존숭하는 교화는 이단이라 하여 근본이치를 궁구하여 보지도 아니하고 다만 태서 각국의 병기와 전보선과 전기와 전기차와 화륜선과 우체법과 각항 기계는 취하여 쓰고자 하니, 이것은 그 근본을 버리고 끝만 취함이라. 나무뿌리 배양할 생각을 아니하고 나무의 가지와 잎사귀만 무성하기를 바라니 실로 우스운지라.[3]

1899년 <독립신문>은 사설에서 서기의 수용에 매달리면서도 그것의 뿌리가 되는 서도의 수용에는 나서지 않는 자세를 비판하고 있는 것이다. 서기에는 서도가 필요하며, 이 양자는 불가분의 관계라는 입장이다. 그러면 여기에서 그들이 말하는 서도란 무엇인가?

기독교를 착실히 믿는 나라들은 세계에서 제일 강하고 제일 부유하고 제일 문명하고 제일 개화되어 하느님의 큰 복음을 입고 살더라.[4]

<독립신문>은 다른 사설에서 자연숭배를 하는 아프리카는 야만의 상태요 회교(이슬람교)와 불교, 유교를 믿는 나라들은 반(半)야만의 상태인 반면, 위와 같이 기독교를 믿는 나라들은 "세계에서 제일 강하고 제일 부유하고 제일 문명하고 제일 개화되어" 있다고 말하고 있다. 유교의 청산과 기독교의 수용만이 반야만에서 벗어나는 길임을 천명하고 있는 것이다. 이때 이르러 구학의 대표적 위치에 있던 유교에 대한 본격적 비판과 청산이 주장되었으며, 동시에 구학과 신학 간의 논쟁이 본격적으로 전개되기 시작한다.

여기에서 유교를 고집하는 입장, 가령 그것이 동도동기론이 되었든 동도서기론이 되었든 이들은 이제 서서히 역사의 전면에서 밀려나게 된다. 논쟁의 중심은 유교를 완전히 청산할 것인가, 아니

---

3) <독립신문>, 1899. 8. 19, 논설.
4) <독립신문>, 1897. 1. 26, 논설 참조.

면 비판은 하되 되살릴 방안을 찾을 것인가로 옮겨 가게 되었다. 전자가 독립협회의 노선이라면, 후자는 애국계몽운동의 입장이라고 할 수 있다. 하지만 애국계몽 단체의 논설들을 살펴보면 전자의 입장도 부분적으로 나타난다. 이것은 애국계몽운동이 독립협회의 운동과 일맥이 닿고 있음을 말해 주는 대목이다. 이미 앞에서 말한 대로 독립협회든 애국계몽운동이든 유교 비판이라는 공통의 지면 위에 서 있으며, 특히 애국계몽운동은 바로 독립협회의 유교비판론을 일단 이어받고 있는 것이다. 동시에 애국계몽 단체의 논설 가운데는 동도서기론적인 내용도 간혹 보인다. 이렇고 보면 애국계몽운동의 철학사상적 기반을 일률적으로 단정하기는 사실상 어렵다. 거기에는 중심적 흐름이 있고, 좀 더 지체된 것과 좀 더 앞서 나가는 것이 혼재되어 있다. 이때 중심적 흐름이란 일단 유교 비판에 나서되 다시금 유교의 '변통變通'을 통해 유교의 부흥을 꾀하는 것이다.

이 문제는 애국계몽운동에 참여한 주체들이 다양함을 말해 주는 대목이기도 하다. 신용하는 애국계몽운동의 참여 주체를 개화파-독립협회-만민공동회로 이어지는 계열과, 동도서기파 및 척사위정파에서 사상적 전향을 거쳐 온 계열로 나누어서 보고 있다.5) 그들은 출신과 사상적 경향을 달리하면서도 같은 단체에 소속되어 애국계몽운동이라는 공동의 길을, 차별성과 동시에 공동성을 지니면서 한국의 근대민족운동을 주도해 나갔던 것이다. 그들은 정치체

---

5) 신용하, 「한말 애국계몽사상과 운동」(『한국사학』 1, 정신문화연구원, 1980), 278쪽 참조.

제에 있어서 입헌군주제라는 공동의 지향점을 가지고 있었으며, 현실 유교에 대한 적극적 비판의 자세를 견지하고 있었다. 다만 유교의 비판적 계승이냐 청산이냐의 차이만 있었을 따름이다. 이때 주류적인 흐름은 전자로 볼 수 있으며, 대표적인 단체로 대한자강회大韓自强會와 대한협회大韓協會 등을, 인물로는 박은식朴殷植 (1859~1926)과 장지연張志淵(1864~1921) 등을 들 수 있다. 이 글에서는 이들을 애국계몽운동의 중심에 두고 그 철학사상적 기반을 분석해 보기로 한다.

이전까지의 연구를 살펴보면 애국계몽운동에 대한 풍부한 연구가 있으며 그 사상적 기반에 대한 연구도 적지 않다. 하지만 이들 연구에서 가장 눈에 띄는 문제점은, 애국계몽사상을 동도서기론과 같은 선상에서 이해하고 있다는 점이다. 이것은 애국계몽운동과 그 사상에 대한 역사적 자리 매김과 직접적으로 관련되어 있는 문제이다. 이미 앞의 예문에서 그들 자신이 동도서기론과 차별적 위치를 설정하고 있음을 볼 때 이러한 관점은 많은 문제점이 있음을 알 수 있다. 또 다른 문제점은 애국계몽사상에 대한 이해이다. 신용하는 애국계몽운동의 사상을 실학과 개화사상, 사회진화론, 서구계몽사상의 네 가지로 정리하고 있다.[6] 이 네 가지가 애국계몽 운동의 중요한 사상적 원천이라는 데에는 이론의 여지가 없다. 그렇지만 보다 중요한 것은 이러한 사상적 원천을 어떻게 그들의 사상으로 만들어 내느냐에 있는 것이다. 논자는 이 점을 밝히는 것이 무엇보다도 중요하다고 생각한다. 아울러 신용하의 네 가지

---

6) 신용하, 같은 곳, 277~8쪽 참조.

사상 원천 속에는 본원유학이 빠져 있다. 그들은 공맹의 본원유학을
바탕으로 여타 사상들을 재해석, 재구성해 내고 있다는 점에서
그들의 사상적 본류는 공맹유학임을 분명히 하면서 본론으로 접어
든다.


## 2. 근대계몽사상과 사회진화론의 수용

애국계몽사상가들은 당시의 시대상황을 제국주의라는 틀에서
이해하면서, 현실의 위기를 타개할 수 있는 유일한 길은 바로
굳건한 근대민족국가의 건립이라고 생각한다.

> 此帝國主義할 저항하는 방법은 何인가. 曰民族主義(他民族의 干涉을 不受하는
> 主義)를 奮揮함이 是니라. 此民族主義는 實로 民族 保全의 不二的法門이라.……
> 嗚呼라 此民族主義를 捨하고 何를 當取하리오. 是故로 民族主義가 膨脹的 雄壯的
> 堅忍的의 光輝를 揚하면 如何한 極烈的 怪惡的의 帝國主義라도 감히 撕入지
> 못하나니, 요컨대 帝國主義는 民族主義 薄弱한 國에만 撕入하나니.7)

그렇다면 굳건한 근대민족국가를 세우는 구체적인 방법은 무엇
인가? 그들은 민족 교육의 진흥과 민족 산업의 육성을 통해 스스로
강해지는 '자강自强'의 길을 제시하고 있다.

> 然則 我二千萬 同胞는 可히 自國精神을 含有한 人種이라 謂치 못하겟스니,
> 엇지 可哀하고 可痛하고 可恥할 者가 안이리오. 於是乎 大韓自强會가 有志者의

---

7) <大韓每日申報>, 1909. 5. 28, 「帝國主義와 民族主義」.

發起로 由하야 組成하얏스니, 其主旨目的은 一般國民의 敎育을 振起하며 殖産을
發達하야 個個 自强的 思想으로 自强的 實力을 養成코저함인대, 最其要點은
大韓精神을 二千萬 兄弟 腦髓中에 灌注홈이 是也라.[8]

이처럼 민족 교육의 진흥과 민족 산업의 육성을 통한 구국과
애국 운동을 전개하였기 때문에 그들에게는 애국계몽운동이라는
이름이 붙여지게 되었다. 이 가운데 민족 산업의 육성은 큰 성과를
이루지 못하나, 민족 교육의 진흥은 이후 일제강점기 내내 이어지면
서 민족독립운동은 물론 국학 연구 등 다양한 방면으로 꽃피우게
된다.

애국계몽운동가들이 이렇게 세계사적 흐름을 읽어 내고 전통을
비판하면서 근대민족국가의 건설이라는 지향성을 갖게 된 데에는
무엇보다도 서구 근대계몽사상과 사회진화론의 영향이 크다. 곧
그들은 이러한 서구의 사회사상들을 적극적으로 수용하여 현실비
판과 계몽에 나섰으며, 자강사상에 기초하여 민족국가의 건립에
매진하였던 것이다. 이 중에서도 사회진화론은 주로 의식과 각종
제도 및 정치체제의 변화와 개혁의 당위성을 주장하는 데 중요한
역할을 담당하게 된다. 그러면서 '새로움'(新)이 시대정신으로 떠오
른다. 바로 새로운 의식, 새로운 인민, 새로운 사회, 새로운 국가,
새로운 시대와 같은 이념의 푯대가 설정된다. 한편 근대계몽사상의
자유민권설과 평등설은 변화와 개혁의 내용과 방향을 설정해 준다
고 할 수 있겠다.

이러한 서양의 사회사상은 유길준(兪吉濬)의 경우처럼 유학을 통해

---

8) 朴殷植, 「大韓精神」, 『朴殷植全集』 下(단국대학교 출판부, 1975).

직접 수입되기도 했지만 주된 양상은 일본과 중국을 통해 간접적으로 수용되는 것이었다. 이 가운데 일본을 통해 들어온 것은 1880년대의 개화사상에 주로 영향을 미쳤고, 1890년대 말부터 20세기 초의 애국계몽운동 기간에는 중국을 통해 들어온 서구의 사회사상, 그것도 중국에서 한 차례 가공된 변법사상變法思想이 크게 영향을 미쳤다. 그 중에서도 대표적인 변법사상가 양계초梁啓超(1873~1929)의 영향은 절대적이었다.[9]

　그러면 먼저 사회진화론이 애국계몽운동 속에 어떠한 내용으로 전개되는지를 살펴보자. 그들은 무엇보다 급박한 현실의 상황을 사회진화론을 통해 읽어 내고 있다. 그들은 진화론이 자연계와 인간의 역사와 사회에서도 예외 없이 적용되는 보편적 법칙이라고 말한다. 따라서 당시 서구 열강의 제국주의 침략이라는 세계사적 흐름도 진화론이 드러낸 한 모습이며, 우리나라 역시 그 상황 속에 있는데 특히 열자劣者와 패자敗者의 위치에 서 있음을 적극적으로 밝히고 있다.

> 夫優勝劣敗는 卽天演界之公理라, 劣者昧者孤立者自弱者는 不得不摧敗滅絶而讓
> 於優者明者團合者自强者之勝利矣니, 此는 天擇自然之淘汰結果也라.[10]

> 盖嘗地球上 各種民族의 歷史를 觀하건대 文明한 民族이 强盛하면 野昧한 民族이
> 衰滅하는 것은 一定한 原理라, 其實相의 證據를 槪擧하건대 電線과 郵信이

---

9) 이광린의 「구한말 진화론의 수용과 그 영향」(『한국개화사상연구』, 일조각, 1979)과 신승하의 「구한말 애국계몽운동시기 양계초 문장의 전입과 그 영향」(고려대 아세아 문제연구소, 『아세아연구』 제100호) 등 참조.
10) 張志淵, 「團體然後民族可保」, 『張志淵全書』 8(단국대학교 출판부, 1986).

敷設되매 驛遞와 烽火가 廢止되고…… 以此觀之하면 人種의 盛衰도 此와 如하야 文明한 民族이 强盛하면 野昧한 民族이 必然 衰滅하는 것이니, 今日 我韓民族이 生存競爭의 時代를 當하야 엇지 十分 危凜하며 萬培恐懼치 아니하리오.11)

이러한 절체절명의 위기의식은 시급한 변화를 주장하게 되어, 이들은 공자가 오늘날 살아 있다 해도 당연히 변화에 힘썼을 것이라고 목소리를 높인다. 동시에 비판의 화살은 자연스레 변화에 소극적인 수구보수세력을 향하게 된다.

現 二十世紀는 寰宇各國의 聲明文物이 全地球를 擧하야 新世界를 造成하는 時代라, 其風潮의 漸被하는 程度가 式日增加하고 觸處漲溢하니 我韓도 如許히 改闢하는 時代를 遭遇하야 開치 아니할 理가 無하고 如此히 劇烈한 風潮를 接觸하야 變치 아니할 勢가 無한즉 畢竟은 開하고 變하는 日이 有할 터이니, 據今 所見으로는 大段히 憤懣하고 悶鬱하도다.…… 今日은 決코 前日과 如히 安閑한 方便을 取하고 守舊하는 規模를 固執하다가는 畢竟 大韓國이라 大韓民이라 하는 名字를 扶持할 道理가 無하니, 吾儕가 엇지 同胞兄弟를 對하야 費辭陳情하고 嘔心吐血을 不爲하리오.…… 況其泥舊의 弊習을 篤守하고 求新의 時宜를 不究하며 禮義를 空談하고 經濟를 不講하는지라, 昔에 孔子는 問禮於老聃하시며 問官於剡子하시고 論爲邦하사되 斟酌四代하야 損之益之 하셧스니, 假使生於今日이시면 泰西人의 利用厚生하는 製造品과 新法律의 通行과 新學問의 盛備한 거슬 純然 拒絶하시겟는가, 抑因時制宜하야 取其所長하시겟는가, 此는 再言을 不俟하고 可辨할 것이오.12)

이어 이러한 위기상황에서 벗어나는 길은 스스로 강해지는 길밖에 없음을 말한다. 어떠한 가치도 아무런 보호장치도 없이 적나라한

___

11) 朴殷植, 「物質改良論」, 『朴殷植全集』 下.
12) 朴殷植, 「舊習改良論」, 『朴殷植全集』 下.

힘의 경연장인 현실 속에서 우리가 살길은 오직 스스로 힘을 기르는 길밖에 없음을 『주역』의 자강自强을 끌어들여 밝히고 있다.

人人이 皆以自强之精神으로 貫注其腦髓하야 二千萬國民이 個個有此思想이면 伊時는 必祛其依賴之習하고 全體團合하리니, 此卽大韓의 獨立自强之日也라.[13]

盖聞易經乾健之義컨대 曰 自强不息이라 하니 自强之義ㅣ 誠大矣哉라. 若使人人으로 能解自强之義하야 講究自强之術이면 奚患乎國權之不挽回며 國力之不發達哉아.[14]

우리는 애국계몽사상가들의 글 속에서 진화론을 적극적으로 수용한 점은 발견할 수 있지만, 이를 이론적으로 발전시킨 대목은 발견하기가 무척 힘들다. 가령 다윈의 진화론과 사회진화론의 문제, 그리고 사회진화론에 있어서도 스펜서와 헉슬리의 차이와 같은 문제에 대해서는 전혀 언급이 없다. 단지 진화론이 이전까지는 주로 금수와 인류 간의 생존투쟁 단계였다면 지금은 인류 내부로 옮겨왔다는 것과, 인류가 금수와의 생존투쟁에서 승리할 수 있었던 것은 지식의 힘이었던 만큼 지금 인류 내부의 생존투쟁에서도 지식의 힘이 필요하며, 따라서 교육의 필요성이 절대적이라는 것 정도를 눈여겨볼 만하다.[15]

그리고 그들이 비록 진화론을 인간사회에까지 끌어들인 것은 분명하지만 그것을 통해 서구 제국주의 침략을 정당화시키는 쪽으

---

13) 張志淵, 「自强會問答」, 『張志淵全書』 8.
14) 張志淵, 「自强主義」, 『張志淵全書』 8.
15) 朴殷植, 「教育이 不興이면 生存을 不得」, 『朴殷植全集』 下.

로 나아간 것이 아니라, 위기의식의 고취와 세계사적 흐름의 정확한 인식을 통해 위기상황을 극복하는 방향으로 나아갔다는 점에서 사회진화론을 전면적으로 수용한 것이라고 보기는 힘들다. 자연계에 적용되는 생존경쟁이론을 인간사회에다 무차별적·무제한적으로 적용하고 있지 않기 때문이다. 인간은 그 법칙의 지배를 받을 뿐만 아니라 그 상황에 능동적으로 대처할 능력도 가지고 있다는 입장을 동시에 받아들이고 있는 것이다. 특히 이 점은 스펜서류의 사회진화론을 비판적으로 수용한 것이자 헉슬리류의 사회진화론을 부분적으로 수용한 결과라고 볼 수 있겠다. 사실 이러한 입장은 이미 중국의 변법사상가들에게서 나타나는 특징이기도 하다.16)

애국계몽사상가들의 평등설과 그것에 기초한 자유민권론에 대한 수용은 보다 소극적인 모습을 보인다. 참정권이나 자치의 요구, 의회설립운동과 같은 것이 미미한 형태로 나타날 뿐이다.17) 그렇다고 평등과 자유민권에 대해 그들이 회의의 눈길을 보낸 것은 아니다. 단지 현실적 고려가 더 크게 작용하지 않았는가라는 생각이 강하게 든다. 국력이 급격히 약화되어 보호국의 신세로 전락해 가는 상황에서 대내적인 요구를 현실 속에 실현시키는 데에는 그다지 힘을 기울이지 않았다는 것이다. 사실 힘을 쏟지 않았다기보다는 그렇게 할 겨를이 없었다고 보는 것이 더 타당할지도 모르겠다. 그들이 평등과 자유민권에 대한 지향을 가진 것은 분명한 사실이다. 하지만

---

16) 조경란, 「진화론의 중국적 수용과 역사인식의 전환」(성균관대 박사학위논문, 1995), 40~43, 49~54, 81~82쪽 등 참조.
17) 김도형, 『대한제국기의 정치사상 연구』(지식산업사, 1994), 95~108쪽 참조.

평등과 자유민권에 대한 그들의 지향성은, 이론적 천착이나 현실 사회 속에서의 실현보다는 사회적 불평등을 향한 비판, 특히 그 원흉으로 유교 현실을 지목하여 비판하는 대목과 또한 원시 공맹의 본원유학에서 새로운 이론적 근거를 애써 찾아내는 장면에서 잘 발견할 수 있다.

마찬가지로 이와 궤를 같이하여 입헌군주제에 대한 요구도 미미 한 수준에서나마 제기되고 있다. 입헌군주제에 대한 요구는 이미 독립협회에서 시작된 것으로, 이 역시 현실적 고려에 따른 것이었 다. 궁극적인 귀착점은 공화제이지만 민지民智의 수준과 국가적 상황을 감안한 단계적인 이행이라는 점에서 입헌군주제를 받아들 이고 있는 것이다.[18] 이 모든 것들은 망국이라는 상황과 함께 끝나는 것처럼 보이지만, 일제강점기 동안의 운동에서 그대로 기본 방향으 로 설정되어 해방 후 건국 과정에서 현실화됨을 볼 수 있다.


## 3. 유교와 유교 현실에 대한 비판

1905년 일본의 강요로 이루어진 을사늑약으로 인해 대한제국이 국가 존망의 기로에 서게 되었을 때, 무엇 때문에 나라가 이 지경에 이르게 되었으며 어떠한 적폐들이 이러한 위기를 불러왔는지를 따져보는 것은 오히려 당연할 일이었을 것이다. 그리하여 국망의 원인과, 그것과 유교와의 관계성에 관한 문제가 활발하게 논의된

---

18) 김도형, 같은 곳 참조.

다. 유교가 이렇게 국망 책임의 논의 한가운데에 서게 된 것은 무엇보다도 그것이 조선 500여 년 동안 관학으로서 절대적 지위를 누렸기 때문이다. 애국계몽사상가들도 물론 이러한 논의에 적극적으로 참여한다. 박은식, 장지연, 이기李沂(1848~1909) 등과 같은 대표적인 애국계몽사상가들은 국내외 정세에 밝아 세계사적 흐름을 정확히 읽어 내었던 개명한 유학자들이었으므로, 동도동기론적 혹은 동도서기론적 동도보존론은 더 이상 실현 불가능하다는 인식을 하고 있었다. 한편으로 그들은 동도 위기의 실상을 인식한 만큼 동도 보존에 대한 열망 또한 컸으며 특히 유교에 대한 풍부한 교양을 지니고 있었기 때문에, 동도 곧 유교 혹은 구교에 대한 비판 또한 깊이 있고 진지하게 이루어진다. 그들은 유교에 대해 아프고도 애정 어린 비판을 하게 되며, 이러한 비판은 결국 유교의 '변통'과 '구신求新'을 통한 유교부흥의 열망으로 드러났다고 할 수 있다. 일종의 '방법적 비판'이라고나 할까. 하지만 그들 내부에도 생각의 편차는 보인다. 장지연과 박은식을 대표적인 예로 들어 살펴보기로 한다.

먼저 장지연은 당시 사회의 적폐를 당파성, 시기성, 의뢰성, 나태성, 무국가사상의 다섯 가지로 들고 있다.[19] 그런데 유교와 보다 직접적인 관련성이 있는 병폐로 보수保守, 전제專制, 독선獨善, 문약文弱, 단협單狹, 허위虛僞를 지적한 대목이 눈에 뜬다.[20] 장지연은 이

---

19) 張志淵, 「團體然後民族可保」, 『張志淵全書』 8 참조.
20) 張志淵, 「大同教育會趣旨文」, 『張志淵全書』 10(단국대학교 출판부, 1989), "大同教者, 至聖先師孔夫子之所立教, 以子思孟子之所傳統者也. 盖夫子之教, 有大同小康二派, 然原其宗旨, 在春秋三世之義, 爲萬歲立大教開太平之基本也.故其施教也, 以進化而不以保守, 以平等而不以專制, 以兼善而不以獨善, 以強立而不以文弱, 以博包而不以單狹, 以至誠而

중에서도 특히 당파성을 가장 심각한 문제로 들고 있다. 오늘의
이 위기를 불러온 것은 무엇보다도 당쟁이 가장 큰 원인이라는
생각이다.[21] 이러한 당파성 비판은 당시 유교 비판자들의 공통된
지적 사항인데,[22] 그런 중에서도 여기에서는 중요한 차별성이
발견된다. 당파성을 우리 민족성으로 고착시키거나[23] 유교의 본질
적 측면으로 이해하는[24] 측과 그렇지 않은 측이 바로 그것이다.
물론 장지연을 위시한 애국계몽사상가들은 후자의 위치에 선다.
장지연은 당쟁이 격화되면서 유교와 더불어 나라가 쇠미해지는
결과를 낳았다고 말한다. 곧 당쟁은 '참다운 유학자'(眞儒)가 등용되
지 못하게 하는 결과를 빚었고, 결국 이로 말미암아 국력이 허약해
지게 되었다는 것이다. 유교는 국망에 아무런 책임이 없으며, 도리
어 유교가 당쟁의 가장 큰 피해자라는 주장이다.[25]

---

不以虛僞, 包六大主義, 而彌綸廣博, 可以贊天地之化育, 救世界之民衆也" 참조.

21) 張志淵, 「朝鮮儒敎淵源」, 『張志淵全書』 1(단국대학교 출판부, 1979. 「朝鮮儒敎淵源」은
   원래 <每日申報> 3462號(1917. 4. 5)에서 3673號(1917. 12. 11)에 걸쳐 연재된 것임),
   "叔季以來로 專以門閥取人故로…… 如嶺南之所謂厓鶴, 鶴厓先後之爭이 竟至破裂論議
   하야 致有屛論虎論之分派하고 畿湖는 湖洛之論이 分而又有所謂時壁之黨하야……
   湖中은 亦有尤春, 春尤先後之爭하야 同堂之內에 激起風波하니 嗚呼라 世遠人亡에
   儒敎ㅣ 衰이오 政爭이 起矣라. 自黨論이 分裂之後로는…… 公論之不行이 久矣온……
   盖我鮮之儒敎ㅣ 中葉以前은 斬伐於士禍之慘하고 中葉以後는 枯喪於朋黨之害하고 至
   于近世하여는 如自枯之木하며 無火之灰하야 消沮사락에 自底腐敗하니 嗚呼朝鮮之儒
   敎ㅣ 如斯己矣라 未知有恢復生旺之日也아" 참조.
22) 海鶴 李沂도 유교의 폐해로 사대주의, 한자숭상, 문벌과 당파성의 세 가지를 들고
   있다.(『海鶴遺書』 卷3, 「一斧劈破論」 참조)
23) 이광수의 「민족개조론」을 대표적인 예로 들 수 있다.
24) 경성제국대학의 일본인 교수 다카하시 도루(高橋亨)가 조선유학을 비판하면서
   이러한 입장을 드러내 보이고 있다.
25) 張志淵, 「儒敎辨」, 『張志淵全書』 10, "儒敎者何也. 周禮太宰之職, 儒以道得民者,……儒者
   之學本如是矣, 曷嘗有釣名巧宦之心, 樹黨營私之計, 如近世所謂爲儒者哉……或有言魯
   以用儒而削, 揚子早已辨之詳矣. 試觀宋代, 遺賢輩出, 道學苑興, 實爲三代後文明之最盛,

국망의 유교책임론에 대한 장지연의 위와 같은 생각은, 이제 나라를 일으켜 세우는 길은 참다운 유교를 부흥시키는 데 달려 있다는 '새로운' 유교책임론으로 반전되어 간다. 장지연의 이러한 모습은 동산東山 유인식柳寅植(1865~1928)의 "이 나라를 죽인 것도 유림이요, 이 나라를 살릴 책임이 있는 것도 유림이다"라는 말을 떠올리게 한다. 유교론자들의 생각과 정서가 잘 드러나는 대목들이다. 장지연은 공맹의 본원유학은 물론 주희의 주사학, 그리고 조선의 퇴계학과 율곡학도 아무런 문제가 없다고 생각한다. 문제는 그 이후의 학파 분열에서 시작되며, 특히 유교가 정쟁에 휘말리는 과정에서 '소인유小人儒'와 '가유假儒'가 등장하여 현실 정치를 휘두르면서 문제가 발생했다고 생각한다. 따라서 유교의 개혁에 대해서는 그만큼 소극적 자세를 취하게 되고, 대신 본원유교로의 회귀가 중심적 과제로 설정된다.

박은식은 우리나라가 기자箕子 이래로부터 조선 초를 거치면서 유구하면서도 찬란한 유교 전통을 이루어 왔으나 지금은 선비들의 기상이 꺾이고 도의는 떨어졌으며 허위만이 판쳐 서교西敎가 아니면 동학東學에 빠져듦으로써 온 세상에 화가 이루 말할 수 없을 정도로 미치고 있다고 개탄하고 있다.[26) 자못 도통론자의 풍모와

---

而卒致金元凌夷, 神州陸沉, 儒者之效用, 安在哉. 且以朝鮮言之,……我朝大興, 聖君良弼, 崇儒術重道學,……儒敎之盛, 可謂極矣, 而未能倣堯舜君臣之治, 國勢反趨於衰微, 至于今日, 何哉. 此豈非用儒魯削之驗歟. 噫, 是豈儒敎之罪也, 揚子曰魯不用眞儒故也. 如用眞儒, 則無敵於天下,……至若我鮮之衰微, 所謂魯不用眞儒之故也. 士禍之慘, 朋黨之害, 旣述之於前矣.……前賢所謂百年無善治者, 非朋黨之害歟. 是豈儒敎之使然也, 實乃政治之馴致也. 抑又假儒儒名而欺世主, 厭然不知爲恥者之罪也. 是非但先王之罪人, 卽孔孟之罪人也. 以此而罪儒敎, 則儒豈首肯乎哉" 참조.

26) 朴殷植,「宗敎說」,『朴殷植全集』中(단국대학교 출판부, 1975), "維我大韓, 肇自箕聖八條

비장감이 느껴지는 듯하다. 한편 그는 개량해야 할 네 수구守舊
집단으로 유림가儒林家, 행세가行世家, 잡술가雜術家, 학구가學究家를
들고 있는데,[27] 이 중 유림가 집단에 대해서는 다음과 같은 신랄한
비판을 퍼붓고 있다.

> 夫儒林은 遠則孔孟程朱의 繼往開來하신 淵源을 接하며 近則本朝群哲의 口傳心授
> 하신 統緖를 承하야, 綱常이 賴此而維持하고 義理가 依此而扶植하니 實로 國家의
> 元氣오 人民의 師表라. 然이나 挽近儒林의 衰削이 已甚하고 決裂이 多端하야
> 曰湖曰洛과 曰理曰氣에 一言半句가 不合이 有하면 同塗分岐와 同室操戈가 往往이
> 起하니, 此는 道德上 本旨를 大失함이오 또한 人民의 普通之敎가 되지 못할
> 것이 甚明하도다. 況其泥舊의 弊習을 篤守하고 求新의 時宜를 不究하며 禮義를
> 空談하고 經濟를 不講하는지라.[28]

조선 중기 이후 유림은 당쟁에 깊숙이 빠져들면서 이미 도덕성을
상실하게 되었고 수구적인 자세로 일관하면서 현실로부터 유리되
어 갔다는 비판이다. 유교에 대한 보다 깊이 있는 비판은 「유교구신
론儒敎求新論」[29]에서 행해진다. 유교가 불교나 기독교처럼 번성하지
못한 데에는 크게 세 가지 이유가 있다고 말한다. 곧 인민은 도외시
한 채 지나치게 제왕의 편에 선 점, 배우는 이가 자신을 찾아오기만

---

有敎, 俗尙禮讓, 婦女貞信, 故天下稱之曰君子國. 至于羅麗千餘年間, 佛敎獨橫行於國中,
我朝列聖, 建中宗師孔孟, 攘斥異端, 群儒輩出, 禮敎成俗, 式至于今日休, 所以爲億萬年根
基者, 惟在於此. 奈世級寖降士氣, 日渝道義, 不修虛僞, 日滋逾致, 全國人民貿貿焉. 不入乎
西敎則入于東學, 雖經創劃, 而猶復益熾加以貪饕之吏爲叢驅雀計, 全國人民將無一得免
者, 則其爲天下之禍可勝言哉" 참조.

27) 朴殷植, 「舊習改良論」, 『朴殷植全集』 下 참조.

28) 박은식, 같은 곳.

29) 『西北學會月報』 第1卷 第10號와 『朴殷植全集』 下에 실려 있다.

을 기다리는 소극적인 자세, 간이직절簡易直切한 양명학을 내친 채
지리한만支離汗漫한 주자학만을 높인 점이 바로 그것이다.

所謂三大問題는 何也오 一은 儒敎派의 精神이 專히 帝王側에 在하고 人民社會에
普及할 精神이 不足홈이오, 一은 轍環列國하야 思易天下의 主義를 不講하고
匪我求童蒙이라 童蒙이 求我라는 主義를 是守함이오, 一은 我韓儒家에서 簡易直
切한 法門을 不要하고 支離汗漫한 工夫를 專尙함이라.

그러면 각각의 문제에 대해서 살펴보기로 하자. 첫 번째 문제는
유교의 인민 경시 및 전제군주의 특성에 대한 비판이다. 이러한
유교 비판은 자유민권과 평등, 입헌군주제의 지향을 가진 애국계몽
운동 노선에 선 것임을 쉽게 알 수 있다. 여기에서 박은식은 비판의
화살을 순자荀子에게로 돌려놓는다. 공자의 대동설大同說과 맹자의
중민설重民說을 볼 때 공맹의 본원유학에서는 평등과 중민의 이상이
있었으나, 전국시대 말기에 순자 계열의 유교가 흥성한 뒤 진秦과
한漢을 거치면서 변질이 일어났다는 것이다. 이렇게 되면 해답은
간단해진다. 공맹으로 돌아가기만 하면 되는 것이다. 굳이 서양의
학설들을 배우고 받아들일 필요가 없게 되는 것이다.

두 번째는 현실 사회의 개혁에 대한 유학자들의 소극적인 자세를
비판하고 있다. 어찌 보면 이것은 유림 집단 내부에 대한 비판이라
고 할 수 있겠다. 하지만 이것은 국망의 현실 앞에서 소극적인
자세로 일관하는 유림 집단에 대한 질타인 동시에, 국망을 극복할
수 있는 집단이 바로 유림이라는 책임과 자부심의 표현이라고
볼 수도 있다. 여기에서도 박은식은 공자가 "열국列國을 철환轍環하
면서 세상을 바꾸려고 적극적으로 노력한" 예를 들면서 이러한

소극적인 자세는 후대 유학자들이 지어낸 폐단이라고 지적하고 있다.

세 번째에서는 박은식이 아주 중요한 문제를 지적하고 있다. 바로 주자학에 대한 직접적인 비판과 그 대안으로 양명학을 제시하고 있는 점이다. 사실 그는 주자학이나 조선의 퇴율학退栗學에 대한 비판을 조심스레 피해 왔다. 그의 말처럼 후생천견으로 학계의 일대 공안公案인 주자학과 양명학 간의 시비논란을 일으키는 것이 부담스러웠기 때문이다. 하지만 마침내 그는 주자학에 대한 직접적인 비판에 나선다.

朱子의 學이 地負海涵하야 無所不該하니 其有功於聖門이 偉大하고 垂惠於後學이 盛多하니, 曷敢妄哉며 曷敢論哉아. 然이나 後之儒者가 朱子의 聰明과 魄力과 勤篤이 無하고는 其涯涘를 窺及지 못하야 年紀가 忽已蹉跎에 實地見得과 實地成就가 未有할지니 其如之何오.

박은식이 지적하는 주자학의 이론적 결점은 공부에 있어서의 지리한만함이다. 주자학에 대한 이러한 비판은 이미 주희(1130~1200)가 살아 있을 때 그의 논적 육구연陸九淵(호 象山, 1139~1192)으로부터 제기되었고, 이후 육구연을 이은 왕수인王守仁(호 陽明, 1472~1528) 등의 심학心學 계열에서 주자학을 비판할 때에도 이러한 내용이 중심이 되었음을 상기할 때, 박은식의 비판이 직접적으로 주자학을 향하고 있음은 의심할 여지가 없다. 하물며 주자만년설朱子晚年說을 끌어옴에 있어서랴. 반면 그는 양명학의 간이직절한 공부가 바로 유교의 '본령학문本領學問'임을 강조하고, 그 정통성을 확보하고자 『주역』, 공자, 맹자, 정자程子에다 범중엄까지 끌어들인다. 그가 이렇게 주자학 대신 양명학을 제시한 것은 한마디로 실효성이 많다고 생각했기 때문이다.

이상에서 볼 때 애국계몽사상가들은 나름대로 유교 비판에 나서고 있지만 그 비판에는 명확한 한계가 있으며, 이것이 그들의 중요한 특성이 되고 있음을 알 수 있다. 그들은 유교의 말폐나 후대 유학자들의 행태에 대해서는 소리 높여 비판하였으나 공맹의 본원유교에 대해서는 도리어 한 점 문제가 없다고 인식하고 있었다. 유교부흥의 근거와 새싹을 살려놓은 것이라고 볼 수 있겠다. 여기에는 유교 자체와 역사상의 유교를 구분해서 보는 관점이 들어가 있다. 주자학이나 양명학에 대한 입장 차이가 있음에도 애국계몽사상을 한데 묶을 수 있는 근거는, 바로 이렇듯 그들 누구나 공맹을 포기하고 있지 않다는 점이다. 동시에 이것은 같이 유교 비판에 나섰지만 마침내 유교를 버리고 기독교를 옹호하는 독립협회 계열과 구분되는 점이기도 하다. 그리고 유교의 말폐나 변통 및 구신에 적극적으로 나섰다는 점에서는 일찌감치 동도동기론이나 동도서기론과도 구분된다.


## 4. 유교의 변통과 구신

애국계몽사상가들은 서양 사회사상을 수용하고 이것을 바탕으로 하여 전통 유교의 비판에 임했다. 그들은 변화의 시대에 불변을 고집하는 자들, 자유와 평등의 시대에 불평등을 고집하는 자들, 입헌군주제에 반대하는 전제군주제 등을 공격하였다. 그렇다면

그들은 서양의 여러 사회사상과 기독교를 더욱 적극적으로 배우고
받아들여 현실 속에 실현하려 드는 것이 당연할 것이다. 그런데
그들은 다른 길을 택하고 있다. 그들은 서양에서 필요한 것들을
배우고 그것을 바탕으로 현실 유교를 비판하되, 답 또한 유교의
재해석을 통해 그 속에서 찾고자 하였다. 앞에서 보았다시피 그들은
국망의 책임을 유교 자체에 돌리지 않았다. 도리어 그들은 공맹의
본원유교 속에서 국망 극복의 근거와 희망을 찾고 있다. 그런데
비록 그들은 본래의 공맹으로 돌아갈 것을 외쳤지만, 사실상 그
속 공맹의 모습은 역사상 수없이 그러했듯이 그들 자신이 그려낸
것이었다. 하지만 어쨌든 그들은 동양본위론자였고 유교본위론자
였던 것이다. 이제 그들에게는 유교 속에서 대용품들을 확보해
내야 하는 과제가 남게 된다.

먼저 애국계몽사상가들은 진화의 문제를 어떻게 해석해 내고
있는가? 그들은 서양의 진화론을 받아들여 위기의식을 고취시키면
서 변화와 개혁의 당위성과 시급성을 역설하였다. 그들은 옛날
공자의 행적을 보건대 오늘날 공자가 되살아난다 해도 반드시
서양의 신기술과 신법률, 신학문을 받아들였을 것이라고 하는,
자신들의 입지를 굳히려는 말로써 말문을 열고 있다.

昔에 孔子는 問禮於老聃하시며 問官於剡子하시고 論爲邦하사되 斟酌四代하야
損之益之하셧스니, 假使生於今日이시면 泰西人의 利用厚生하는 製造品과 新法
律의 通行과 新學問의 盛備한 거슬 純然 拒絶하시겟는가, 抑因時制宜하야 取其所
長하시겟는가. 此는 再言을 不俟하고 可辨할 것이오.[30]

---

30) 朴殷植, 「舊習改良論」, 『朴殷植全集』 下.

박은식은 오늘날 많은 사상가들이 서양의 진화론을 빌려서 사회와 유교의 '구신求新'을 말하지만, 사실상 끝없이 새로움을 추구해 간다는 이러한 생각은 유교의 고유한 사상[31]이지 밖으로부터 들어온 것이 아니라고 말한다. 굳이 진화론으로 변화의 필요성과 개혁의 당위성을 말할 필요가 없다는 말이 되겠다.

> 天下之物이 大小를 莫論하고 久則必弊오 弊則當改니, 若弊而不改하면 終焉熄滅而已니 可不念哉며, 求新이라 하면 別件으로 認하나 新之一字는 吾道의 固有한 光明이라. 孔子ㅣ 曰溫故而知新이라 하시며 張子曰濯去舊見하야 以來新意라 하얏스니, 道德은 以日新而輝光하고 邦命은 以維新而增長하나니, 求新之義가 非自外來라. 嗟 我儒林諸君이여![32]

애국계몽사상가들은 진화론의 대용 이론을 상식적인 수준에서 찾아내고 있다. 가령 위의 예문에서 언급된 "세상의 모든 사물은 크고 작고를 막론하고 오래되면 반드시 폐단이 생겨나고, 폐단이 생겨나면 반드시 고쳐야 한다"느니 "무릇 사물의 이치는 오래되면 노쇠해지고, 노쇠해지면 폐단이 생겨나는 까닭에 비록 세상에 아무리 좋은 법규라도 시행한 지가 오래되면 그 본질이 퇴색하여 말류의 폐단이 생겨나지 않을 수 없다"[33]느니 하는 말로써 진화론을 대신할 수 있다고 생각한다. 장지연이 공자 대동설의 교리는

---

31) 박은식이 「舊習改良論」에서 "『尙書』에 曰'作民'이라하며 …… 『易』에 曰 '窮則變하며 變則通이라' 하고 「中庸」에 曰 '明則動하고 動則變이라' 하엿거늘 奈何로 今之儒者는 變을 惡하고 通을 忌하야 冬에 葛하며 夏에 裘하며 陸에 舟하며 川에 車코저 하느뇨"라고 말한 것에서도 이와 같은 생각을 확인할 수 있다.

32) 朴殷植, 「儒教求新論」, 『朴殷植全集』 下.

33) 朴殷植, 「文弱之弊는 必喪其國」, 『朴殷植全集』 下.

"진화이지 보수가 아니다"라고 말하는 대목34)에서도 그의 진화론에 대한 이해 수준을 읽어 낼 수 있다. 보수의 반대말로 진화의 의미를 받아들이고 있는 것이다. 한마디로 그들의 진화론에 대한 이해 수준은 천박하며, 진화론에 대한 학습 태도는 무척 불성실하다고 말할 수 있겠다. 이런 상황에서 진화론에 대한 이론적 천착을 기대할 수는 없는 노릇이다. 따라서 애국계몽사상을 분석하면서 진화론 사상의 영향을 말하는 것은 당연하지만, 그것은 어디까지나 영향에 그치고 있음을 유념해야 한다.

이제 애국계몽사상가들이 평등과 자유민권 사상을 유교에서 어떻게 확보해 내고 있는가를 살펴볼 차례이다. 장지연은 곧바로 유교의 참모습은 평등에 있지 전제에 있지 않다고 대답한다.35) 너무 손쉬운 대답이라 대답 아닌 대답처럼 생각된다. 박은식도 맹자의 중민설重民說을 거론하면서 본원유교 속에는 자유민권사상의 싹이 있었는데 애석하게도 공맹유교의 이렇게 훌륭한 사상이 이어져 내려오지 못했다고 하면서, 이 원인을 앞서 살펴보았듯이 순자 계열의 유교가 흥성한 탓으로 돌린다. 사실 맹자의 중민·위민爲民·민본民本사상 속에서 자유민권사상의 싹이 보이는 것은 사실이다. 지금까지도 이러한 관점은 맹자사상 해석의 한 흐름을 형성하고 있다. 하지만 그 내용적인 측면에 있어서는 맹자의 중민설 같은 것에서보다는 불인인지심不忍人之心이나 사단지심四端之心 또는 양지양능설良知良能說을 바탕으로 한 성선설性善說에서 자유민권과

---

34) 張志淵, 「大同敎育會趣旨文」, 『張志淵全書』 10 참조.
35) 張志淵, 같은 곳 참조.

평등사상의 요소를 더 많이 이끌어 낼 수 있다. 왜냐하면 맹자의 성선설은 도덕을 매개로 모든 인간의 평등성을 말하고 있기 때문이다. 반면 그의 중민설과 위민설에서는 인민이 통치의 대상으로 설정되어 있는 한 결코 권리 개념을 이끌어 낼 수 없을 것이다.

유교에서 평등사상을 확보해 내는 작업은 줄기차게 이어진다. 박은식은 천지만물이 모두 하나의 근원에서 나왔으므로 심心도 같고 리理도 같으며, 따라서 성인과 나는 선득先得과 후득後得, 선각先覺과 후각後覺의 차이만 있을 뿐 똑같은 존재라고 말한다. 그는 여기에서 인간의 평등뿐만 아니라 천지만물의 근원적 평등성까지 말하고 있다.36) 종교적 분위기가 물씬 느껴진다. 그는 이러한 생각을 대동교大同敎의 종지를 말하면서 체계적으로 밝히고 있다.

> 大同敎의 宗旨는 惟何오. 聖人의 心은 以天地萬物로 爲一體하나니 此其意想推度으로 由함이 아니오 卽 仁의 本體가 原是如此라. 何則고. 天地의 氣가 卽 吾의 氣오 萬物所受의 氣가 卽 吾所受의 氣라, 旣同此一氣어니 其所賦의 理가 엇지 同處가 無하리오. 是故로 孺子의 入井을 見하면 怵惕惻隱의 心이 必有하니 此 其仁이 孺子와 一體됨이오, 鳥獸의…… 然則 天下萬物一體의 仁은 人皆有之언만은 但 衆人은 形體의 私와 物慾의 蔽로 間隔이 되야 物我의 計較가 必生하니…… 是以로 聖人이 憂之하사 推其天地萬物一體之仁하야 立敎於天下하사되, 人人所固有한 本心의 明을 因하야 開之導之하야 其形體의 私와 物慾의 蔽를 克治하야 其心體의 同然者를 回復하면 天下之人이 同歸于仁하야 太平의 福樂을 共享할지니, 此는 大同敎의 宗旨로소이다.37)

---

36) 朴殷植, 「宗敎說」, 『朴殷植全集』 中, "天地萬物同出一原, 東海北海心同理同, 聖人先得我心之所同然者, 故推其所同然者, 而爲之敎其入于人心也" 참조.

37) 朴殷植, 「孔夫子誕辰紀念會講演」, 『朴殷植全集』 下.

여기에서 박은식은 대동교의 종지가 바로 '천지만물이 한 몸이 되는 인'(天地萬物一體之仁)이라고 말하고 있다. 이러한 '인'사상은 위 예문에도 나오듯이 어린아이가 우물에 빠지는 것을 건져 주는 예를 들면서 맹자가 내놓은 것이다. 이처럼 맹자는 인을 사람과 사람 간의 관계 속에 설정하였다. 이것이 천지만물로 확대되는 것은 북송의 성리학자 정호程顥(호는 明道, 1032~1085)를 거쳐 명明의 왕수인에 오면서이다. 바로 왕수인의 양명학에 오면 천지만물은 인을 매개로 하나가 된다. 박은식은 이 입장을 그대로 받아들이고 있다. 그는 세상만물의 마음 속에 똑같은 인이 들어있으므로 기氣도 리理도 다를 바가 없다고 말한다. 기의 차별성을 통해 세상만물은 물론 인간 간에도 차별이 존재한다고 인식하려 했던 주자학과 좋은 대조를 이룬다. 이처럼 그는 대동을 사람들만이 아니라 온갖 사물들이 한데 어우러지는 절대평등의 마당으로 설정한다. 이것은 원시공산사회의 이상을 담고 있는 『예기』「예운禮運」편 속 대동의 모습이 아니다. 이것은 양명학적 대동의 모습이고, 박은식이 그려 낸 대동의 한마당이다.

　박은식의 이러한 절대평등사상은 자유민권 주장의 근거가 될 수 있다. 마치 서양 근대에서 이성을 매개로 평등과 자유민권을 주장했듯이 동양에서는 도덕을 매개로 그것을 주장할 수 있게 된 것이다. 여기에서 양명학의 '심즉리설心卽理說'을 한 번 떠올려 보는 것도 의미 있을 것이다. 주자학에서 양명학으로의 이행에서 가장 눈에 띄는 대목이 바로 이 심즉리설이다. 세계의 보편적·궁극적 진리인 리가 바로 내 마음 속에 있다는 이 심즉리설로 도덕적 개아個我의 존재가 우주의 크기만큼이나 부풀려지면서, 동양에서도 '근대적 개인'이 출현하게 되는 장면을 얼마든지 그려 볼 수 있는 것이다.[38] 이렇게 되면 대동의 이름 아래 입헌군주제, 나아가 공화제의 요구가 자연스레 제기될 것이다.

장지연과 박은식은 마침내 유교종교화의 길을 택하여 대동교를 설립한다. 그들이 대동교를 설립하게 된 데에는 여러 가지 연유가 있겠지만, 무엇보다도 절명의 위기에 놓인 유교를 되살리겠다는 의지가 강하게 반영되었다고 볼 수 있다. 유교에 대한 이러한 위기의식은 국망책임론에 더하여 구학청산론자나 기독교론자 등이 등장함으로써 더욱 가중되었다. 그리고 친일 유교단체의 설립도 한몫을 하게 된다.[39] 이러한 상황에서 그들은 유교의 종교화를 통해 유교를 구국과 애국 운동의 전선에 세우고자 한 것이다. 이렇게 볼 때 그들의 유교종교화운동은 순수한 신앙운동이라기보다는 애국계몽운동의 연장선상에서 이루어진 것임을 알 수 있다. 장지연이 어느 철학자가 한 말이라면서 "종교란 국민의 뇌질腦質을 주조鑄造하는 원료이므로 한 나라의 강약과 흥폐가 거기에 달렸다"라고 말한 것이나, 대동교의 교리로서 진화와 평등, 겸선兼善, 강립强立, 박포博包, 지성至誠을 든 것에서 그것을 확인할 수 있다.[40] 또한

---

38) 홍원식, 「'근대적 개인'의 발견－태주학파를 중심으로」(『중국의 사회사상』, 형설출판사, 1992) 참조.

39) 유준기, 『한국근대 유교개혁운동사』(삼문, 1994), 84～97 참조.

40) 張志淵, 「大同敎育會趣旨文」, 『張志淵全書』 10, "嗚呼, 自古英雄豪傑之士, 能成大業垂大名於一世者, 皆由宗敎信仰之力而出來, 則宗敎之關係於國家, 固何如哉. 蓋無宗敎之信仰者, 其情神不統一, 其心志不確固, 其魄力不勇敢, 每被外界之侵束, 而易流於範閑之外, 能自助自立者, 鮮矣. 故哲學家謂, 宗敎者實鑄造國民腦質之原料, 而一國之强弱興廢係焉, 則苟欲增進國民之識力, 不得不變國民之思想, 苟欲變國民之思想, 不可不於其所習慣信仰者, 爲之除其舊而布其新, 此政今日宗敎改革之時期也" 참조.

박은식이 「학규신론學規新論」[41)에서 '논유지종교論維持宗敎' 항목을 둔다거나 서구 열강이 강성한 원인을 종교를 신앙한 데서 찾은 점,[42) 그리고 앞에서 보았듯이 그가 설명하는 대동교의 종지가 서양 근대의 사회사상과 밀접하게 연관되어 있다는 점 등도 모두 그들의 유교종교화운동이 애국계몽운동과의 관련성 속에 있다는 것을 말해 준다.


## 5. 역사적 자리 매김과 평가

애국계몽사상은 평등설이나 자유민권설과 같은 서양의 근대계몽사상과 19세기 후반 서양에서 크게 유행한 사회진화론 등을 받아들여 유교 현실에 대한 비판에 나선다. 비판의 대상은 주로 유교의 말폐와 유학자들의 행태에 집중된다. 박은식의 경우는 500여 년 동안 조선의 관학으로 군림했던 주자학에 대해 직접적인 비판에 나서기도 한다. 하지만 비판의 중심은 역사상 전개된 유학이고, 유교 자체 곧 공맹의 본원유교에 대한 비판의 모습은 보이지 않는다. 도리어 그들은 이 공맹의 유교에서 평등설이나 자유민권설 및 진화론적 요소들을 찾아낸다. 이렇게 그들은 유교의 '변통'과 '구신' 과정을 거쳐 유교의 부흥을 꾀하며, 나아가 애국구국운동의 이론적 뒷받침으로 사용한다.

---

41) 朴殷植, 『朴殷植全集』 中. 「學規新論」은 원래 光武 8年에 博文社에서 단행본으로 간행되었다.

42) 朴殷植, 「宗敎說」, 『朴殷植全集』 中 참조.

애국계몽사상을 이렇게 정리해 놓고 보면, 먼저 그것은 동도서기론과 다른 위치에 있음을 알 수 있다. 얼핏 보아 그들이 유교를 끝내 버리지 않았다고 해서 곧바로 동도서기론과 등치시키는 것은 중대한 착오이다. 그들은 동도에 대해 절대적 옹호론을 편 것이 아니다. 그들은 동도가 심각한 위기에 봉착했음을 자각하여 스스로 그에 대한 비판과 변통, 구신에 나섰던 것이다. 그들이 옹호한 동도는 새롭게 해석된 동도, 바로 새롭게 해석된 유교이다. 동시에 그들이 이렇게 유교와 유교사회를 비판하면서 그 변통과 구신을 꾀한 것은 당시 독립협회 계열의 유교청산론 혹은 기독교대안론과도 구별된다. 애국계몽사상은 기본적으로 유교본위론儒教本位論과 구교본위론舊教本位論의 입장에 서 있는 것이다.

여기에서 동도서기론과 애국계몽사상, 그리고 유교청산론의 입장을 서로 연관지어 역사적 자리 매김을 시도해 보는 것도 의미 있을 것이다. 먼저 동도서기론은 '동도동기론'적 입장에서 개항과 개화정책에 반대하는 척사위정론과 맞서면서 등장한다. 이때 동도서기론의 중심적인 내용은 서기수용론이다. 이후 서기 수용이 일반화되고 국가정책으로 확립되면서 동도서기론은 동도보존론으로 내용적 변화를 겪는다. 이때 동도서기론의 대립 면에 선 것은 동도동기론이 아니라 유교청산론이다. 이러한 상황은 1890년대 말 독립협회를 중심으로 형성된다. 국가정책으로 수행되고 있는 서기 수용을 성공적으로 달성하기 위해서는 서도의 수용이 불가피하다는 논리를 이들은 편다. 곧 도와 기가 불가분의 관계인 만큼 서기도 서도와 불가분의 관계이며, 따라서 서기 수용을 원한다면 서도 수용도 불가피하다는 것이다. 이러한 서도수용론은 곧바로 구교의 대표적 위치에 있던 유교에 대해 비판의 태도를 취하게 되며, 마침내 유교청산론으로 나아가게 된다. 이때 유교 비판에 나서되 유교 청산에는 반대하는 입장이 등장한다. 그들이 바로 박은식과 장지연 등이 중심이 된 애국계몽사상인 것이다. 앞에서 살펴본 것과 같이 그들은 유교 비판에는 나서되 그를 통해 유교를 되살려 내는 데 주력했던 것이다. 이렇게 정리해 놓고 보면 각각의 입장이 서 있는 자리가 분명해진다.

# 제3장 이승희와 이병헌의 공자교운동

## 1. 유교종교화운동과 공자교운동

개항 이후 근대시기를 거치면서 유교는 심각한 위기를 맞게 된다. 정권의 담당자인 개화파들은 유교에 대한 신심信心을 점점 잃어 가게 되며, 1890년 말 대한제국시기에 이르면 마침내 유교에 대한 비판적 시각이 등장한다. 한편으로 재야의 도학자들은 주자학적 세계관을 여전히 굳게 신봉하며, 개항기 서기수용론으로 적극적 역할을 담당하였던 동도서기론東道西器論도 유교 비판에 직면하면서 동도보존론으로 기울어지게 된다.

이렇게 유교가 비판의 전면에 나서게 되면서 일부 유교 지식인들은 유교개혁에 대한 적극적 입장을 취하게 된다. 대표적인 이로 박은식朴殷植(1859~1926)과 장지연張志淵(1864~1921), 신채호申采浩(1880~1936) 등을 들 수 있다. 박은식은 「유교구신론儒敎求新論」[1)에서 조선 주자학과 주자학자들의 폐해를 지적하면서 양명학을 대안으로

---

1) 박은식, 『박은식전집』 하(단국대학교 출판부, 1975), 44~48쪽 참조.

제시하고 있다. 대체로 유교개혁의 내용은 유교의 말폐에 대한 청산과 주자학에 대한 비판으로 모아진다. 결국 그들은 유교 자체와 공맹孔孟을 지켜내기 위해서라도 유교개혁은 필수불가결하다고 받아들였던 것이다.

여기에다 종교를 구국救國의 핵심적 방도로 인식하기 시작하면서 유교개혁과 더불어 유교종교화운동도 함께 일어나게 된다. 1899년 고종은 「존성윤음尊聖綸音」2)에서 "세계의 모든 나라가 종교를 극진히 숭상하는 것은 종교가 인심을 맑게 하고 정치의 도리가 여기에서 나오기 때문"이라고 하였으며, 장지연도 "종교란 국민의 뇌질腦質을 주조鑄造하는 원료요, 한 나라의 강약과 흥망이 종교에 달려 있다"라고 말하였다. 박은식 역시 「종교설宗敎說」3)에서 종교의 중요성을 강조한다. 그들은 한결같이 종교의 정치·교화적 기능에서 그 중요성을 강조하였다. 이러한 인식에 따라 20세기로 들어서면 다양한 종교화운동이 일어난다. 민족주의 운동의 한 방편으로 기독교 신앙이 확산되며, 다양한 신흥 민족종교가 등장한다. 유교종교화운동도 이러한 맥락에서 전개된다.

유교종교화운동은 1907년 하상익河相益의 대종교大宗敎, 송병화宋炳華의 태극교太極敎 등으로부터 시작해서 일제강점기 내내 전개된다. 이 가운데는 친일의 전위조직으로 만들어진 것도 다수 포함된다. 대표적인 것으로 1907년 이토 히로부미의 지원 아래 신기선申箕善이 창도한 대동학회大東學會(1909년 孔子敎로 개명)와, 1939년 전시동원체

---

2) 『尊華錄』(宋秉稷 編, 1900) 卷6과 『大東正路』(許伐·郭漢一 編, 1903) 卷5에 실려 있다.
3) 박은식, 『박은식전집』 중, 414~420쪽 참조.

제 아래 황도유학皇道儒學을 전개한 조선유교연합회朝鮮儒教聯合會 등을 들 수 있다. 이러한 친일 계열의 공자교운동에서는 근대적 혹은 민족주의적 요소를 발견하기가 힘들다. 그렇지만 박은식과 장지연이 주도한 1909년의 대동교와 같은 경우는 근대적·민족주의적 성격을 쉽게 발견할 수 있다. 이 대동교는 신기선이 창도한 친일적 대동학회에 맞서 만들어졌다. 이승희李承熙(중국 공교회 동삼성지부)와 이병헌李炳憲(중국 공교회 조선지부)의 공자교운동도 이러한 역사적 맥락 위에서 전개된 것이다.

한편으로 이러한 공자교운동에서는 중국 공자교운동과의 관련성이 발견된다. 그러나 직접적 혹은 간접적 관련성이 있다고 해서 굳이 중국 공자교운동과의 종속적 관계에서 이해해서는 안 된다고 본다. 유사한 역사적 조건과 그에 따른 유사한 대응양식으로 보는 것이 보다 정확할 것이다. 중국 공자교운동은 강유위康有爲(1858~1927)에 의해 주도된다. 그는 1898년 공자를 존숭하고 유교를 국교國教로 삼으며 교부教部와 교회教會를 세우고 공자를 기년紀年으로 삼을 것을 청하는 글을 광서제光緒帝에게 올린다.4) 마침내 중국 공자교운동은 강유위의 제자 진환장陳煥章에 의해 1912년 중국 공교회孔教會가 설립되며, 1913년 국교화운동, 1914년 원세개袁世凱에 의한 공자제사 부활, 1916년 원세개의 죽음으로 인한 유교에 대한 국가적 보호의 좌절로 이어진다.

이러한 공자교운동의 철학사상적 기반은 강유위가 광서제에게

---

4) 康有爲,「請尊孔聖爲國教立教部教會以孔子紀年而廢淫祀拾」,『康南海先生遺著彙刊』 12(臺北, 宏業書局, 1976), 27~32쪽 참조.

상소를 올리기 전에 이미 만들어져 있었다. 곧 강유위는 당시까지 여전히 절대적 진리로 받아들여지던 주자학과, 특히 그것을 떠받치고 있던 고문경학古文經學을 비판하는 것으로부터 시작하여, 고문경전이 모두 고대 신新나라 유흠劉歆의 위작임을 주장한 『신학위경고新學僞經考』(1891)를 짓는다. 이러한 고문경학 비판의 입지점은 서한西漢 초의 금문경학今文經學이다. 이어 그는 금문경학의 입장에 서서 춘추공양학春秋公羊學만이 공자의 참된 전승이라 보아, 현실개혁자로서의 공자의 모습을 이끌어 내어 『공자개제고孔子改制考』(1894)를 짓는다. 마침내 그는 『예기禮記』의 「예운禮運」편에 나오는 대동사상大同思想을 공자사상의 본령으로 보고 무국가·무남녀·무가족·무귀천·무빈부·무인종의 주장을 담은 『대동서大同書』를 짓는다. 이상과 같은 내용이 그의 공자교운동의 이론적 배경이 된다.


## 2. 이승희의 공자교운동

한계韓溪 이승희李承熙는 1847년 경북 성주군 대포大浦(한개마을)에서 조선 말의 대유학자 한주寒洲 이진상李震相의 아들로 태어났으며, 1908년 블라디보스토크로 망명길에 올랐다가 1916년 중국 심양瀋陽 부근 소북관小北關에서 향년 70세로 생을 마감하였다. 그의 활동은 크게 두 시기로 나누어 살펴볼 수 있는데, 바로 1908년 62세 때의 망명 이전 시기와 그 이후의 시기이다. 망명 이전 그는 한주학파의 일원으로서 스승이자 아버지인 한주 이진상의 성리설을 공부하여 이어받고, 이진상 사후에는 곽종석·허훈 등과 함께 이진상의 문집과 저작을 발간하였으며, 문집 발간 이후 이진상의 성리설에 대한 비판이 쏟아지자 온힘을 다해 옹호하였다.[5] 망명 후 그는 한인공동체 건설를 통한 해외독립운동기지의 마련에 힘쓰고 한인공동체의 정신적 결속을 위해 공자교운동을 전개한다. 그는 망명 다음해인 1909년 이상설李上卨 등과 함께 중국 길림성吉林省 밀산부密山府(현 흑룡강성 밀산시)에 한흥동韓興洞이라는 한인정착촌을 개척하고, 4년 뒤 이 한흥동개척사업이 어려움을 겪자 중원을 둘러보기 위해 나서는데 이때부터 공자교운동에 본격적으로 뛰어들었다.

이승희는 1913년 12월 북경北京 공교회孔敎會의 주임 진환장陳煥章을 만나 공교회 한인지회의 설치 문제를 의논하고, 다음 달인 1914년 1월 공교회로부터 동삼성한인공교회지회東三省韓人孔敎會支會의 설립을 승인받는다.[6] 그는 이 과정에서 설정청薛正淸[7]·용적지龍積之[8] 등의 공교회 인물들과 국회의원 이문치李文治 등[9]을 만나며, 공교회의 주창자인 강유위康有爲와 서신으로 공교회 등 여러 문제들에 대해 의견을 나누기도 한다.[10] 특히 그는 진환장의 요청을 받고 「공교진행론孔敎進行論」[11]과 「공사관복설孔祀冠服說」을 지어 공교회의 종교의례를 정하는 데 기여하였는데, 용적지의 요청으로 지은

5) 李承熙, 『韓溪遺稿』 6(국사편찬위원회 편, 1979)의 「宣錄條辨」, 「陶山通文條辨」, 「道南通文條辨」 등 참조.
6) 李承熙, 『韓溪遺稿』 7(국사편찬위원회 편, 1980), 「韓溪先生行狀」과 「韓溪先生年譜」 및 금장태, 『한국근대의 유교사상』(서울대학교 출판부, 1990), 230~232쪽 참조.
7) 李承熙, 『韓溪遺稿』 5(국사편찬위원회 편, 1979), 「與薛正淸」 외, 342~344쪽 참조.
8) 같은 책, 「與龍積之淬厚 廣西人」 외, 342~344쪽 참조.
9) 같은 책, 「與李議昌南彬文治 雲南人」 외, 334~338쪽 참조.
10) 같은 책, 「與康南海更生有爲 廣東人」 외, 312~315 참조.
11) 李承熙, 『韓溪遺稿』 6, 「孔敎運行論」, 138~143쪽 참조.

「공교교과론孔教教科論」[12]이 『공교잡지孔教雜誌』에 실리면서 중국 공교회에서 이를 공식적으로 채택하려는 움직임을 보이기도 했다. 이어 그는 유교의 이상정치론인 '대동大同'의 내용을 담고 있는 『예기』 「예운」편을 집중적으로 연구하여 『예운집주禮運集註』를 짓고, 공자의 전기를 고증하여 『공자세기孔子世紀』[13]를 짓는다. 이러한 각종 자료와 저술들은 지부 설치에 즈음하여 작성된 「동삼성한인공교회취지서」[14]와 더불어 그의 공자교운동과 사상을 이해하는 데 기본적인 자료가 된다.

이와 더불어 이승희는 한흥동에 머물고 있던 때인 1912년 이후 원세개袁世凱 총통에게 여러 차례에 걸쳐 동삼성지방의 시무책을 올리는가 하면, 서양을 따르지 말고 유교의 강상윤리와 공자를 높여 중화의 전통이 끊어지지 않도록 할 것을 권고한다.[15] 심지어 당시 정치체제인 공화정은 물론이고 입헌제마저도 유교의 전통에서 벗어난다고 비판한다. 이러한 입장은 공자교운동 시기에도 그대로 이어진다. 이러한 까닭으로 그는 신해혁명辛亥革命(1911)을 통해 공화정을 세운 손문孫文[16]은 물론이고 서양의 학술문화에 적극적 관심을 보인 양계초梁啓超도 비판하고 있으며,[17] 전통의 유교에서 평등사상을 이끌어 내어 『대종서』를 저술한 강유위마저

---

12) 같은 책, 「孔教敎科論」, 133~138쪽 참조.
13) 李承熙, 『韓溪遺稿』9(국사편찬위원회 편, 1982), 「孔子世紀」, 148~175쪽 참조.
14) 李承熙, 『韓溪遺稿』6, 「東三省韓人孔教會趣旨書」, 263~265쪽 참조.
15) 李承熙, 『韓溪遺稿』5, 「與總統袁世凱」외, 284~304쪽 및 『韓溪遺稿』6, 「東三省時務私議」, 280~283쪽 등 참조.
16) 李承熙, 『韓溪遺稿』5, 「與孫中山逸仙」, 305쪽 참조.
17) 李承熙, 『韓溪遺稿』6, 「書中國魂後」, 121~124쪽 참조.

제3장 이승희와 이병헌의 공자교운동 219

비판적인 눈으로 바라보고 있다.

강유위는 신해혁명 후 공자교운동을 창도하고 유교의 국교화를 시도했던 인물이다. 그는 서구 근대문명 발달의 배경에는 기독교가 있다는 인식 아래 유교의 종교화를 통해 중국문화를 위기로부터 구하고자 했다. 이러한 문화위기의식은 시간이 흐를수록 더욱 더 보수적인 형태로 나타난다. 따라서 애초 그는 종교 자체보다 종교가 갖는 기능에 더 관심이 있었다고 볼 수 있다.

그런데 이승희의 공자교운동은 중국 공교회와의 긴밀한 관계 속에서 전개되지만 막상 중국 공자교운동의 주창자인 강유위 사상 과는 특별한 영향관계를 갖지 않는다. 그는 강유위에게 한두 차례 편지글을 보내기는 했지만 영향을 받은 흔적은 없다. 특히 같은 공자교운동이지만 이승희의 공자교사상은 강유위의 것과 판이하 다. 강유위의 공자교사상은 주자학을 비판하고 기독교를 모델로 하고 있는 반면, 이승희는 반기독교·비인격신의 주자학적 공자교 사상을 가지고 있다. 그의 이러한 공자교사상은 공자교운동을 전개하기 이전에 이미 마련되어 있었던 것이다. 망명 후 아직 공자교운동에 뛰어들기 전이었던 한흥동 개척 당시 그는 "밝고 밝은 상제上帝는 그 명령하심이 그침이 없으시며, 활동하고 멈춤에 때가 있으시니, 이를 따르는 것이 나의 직분이로다"[18]라는 내용을 담은 「일칙명日則銘」을 지어 날마다 외게 하였다. 그는 이 「일칙명」 이외에도 「일송오강日誦五綱」[19]을 지어 외게 했는데, 그 내용들을

---

18) 李承熙, 『韓溪遺稿』 6, 「日則銘」, 438쪽.
19) 李承熙, 『韓溪遺稿』 6, 440쪽 참조.

보면 유교이념을 바탕으로 한인공동체를 묶으려 했던 노력의 흔적과 함께 종교성이 짙은 '상제' 개념을 언급하고 있다는 점이 특히 눈에 띈다. 더욱이 그의 공자교사상의 연원은 위의 「일칙명」보다도 더 소급된다. 그 철학적 기반은 한주 이진상의 학맥, 나아가 이황의 퇴계학과 주자학에까지 그 연원이 닿는다. 이러한 의미에서 금장태는 이승희의 공자교운동을 박은식이나 이병헌 등의 공자교운동과 구분하여 '도학자의 공교운동'이라 부르는데,[20] 저자는 '주자학적 공교운동'이라고 부르는 것이 더 정확하다고 생각한다.

이승희는 영남 퇴계학통의 주자학자로 삶을 시작하여 그것으로 삶을 마감한다. 노년의 공자교운동은 달리 의도한 것이 아니라 퇴계학통의 주자학을 적극적으로 계승하고 발양시킨 한 모습이라고 볼 수 있다. 그는 조선 말 주자학의 최대 면모를 장식한 한주 이진상의 아들로 태어나 그 밑에서 주자학을 배웠고, 부친이 죽은 뒤에는 그의 문집 간행을 주도하며 그의 성리설에 대한 비판을 온몸으로 막아 냈다. 한편 당시 그는 영국인 알렉산더 윌리엄슨(A. Williamson)의 "상제上帝는 태극太極이 아니다"라는 주장에 대해 주자학의 입장에서 비판을 전개하였다.[21] 이 속에 이미 그의 공자교사상의 핵심이 고스란히 들어 있다.

신의 문제는 신관에서 차이는 있을지언정 종교를 논의함에 있어서 빠뜨릴 수 없는 문제이다. 따라서 유교의 종교성을 논의함에 있어서 신과 등치되고 또 그 번역어로 쓰이기도 한 상제의 문제는

---

20) 금장태, 『한국유학사의 이해』(민족문화사, 1994), 227~228쪽 참조.
21) 李承熙, 『韓溪遺稿』 6, 「韋君廉臣英人上帝非太極論辯」, 205~212쪽 참조.

가장 중요한 논의거리 중의 하나이다. 명나라 때의 예수회 선교사 마테오리치(Matteo Ricci, 중국 이름 利瑪竇, 1522~1610)가 『천주실의天主實義』에서 보유론補儒論의 입장에 서서 원시유교의 상제와 천주교의 유일신인 '천주天主'를 연결시킨 이후 상제의 문제는 많은 논란을 불러일으켰다. 그런데 이승희의 상제관은 주자학설의 바탕 위에서 전개되는 주자학적 상제설이라는 점에서 독특한 위치를 갖는다.

일반적으로 인격적인 의미를 지닌 상제는 원시유교와 관계된 것이지 '의리천義理天'·'도덕천道德天' 중심의 주자학과는 오히려 상충되는 것으로 이해되었으며, 바로 이러한 상식에 따라 영국인 윌리엄슨은 원시유교에서 주로 말하는 상제(神)는 주자학에서 말하는 태극(理)이 아니라고 주장하였다. 이승희의 비판은 바로 이에 대한 것이었다.

먼저 윌리엄슨은 주자학에서 말하는 리理는 지각知覺함과 동정動靜함이 없으며 주재主宰할 수도 없는 사물인 반면, 상제는 신령한 지혜와 힘을 가지고 있으며 의지와 지혜를 갖고 조작造作할 수도 있는 신묘한 존재라고 주장하였다.[22] 이에 대해 이승희는 단연코 잘못된 이해라고 지적하면서 리는 어디까지나 지각하고 동정하며 조작한다는 입장에서 비판을 전개하였다. 그는 천지만물이 각기 이러한 모습으로 존재하는 것은 '그렇지 않을 수 없는 까닭'(不得不然之故者), 바로 '리'에 의한 것이라고 말한다.[23] 다만 이 리는 형기形氣가 없는 까닭에 귀나 눈이 없이 살피고 알며, 몸체가 없이 동정하며,

---

22) 李承熙, 『韓溪遺稿』 6, 「韋君廉臣英人上帝非太極論辯」, 205쪽.
23) 李承熙, 같은 책, 같은 곳.

손발이 없이 조작한다는 것이다. 오히려 이러한 것이야말로 '지각의 본체本體'이고 '동정의 진체眞體'이며 '조작의 묘용妙用'이 아니겠느냐고 반문한다. 나아가 이러한 지각과 동정 및 조작은 '저절로 그렇게'(自然) 이루어진다고 말한다.24) 리야말로 오히려 지각의 본바탕이고 동정의 참다운 몸체이며 조작의 오묘한 작용이라는, 윌리엄슨에 대한 이승희의 이러한 비판이 주자학의 입장에 선 것임은 두말할 필요가 없다. 그리고 주자학 가운데서도 리의 동정을 적극적으로 말하는 퇴계학통에 선 것임도 쉽사리 알 수 있다.

이어서 이승희는 유교에서 말하는 상제의 의미에 대해 "무릇 천지만물은 반드시 각각의 기를 부여받아서 생겨나며 이때 천天이 만물의 종주宗主가 되는데, 그 신령스런 기의 영명함을 가리켜서 높여 상제라고 한 것이다. 오경에서 상제에게 교제사를 지낸다고 말한 것이 모두 이것을 가리킨다"25)라고 말하였다. 여기에서 '종주'라는 내용을 매개로 상제와 천이 연결, 등치된다. 그러나 이승희는 곧바로 이러한 상제가 사지와 백체를 가지고 하늘에 임하면서 만물을 빚고 만사를 주관하는 것이 아니라고 말한다. 어디까지나 사지·백체와 같은 형기를 가지지 않은 리가 만사만물을 주재하는데, 그것을 가리켜 상제라 일렀다는 것이다. 나아가 앞에서 상제를 가리켜 신령스런 기의 영명함이라고 말한 것은 이러한 주재의 겉껍데기를 지칭한 것일 뿐, 사실은 주재의 리가 참다운 상제라고 말한다.26) 그는 이렇게 상제를 무형의 비인격적 존재로 확정하고,

---

24) 李承熙, 같은 책, 205~206쪽.
25) 李承熙, 같은 책, 206쪽.
26) 李承熙, 같은 책, 같은 곳.

이것을 리 나아가 태극과 등치시킨다. 이로써 '상제는 태극이 아니다'라는 윌리엄슨의 주장에 대한 비판은 일단 완료된다. 여기에서 비판의 입지점은 바로 주자학적 태극론太極論과 리기론이다.

이제 이승희는 무형기의 유교 상제관을 바탕으로 유형기의 기독교 신(여호와, 耶華上帝)을 비판하기 시작한다. 그는 여호와의 창조과정을 볼 때, 여호와는 눈과 귀 그리고 신체의 여러 장기를 써서 지각하고 손발을 써서 조작한다고 규정한다. 바로 형기를 지닌 존재리는 것이다. 그는 이러한 유형기의 상제인 여호와는 유교에서 말하는 상제와 다만 우연히 이름만 같을 뿐 실제 내용은 판이하다고 말한다.27) 곧 기독교의 신은 유형기의 존재이지 무형기의 태극이 아니라는 비판이다. 이러한 내용의 비판은 단순히 윌리엄슨에 대한 비판에만 그치는 것이 아니라, 마테오리치 이후 조선의 정약용丁若鏞에이르기까지의 보유론補儒論적·인신人神적 상제관에 대한 비판이라는 성격도 함께 갖는다.

주자학 입장에서의 기독교 비판은 계속된다. 이승희는 형기의 존재인 상제가 만물을 창조한다는 것은 곧 '기가 리를 낳는' 것이라하여 그 부당함을 지적한다.28) 또 천당지옥설 등의 기독교 교리는 불교에 연원하고 있으며 기독교는 궁극적으로 인간사회의 윤리를 끊는 데 본뜻이 있다고 지적함으로써29) 화이관華夷觀에 젖어 있는 도학자의 한 모습을 내보이고 있다. 사실 그가 뒷날 중국이 신해혁명을 거쳐 공화정을 시행하고 있는 마당에도 여전히 화이론의

---

27) 李承熙, 같은 책, 207쪽.
28) 李承熙, 같은 책, 208쪽.
29) 李承熙, 같은 책, 207쪽.

입장에서 기독교와 서양문화, 심지어 공화정 자체까지도 비판하는 것을 보면 그러한 모습도 전혀 이상할 것이 없다.

이승희는 서양 기독교의 신관을 주기론主氣論의 틀로 재단하여 형기를 지닌 상제가 만물을 낳은 것이라고 정의한 뒤 서양의 과학이나 문화 일반에 대해서도 이 틀을 적용한다. 그는 서양에서 과학이 발달하고 윤리가 없는 것이 모두 이 주기론 때문이라고 주장하였다. 퇴계학통에 선 그가 기독교를 주기론으로 규정한 것은 이미 학문적 논의의 차원을 넘어 이단론의 시각에서 말하는 것이다. 반면 동양 문화는 주리론主理論의 문화라고 생각한다. 이는 서양의 격물학格物學인 과학이 사물의 기를 탐구하는 것이라면 동양의 격물학은 기의 근원인 리를 궁구하는 것이라고 말하는 데서 여실히 나타난다. 그는 서양의 과학이 비교적 사물의 기에 정미하기는 하지만 동양의 음양·오행설로도 충분하며 오히려 더 낫기까지 하다는 주장을 편다. 그리고 서양에서 이렇게 과학기술과 물질문명이 발달한 것은 기묘한 것을 좋아하고 사사롭게 이익을 좇는 마음에 의한 것이라고 덧붙인다.[30] 20세기 초에 이르면 서양의 과학기술과 물질문명의 우위는 상식처럼 받아들여졌다. 그런데 그는 이것마저 흔쾌히 인정하려 들지 않는다. 그는 끝내 주자학자였고, 주자학을 세계관으로 받아들여 실천에 옮긴 도학자였다.

상제의 문제는 종교로서의 유교를 논의할 때 반드시 짚고 넘어가야 할 중요한 문제이다. 어쨌든 신의 문제는 종교를 논의하면서

---

30) 李承熙, 같은 책, 「泰西格物論辨」, 162~166쪽 및 「韋君廉臣英人上帝非太極論辯」, 210쪽.

빠뜨릴 수 없는 문제이기 때문이다. 앞에서 살펴보았다시피 이승희는 주자학설을 바탕으로 상제를 천·리·태극과 연결시키고 등치시켰다. 특히 여기에서 리와 태극의 동정과 주재성을 중점적으로 확보해 내는 것이 보이는데, 이것은 퇴계학파 가운데서도 한주학파 성리설의 입장이 그대로 반영된 것이다.

### 3. 이병헌의 공자교운동

진암眞庵 이병헌李炳憲은 1870년 경남 함양군 병곡면 송평리에서 태어났으며, 1914년부터 1925년까지 5차에 걸쳐 중국을 방문하여 강유위의 지도를 받으면서 공자교운동과 금문경학을 연구하다 1940년 71세를 일기로 향리에서 세상을 떴다. 그는 1896년(27세) 거창으로 가서 한주 이진상의 고제인 면우俛宇 곽종석郭鍾錫을 배알하여 제자가 되었으며, 이어서 이승희와 장복추張福樞 등을 만나고 뒷날 기호지방 노사학파蘆沙學派의 후예인 기우만奇宇萬과 화서학파華西學派의 후예인 최익현崔益鉉 등과도 교유했다. 이때까지는 한주학통에 서서 전통적인 주자학을 수업한 시기로 볼 수 있겠다. 1903년(34세) 이후 그는 여러 차례 상경하여 개화사상을 접하면서 사상적 전환을 겪는다. 이 당시 그는 박은식, 손병희 등과 교유하였다. 이후 그는 중국을 방문하여 강유위를 만나면서 본격적으로 공자교운동에 뛰어들게 되었다.

공자교운동의 관점에서 보면 이병헌의 생애를 크게 3시기로 구분해볼 수 있다. 첫 번째 시기는 나름대로 공자교사상을 확립하던 시기로, 1914년 3월 북경에서 저술한『종교철학합일편宗教哲學合一論』속에 그의 생각이 잘 나타나 있다. 그는 동서양의 종교와 철학을 비교하면서, 서양은 종교와 철학이 미신과 진지眞知라는 점에서 구분되지만 동양은 그것이 합일되어 있다고 말한다. 이때 진지로 합일되어 있는 동양의 종교와 철학이란 바로 유교이다. 여기에는 동시에 서양의 기독교는 기본적으로 미신이라는 인식도 전제되어 있다. 두 번째 시기는 1914년 이후 중국을 드나들면서 직접적으로 강유위의 지도 아래 공자교운동을 전개하는 한편으로 금문경학에 대한 연구에 착수한 시기로, 1919년에 저술한『유교복원론儒教復原論』이 당시 그의 생각을 잘 담고 있다. 그의 공자교운동은 1923년 공교회 한국지부로 배산서당培山書堂을 건립하면서 절정에 이른다. 강유위는 그의『유교복원론』을 읽어 본 뒤 금문경학적 기초가 빈약함을 충고하면서 이에 대한 연구를 권고하였다. 이에 그는 금문경학에 대해 연구하기 시작하였다. 마지막은 한국에서의 공자교운동이 실패로 끝나면서 여생을 바쳐 금문경학 연구에 전념한 시기이다. 이 시기에 그는 1924년 동경東京의 일본제국도서관을 출입하며『공경대의고孔經大義考』를 저술하고 1926년에는 강유위로 부터 격찬을 받은『시경부주삼가설고詩經附注三家說考』를 저술하는 등 수많은 금문경학 관련 저술을 남겼다.

이 가운데 첫 번째 시기의『종교철학합일론』속에는 비교적 그의 생각이 많이 들어가 있으며, 두 번째 시기의『유교복원론』은 비록 강유위 공자교사상의 영향을 직접적으로 받고 있기는 하지만 꼭 금문경학적 기초 위에서 저술된 것은 아니다. 그의 금문경학에 대한 연구는 그 이후의 일이다. 1924년 네 번째 중국 방문 때 이병헌은 강유위의 『공자개제고孔子改制考』를 받아보고서 여러 날 동안 공자의 창교創敎와 탁고개제託古改制에 대해 이견을 가졌다. 그가 강유위의 공자개제설을 확신하는 데까지는 상당한 시간이 걸렸다. 따라서 몇 해 전에 저술된 『유교복원론』도 금문경학적 영향이나 강유위의 전적인 영향을 담고 있는 것이라고 보기는 어렵다. 이렇게 볼 때, 강유위가 금문경학적 기초 위에서 공자교운동을 전개하였다면 그는 공자교운동을 전개하면서 금문경학으로 이본적 뒷받침을 해 나갔다고 할 수 있겠다.

이병헌은 당시 유교에 대한 입장을 수구설守舊說과 혁신설革新說, 통신구설通新舊說, 통동서설通東西說의 넷으로 정리한 뒤, 자신은 공자의 가르침이 순수지선하며 세계 어느 곳에서나 받아들여질 수 있다고 보는 통동서설의 입장에 서 있음을 밝힌다.[31] 그리고 혁신설 입장에 선 개화파들은 다음과 같은 이유들에서 유교를 반대하고 있다고 지적한다. 화이론華夷論과 사대주의에 빠져 서양인을 이적夷狄과 금수禽獸로 봄으로써 인권의식이 결여된 점, 춘추사관春秋史觀에 따라 존주尊周의식과 군주전제君主專制를 고수함으로써 시대 흐름을 거스르는 점, 천원지방설天圓地方說에 매달리는 것과 같은 과학지식의 부족, 유교는 현세에 한정된 정치나 철학이지 종교가 아니라는 점 등이 그것인데, 이어서 그는 이러한 인식이 유교에 대한 잘못된 이해에 근거한 것임을 주장한다.[32] 아울러 유교가 쇠퇴한 원인을 지적하여, 서양에 비해 교조敎祖에 대한 숭배 관념과 사회공공의식

---

31) 李炳憲, 『李炳憲全集』 上(아세아문화사, 1989), 「儒敎爲宗敎哲學集中論」, 209~212쪽 참조.
32) 李炳憲, 같은 책, 「敬告域內儒林同胞」, 314~316쪽 참조.

이 결여된 점 등을 들고 있다. 또 유교의 특징으로 '박대무외博大無外, 명어응세明於應世, 절어진화切於進化'한 점을 들고 있으며,[33] 초월적 종교인 불교와 기독교가 '위로부터 아래에 이르는'(自上而下達) 반면 유교는 '아래로부터 공부하여 위에 이르는'(下學而上達) 것이라고 강조한다.[34] 한편 유교의 우수성으로는 미신이 아닌 진지를 위주로 한다는 점, 자존이 아닌 예양禮讓을 위주로 한다는 점, 배척이 아닌 대동을 위주로 한다는 점을 들고 있는데, 이러한 유교의 우월성은 바로 서양의 기독교에 대한 우월성으로서 결국 기독교는 미신적이고 자존적이며 배외적인 종교라는 말과 다르지 않다.[35]

비록 이상과 같은 유교의 특성과 우월성이 있다고 할지라도 유교의 종교성 여부는 여전히 과제로 남는다. 실제로 1917년 조선총독부는 종교령에 따라 유교를 종교단체에서 제외시킨다. 이러한 조치는 유교종교화운동을 전개하는 이들에게는 심대한 타격이 아닐 수 없었다. 이때 이병헌은 조선총독부에 장문의 항의서한을 보낸다. 어떻게든 유교의 종교성을 선명히 드러내는 것이 무엇보다 급선무였다. 이에 그는 『주역』의 "성인께서 신도神道로써 가르침을 베풀자 천하 사람들이 복종했다"[36] 구절 속의 '신도로써 가르침을 베푼다'라는 말을 근거로 공자가 종교가이며 유교가 종교임을 애서 밝히고,[37] 『주역』을 공자교의 으뜸 경전으로 일컬었다. 유교의 종교성은 "하늘의 주재자는 상제上帝이고, 상제는 바로 신神을 일컬

---

33) 李炳憲, 같은 책, 「儒敎復原論·儒敎宗旨」, 179~181쪽 참조.
34) 李炳憲, 같은 책, 「儒敎復原論·儒敎性質」, 178~179쪽 참조.
35) 李炳憲, 같은 책, 「儒敎復原論·儒敎傳布」, 186~190쪽 참조.
36) 『周易』, 觀卦, 「彖傳」.
37) 李炳憲, 같은 책, 「敬告域內儒林同胞」 314~316쪽 참조.

으며", "태극太極은 상제의 대명사이고, 상제는 태극의 주옹主翁이
라"38)라고 말하는 대목에서 잘 나타나고 있다. 여기에서 그는 태극
(理)과 신을 인격성의 상제와 연결시킨다. 다시 그는 신과 심心의
관계에 대해 "심은 곧 신이다.…… 신을 궁구한다는 것은 바로
심을 다함을 일컫는 것이다"39)라고 말하였다. 여기에서 비로소
상제와 태극(리), 신, 심이 근원적 일치성을 가지면서 공자교사상의
핵심적 내용과 체계를 이룬다.


## 4. 역사적 위치와 평가

한주학파는 단순히 사승연원이나 학설 상의 동질성만으로 묶인
학파가 아니다. 한주학파의 인물들은 현실을 직시하면서 적극적으
로 살아갔으며, 현실 운동에는 그들의 철학이 뒷받침되어 상호
긴밀한 연관작용을 하고 있다. 시간적으로 보아서 조선시대 최후의
학파이며, 활동의 양적·질적 측면으로 보아서 당시 최대의 학파였
다. 한주학파는 개항기에서 시작하여 대한제국기, 일제강점기를
거쳐 해방과 정부수립기에 이르기까지 현실에 대처하며 능동적으
로 변모하는 모습을 보였다. 그러면서도 변모의 밑바탕에는 그들의
정체성을 확보해 줄 수 있는 그다지 변치 않는 모습도 있다. 그들은
뒤로 오면서 주자학적 세계관으로부터 다소 멀어지는 모습을 보이
기도 하지만 끝내 유학으로부터 완전히 손을 떼지는 않았다. 이것은

---

38) 李炳憲, 같은 책, 「天學·天之主宰」, 197~199쪽 참조.
39) 李炳憲, 『李炳憲全集』下, 「孔經大義考·繫辭下」, 117~120쪽 참조.

해방 이후에도 마찬가지였다. 오히려 한주학통의 성리설이 이제 이론으로서가 아니라 신념으로 가슴 깊이 파고 들어가서, 때로는 이론 방면에서 또 때로는 실천 방면에서 여전히 큰 힘을 발휘한 것이라고 생각한다.

논의를 좁혀 한주학파의 공자교운동을 보자. 먼저 무엇으로 이들을 한주학파로 묶을 것인가? 이들의 공자교운동은 한주학파와 어떤 관계가 있는 것인가? 이들이 인적 연원에 따라 한주학맥에 속하는 것은 당연하다. 이승희는 한주 이진상의 아들이자 제자요, 이병헌은 한주의 고제인 면암 곽종석의 제자이기 때문이다. 그렇지만 보다 중요한 것은 그들의 공자교사상이 한주 성리설과 어떤 관련성이 있는가이다.

한주 성리설의 '종요綜要'는 '심즉리설心卽理說'이다. 그리고 이것을 떠받치는 것은 퇴계학통을 적극적으로 계승한 '유리론唯理論적 리발일도설理發一途說'이다. 이승희는 태극(리)이 무형기無形氣의 존재이지만 지각하고 동정하며 주재한다는 것을 주장함으로써 태극(리)이 곧 참다운 상제(신)라고 말하였다. 이때 리의 구체적 내용이라고 할 수 있는 지각과 동정 및 주재성을 그는 심을 매개로 확보하여, 리를 심에다 연결시켰다. 여기에서 비로소 천·태극·리·심과 상제(신) 사이의 근원적 일치성을 확보할 수 있게 된다. 이것은 바로 한주학통의 '심즉리설'과 '유리론적 리발일도설'의 종교적 변용이라고 할 수 있다.

흔히 이병헌의 공자교운동은 '금문경학적 공자교운동'이라고 말한다. 그렇다면 그의 공자교는 철학사상적으로 한주학파와 아무런 연관성이 없는 것일까? 물론 그가 금문경학을 바탕으로 공자교운동을 전개한 강유위의 영향을 크게 받은 것은 사실이다. 그리고 만년에 이룬 그의 금문경학적 성과는 그 자체로 한국 경학사와 유학사, 나아가 철학사에서의 금자탑이라고 평가할 수 있다. 그렇지만 한주학파로서의 그의 공자교사상을 짚어 보면, 놀랍게도 하늘의 주재자인 상제를 신이라 부르고 이를 태극(리)과 연결시켰으며, 다시 이 신을 심과 연결시켰다. 이렇게 해서 그도 이승희와 마친가지로 상제를 친·태극(리)·신·심과 연결시키고 일치시켰다. 주자학을 정면으로 비판하며 금문경학적 바탕 위에서 공자교운동을 전개한 강유위에게서는 이러한 내용을 찾아볼 수 없지만, 이병헌의 공자교사상의 핵심은 주자학설, 그것도 가장 '경화된' 한주학설의 변용으로 이루어져 있는 것이다. 이렇게 해서 그 또한 당당히 한주학통의 반열에 들 수 있는 자격을 갖추게 된다.

그러면 유교종교화운동과의 관련성 위에서 한주학파의 공자교운동을 검토해 보자. 20세기 초에 이르면 긴 시간 동안 동아시아를 지배했던 유교는 뿌리째 흔들리면서 다양한 길을 걸어가기 시작한다. 유교의 종교화운동은 그 중의 한 길로서, 중국에서는 1910년대에 강유위 등에 의해 공자교운동이 전개되었으며, 한국에서도 일제의 강점 직전 박은식과 장지연이 중심이 된 대동교운동, 그리고 1910년대와 1920년대에 걸쳐 이승희와 이병헌의 공자교운동 등이 전개되었다. 이렇게 볼 때 20세기 초 동아시아에서 전개된 유교의 종교화운동은 그 자체로 하나의 세계사적·보편사적 위치를 차지하게 된다.

그렇지만 한국에서의 유교종교화운동을 지나치게 중국과 관련지어 이해하는 데에는 문제가 있다. 변법유신(1898) 이후 1900년을 전후해 강유위와 양계초 등 변법유신파들의 저술이 한국에 번역·소개되긴 했지만, 이것을 가지고 곧바로 공자교운동의 영향관계를 확정할 수는 없다. 중국에서도 아직은 종교화의 단계에 접어든 것이 아니었기 때문이다. 박은식의 대동교운동은 중국의 공자교운동과 거의 무관하게 전개되었고, 이승희의 공자교운동도 운동과 조직 차원에서만 중국의 공자교운동과 연결되었을 뿐 공자교사상은 이미 마련되어 있었고 그의 공자교운동 중에서도 이것은 줄곧 관철되었다. 다만 이병헌만 중국 공자교운동과 비교적 깊게 관계되어 있을 뿐이었다. 따라서 20세기 초 한국의 유교종교화운동 일반을 중국에 종속시켜 이해하는 것은 옳지 않다고 본다. 역사적 보편성이라는 시각에서 거의 같은 시기에 같은 성격의 운동이 전개된 것이었다고 이해하는 편이 더 정확할 것이다. 중국이나 한국 모두 유교를 절대적 진리로 받아들여 왔던 나라이고 보면, 그 절대성이 무너진 자리에서 종교화의 길은 누구에게나 열려 있었던 것이다. 특히 20세기 초에 이르면 발달된 서구 문명의 바탕에 기독교가 있다는 인식은 동아시아의 유교 지식인들에게 상식처럼 받아들여졌다. 그리고 이러한 인식은 유교를 종교화하는 데 결정적인 역할을 했다. 유교 지식인들은 유교의 종교화를 통해 유교를 재건하고 위기에 처한 현실을 극복하고자 했던 것이다.

이것과 연관된 문제로, 유교의 종교화라 하면 의례히 공자교운동을 떠올리고 공자교운동 하면 마치 중국의 강유위가 대부처럼 떠올라서, 모든 유교의 종교화운동을 강유위로 연결시키는 데에 대한 이견이다. 강유위의 공자교운동은 유교종교화운동의 한 갈래에 지나지 않는다. 그의 공자교운동은 금문경학을 바탕으로 하고 있다. 금문경학적 해석을 통해 그려진 유교의 이상사회 곧 대동사회는 '절대적 평등'이란 것을 매개로 서구의 무정부주의와 공산주의로 연결된다. 그러나 똑같이 유교의 대동사회를 이상으로 삼았다 할지라도 박은식의 경우는 양명학의 물아일체론物我一體論적 대동사회이며, 이승희의 경우는 강상윤리를 엄존시키는 주자학적 대동사회이다. 말하는 내용과 지향하는 목적이 서로 달랐다. 굳이 강유위를 중심에 둘 필요가 없는 것이다. 이승희는 한두 차례 강유위에게 편지를 보냈지만 자신의 생각을 피력했을 뿐 영향을 받은 바가 없다. 오히려 이견을 나타내는 대목도 있다.

한편 이들이 모두 유교종교화를 통해 유교의 재건을 꾀하기는 했지만, 재건을 꾀했던 그 유교의 내용 간에도 중요한 차이가 있다. 강유위의 유교는 주자학도 양명학도 아니다. 오히려 강유위는 그 기반이 되는 고문경학을 비판하는 것으로부터 시작하고 있다. 주자학이 당시에 관학이었다는 것을 생각하면 강유위의 입장은 그만큼 혁신성을 띤다. 반면 박은식의 대동교는 주자학 대신 양명학을 대안으로 내세우고 있을 뿐이다. 심지어 이승희의 공자교사상은 당시 비판이 집중되던 주자학을 그대로 온존시키고 있다. 이것은 주자학의 성리설로 상제를 설명하는 데에서 잘 나타나며, 그만큼 보수성을 띠는 것도 사실이다. 이렇게 볼 때, 강유위와 이승희의 공자교사상은 연관된 것이 아니라 상반된 것이다. 운동만 볼 것이 아니라 사상을 보아야 한다. 강유위와 마찬가지로 박은식과 이승희의 공자교운동도 유교종교화운동의 중요한 한 갈래를 형성하고 있는 것이다.

마지막으로 한주학파의 공자교운동에 대한 역사적 자리 매김을 시도해 보기로 한다. 많은 이들은 20세기 초에 전개된 이 유교의 종교화운동을 '동도서기론'이나 '중체서용론'의 한 계열로 분류하고 있다. 인정할 만한 부분이 없는 것은 아니지만 좀 더 세심히 따져 볼 여지가 있다.

19세기 말 개항을 맞으면서 전개된 한국의 동도서기론은 초기에는 적극적 서기수용론으로 기능하였으나, 서기 수용이 현실화된 이후 보수적 동도보존론으로 기능하였다. 내용상 중요한 차이는 있지만 어느 것이든 '도'와 '기', 그것도 '동도'와 '서기'의 절충론적 논리 전개라는 점에서는 마찬가지이다. 그런데 20세기 초로 접어들면 동도서기론의 논리적 허점을 파악하는 데 이른다. '서기'는 '동도'와 절충·결합될 수 있는 성질의 것이 아니라 그 바탕에 '서도西道'가 있다는 인식에 이른 것이다. 이에 서기의 성공적인 수용을 위해서는 서도에 대한 철저한 이해가 필수적이라는 인식이 자연스레 뒤따르게 되었다. 이러한 서도의 이해 과정에서 서양의 정치제도와 사회사상, 나아가 철학과 종교와 만나게 된다. 이때 동양과 동도에 대한 반성적 자각의 결과로 유교의 종교화운동이 일어난 것이다. 유교를 보존한다는 점에서는 동도서기론과 같을지 모르겠으나, 유교의 종교화는 다각적인 변형의 노력이었다는 점에서 차이가 있다. 보다 중요한 점은 20세기 초에 이르면 더 이상 동도의 대립 면에 서기가 있지 않다는 사실이다. 이 시기에 이르면 동도서기론은 더 이상 역사적 의미를 갖지 못하게 된다. 이제 동도의 대립 면은 서도가 된다. 도의 차원에서 동과 서가 문제된 것이다. 이 시기에 이르러서는 어느 도를 주主로 삼고 어느 도를 종從으로 삼을 것인가, 어느 도를 체體로 삼고 어느 도를 용用으로 삼을 것인가 하는 것이 중심 문제가 되었다.

그러면 한주학파의 공자교 운동과 사상은 근대성이나 민족주의
란 관점에서 볼 때 어떻게 자리매김할 것인가? 우선 바로 앞에서
살펴본 바와 같이 이것은 동도서기론을 넘어서고 있다는 점에서
간접적으로나마 근대성을 확보할 수 있다. 그들은 주자학설을
변용하였을지언정 봉건적·주자학적 세계관을 고집하지 않았다.
그들의 운동과 사상은 근대 서양의 충격에 의해 촉발되었고, 그렇기
때문에 일정 부분 근대성의 요소가 내장될 수밖에 없게 되었다.
다만 그들은 근대성의 내용을 유교와 공자를 재해석하여, 그들의
말을 빌리면 원래 모습으로 되돌아감으로써 확보해 내고자 했던
것이다. 바로 근대성을 이끌어내는 방법적 선택이었고, 바로 이것
이 그들의 특징이자 한계이기도 했던 것이다.

한편 한주학파의 공자교운동이 가지는 민족주의적 동기는 분명
하다. 이승희는 망명지 중국에서 공자교운동을 통해 독립운동의
전진기지로 사용할 수 있는 튼튼한 한인촌을 만들고자 의도했다.
공자교운동의 궁극적 목적은 유학의 부흥만이 아니라 국망의 현실
을 극복하는 것이었다. 그는 국망의 현실에서 우리가 가질 수
있는 민족적 에너지는 우리 역사와 문화 속에 있다고 생각했던
것이고, 그 한가운데에 유교가 있다고 생각했던 것이다. 그는 유교
가 중국의 것이며 중국인인 공자가 만든 것이라고 생각하지 않았다.
우리가 바로 유교의 주인이라고 생각하였다. 이러한 생각은 이병헌
에게서도 잘 나타난다.[40] 그는 『주역』의 "황제가 진震에서 나왔다"(帝

---

40) 李炳憲, 『李炳憲全集』上, 「吾族當奉儒敎論」, pp.368~371 및 『李炳憲全集』下, 「我歷抄」,

出乎震)라는 말을 들어 포희包犧가 진震땅에서 태어났다고 하였고, 『맹자』에서 순임금은 동이東夷 사람이라고 한 말을 들어 우리 조선이 유교문명의 원류임을 말하였으며, 여진女眞의 금金과 청淸이 중원을 지배했던 사실을 '대한국大韓國'의 관점에서 보아 우리 역사의 일부로 인식하였던 것이다. 이들이 비록 정교하고 전향적인 이론으로 민족주의적 특성을 드러낸 것은 아니지만, 이들의 이론 속에는 유교문화의 정통성과 우월성을 바탕으로 나름대로의 민족주의적 특성이 담겨 있다. 이러한 점에서 이들의 공자교 운동과 사상을 애국계몽운동의 한 갈래라고 보는 것은 큰 무리가 없을 것이다.

---

甲寅四月下旬條 등 참조.

# 제4장 장지연과 다카하시 도루의 '유자·유학자' 논쟁

## 1. 논쟁의 발단과 전개

장지연張志淵(호 韋庵·嵩陽山人, 1864~1921)이 흔히 우리나라 최초의 유학통사라 일컬어지는 『조선유교연원朝鮮儒敎淵源』을 쓴 것은 1917년의 일이다.[1] 그리고 다카하시 도루(高橋亨, 1878~1967)가 흔히 근대적 학문방법에 따른 최초의 한국유학 연구라고 일컬어지는 「이조유학사에 있어서 주리파主理派와 주기파主氣派의 발달」[2]을 쓴 것은 1929년이다. 그런데 이 두 사람은 위의 저술을 하기 전인 1915년에 한 차례 논쟁을 벌였다. 그렇다면 이것은 먼저 한국유학 연구의 시작과 더불어 벌어진 논쟁이라는 의미를 가질 수 있다. 또한

---

1) 장지연은 1917년 4월 5일부터 같은 해 12월 11일까지 모두 125회에 걸쳐 조선총독부 기관지였던 <每日申報>에 『朝鮮儒敎淵源』을 연재하였다. 이 밖에도 유교와 관련된 그의 글로 본 논의에서 중점적으로 다루고 있는 「辨高橋講演」과 「儒敎辨」, 「朝鮮儒敎觀」 등이 있다.

2) 다카하시 도루 지음, 이형성 편역, 『다카하시 도루의 조선유학사』(예문서원, 2001) 98~278쪽 참조.(원제: 『朝鮮支那文化硏究』 第1輯, 京城帝國大學 法文學部 第二部論纂, 1929. 9) 다카하시 도루의 기타 한국유학에 관한 연구 저술도 이형성이 이 책 속에 잘 정리해 놓았다.

이 논쟁에서 제기된 관점이 위의 두 저술 속에 그대로 드러나 있으며 이 두 저술이 현상윤의 『조선유학사』 등 이후의 한국유학 연구에 큰 영향을 미친 것3)으로 볼 때, 이 논쟁은 한국유학연구사에 서도 중요한 의미를 갖는다.

논쟁은 1915년 5월 18일 장지연이 <매일신보每日申報>에서 다카 하시의 유자儒者·유학자儒學者의 구분에 대해 공개 질문을 하면서 시작되었다.4) 이에 대해 다카하시가 5월 25일에 1차로 답을 한다. 5월 27일 장지연이 다시 질문을 하자, 다카하시는 2차로 6월 2일과 3일, 4일에 답을 한다.5) 장지연은 3차로 6월 5일과 6일에 나누어 질문을 하는데, 다카하시는 더 이상 답하지 않는다. 장지연의 3차 질문은 반복된 것이거나 지엽적인 것이어서 위의 내용으로도 두

---

3) 장지연에 대해서는 고영진, 「한글로 쓴 최초의 한국유학통사-『조선유학사』(민중 서관, 1949)」, 『역사와 현실』 제14호(한국역사연구회, 1994), 255쪽과 최영성, 『한국유 학사상사 5-근·현대편』(아세아문화사, 1997) 254쪽 참조. 현상윤은 『조선유학사』 를 저술하면서 다카하시의 연구를 세밀히 검토하여 체제나 내용상에서 많은 영향을 받았으며(다카하시 도루 지음, 이형성 편역, 『다카하시 도루의 조선유학사』, 353~7 쪽에 실린 「현상윤의 『조선유학사』 서평」 참조), 이후 한국유학 연구에 있어서도 다카하시의 영향이 매우 컸음을 많은 이들이 말하고 있다.

4) 장지연의 질문은 다카하시 도루의 儒者·儒學者 구별을 주장한 강연에 대한 것인데, 그 강연의 일시와 내용은 정확히 알 수 없다. 그리고 장지연의 5월 18일자 공개질문 내용도 『張志淵全集』 8(단국대학교 출판부, 1986) 속에 들어 있지 않다. 전집 속에는 5월 25일자 다카하시의 답글인 「答嵩陽山人」부터 실려 있는데, 거기에 5월 18일 장지연의 질문이 있었다는 사실과 질문의 대체적인 내용이 실려 있다.

5) 논쟁은 <每日申報>를 통해서만 이뤄진 것이 아니었다. 다카하시는 첫 번째 답변 글을 朝鮮文으로 <매일신보>에 싣고 두 번째와 세 번째를 日文으로 <京城日報>에 실었다고 했고(『장지연전서』 8, 725쪽 참조) 5월 24일 <경성일보>에서 두 번째 질문을 보았다고 했으며(『장지연전서』 8, 720쪽 참조), 장지연은 <경성일보>와 <매일신보> 두 신문에 실린 글을 보았다고 했다(『장지연전서』 8, 727쪽 참조). 따라서 논쟁은 <매일신보>와 <경성일보> 두 신문을 통해 전개되었음을 알 수 있다. 『장지연전서』에는 <매일신보>의 것만 실려 있는데, 다카하시의 두세 번째 답변 글이 여기에도 실려 있는 것을 보면 번역해서 실은 것이 아닌가 생각된다.

사람의 입장을 읽어 내기에 부족하지가 않다.

논쟁은 크게 보아 다음 두 가지로 정리해 볼 수 있다. 하나는 유자와 유학자를 구분할 수 있는가 없는가의 논쟁이다. 다카하시는 요・순으로부터 공・맹에 이르기까지의 인물을 유자로 규정한 뒤 한의 훈고학자와 송의 성리학자를 이와 구분해서 유학자로 규정하였으며, 장지연은 이러한 구별을 반대하였다. 전자가 유자・유학자 불일론不一論의 입장에 섰다면, 후자는 불이不二・일체론一體論의 입장에 섰다고 할 수 있겠다.[6] 다른 하나는 앞의 논의와 연관된 것으로, 송대 성리학의 성격과 한국 성리학 및 성리학자들에 대한 논쟁이다. 다카하시가 유자・유학자 불일론에 따라 성리학은 선종禪宗의 영향을 받아 리기심성론理氣心性論이 발달하면서 점차 실천과 이용후생利用厚生을 중시하는 공맹유학으로부터 멀어졌다고 본 반면, 장지연은 유자・유학자 불이론의 입장에 서서 성리학자들이야말로 공맹유학을 정통으로 계승한 이들로서 실천과 이용후생의 경시는 부유腐儒들의 모습에 지나지 않는다고 주장하였다. 이 중 후자의 논쟁은 한국유학 연구와 직접적으로 관계된다.

## 2. 유자와 유학자를 구분할 수 있는가 없는가

다카하시 도루는 원시 공맹유학자와 훈고학자・성리학자를 유자와 유학자로 구분하면서, 먼저 유자에 대한 정의를 내리고 있다.

---

6) 장지연, 『장지연전집』 8, 「答嵩陽山人」, 716쪽 참조,

儒者는 周禮에 以道得民이라 在함에 昉하니 堯·舜·禹·湯·文·武·伊尹·周公이 皆儒者이라. 孔子에 至하야 先聖을 集成하야 易·詩·書·禮·樂·春秋로써 弟子를 敎授하니, 此는 元來學이라. 然이나 孔子의 교육 목적은 제자로 하야곰 是等의 學에 因하야 儒의 道를 得하야써 修己治人에 至케 함에 在함이오 此等學 專攻의 學者를 作함에 不在하니, 고로 孔門의 學은 道之學이오 孔門의 藝는 道之藝이며 學者의 學과 技藝者의 藝는 안이라. 子夏의 學風은 孔門 중 最히 後世의 所謂文學者에 近하되 尙曰 "賢賢易色, 事父母能竭其力, 事君能致其身, 與朋友言而有信, 雖曰未學, 吾必謂之學矣"라 하니, 더욱 此로 孔門의 學은 孝悌忠信을 修하는 學이오 經書를 講釋함을 云함에 不在함을 見할지라. 然而 孔門에는 實로 硏經窮理를 專業으로 하는 弟子가 無하니, 若有할진대 孔子가 此를 何라 云할이오. 高明이 스스로 判斷할지라.7)

다카하시는 요·순으로부터 주공에 이르기까지의 선성先聖들은 '도로써 백성를 다스린'(以道得民) 유자이며 공자가 이 선성들을 집대성하여 육경을 편찬하고 제자들을 가르쳤다고 하면서 그것이 바로 선성들 원래의 학이라고 규정한 뒤, 공자의 교육 목적은 '경전을 연구하고 성리를 궁구하는'(硏經窮理) 데 있지 않고 유교의 도를 배워 몸소 수기치인修己治人하는 데 이르게 하는 것이었으므로 공문孔門의 제자들 역시 유자라고 말하였다. 이어 그는 훈고학자와 성리학자를 이와 구분하여 유학자로 규정하였다.

秦의 火坑을 經하고 漢에 至하야 儒者가 絶하고 經籍이 亦滅한지라, 於是乎 비로소 經籍을 講釋함을 專業으로 하는 자가 出하야 朝廷도 一經專門의 學官을 定하야 서서히 유교의 회복을 謀한지라, 고로 彼等學者及弟子는 經書를 講釋함으로써 일생의 사업으로 하고 修己治人의 實際的 儒道에 도달치 못하고 終하는

7) 장지연, 같은 책, 「答嵩陽山人」, 717쪽.

자가 多하야 드디여 訓詁學을 生하니 鄭玄 馬融과 如한 자도 自稱 儒者라 云하얏스나, 此를 孔門 弟子와 비교하면 其型樣이 확연히 구별이 有하니 彼等은 儒를 學으로 하야 修하는 고로 予는 此를 儒學者라 稱함이라.

宋學에 至하야는 呶呶를 不要하고 孔門에 아즉 理氣의 說이 有함을 不聞하얏스니 宋學者는 儒者로 自稱하얏스나 實은 心性理氣의 硏究를 畢生의 사업으로 하는 哲學者이라, 고로 予는 此도 亦儒學者라 稱함이라.8)

다카하시는 유교가 진의 분서갱유를 거친 뒤 한왕조에 이르러 관학이 되면서 일생토록 경서 해석에만 매달리는 훈고학이 생겨났으며, 훈고학자들도 스스로는 유자로 칭하였지만 이미 수기치인을 중시하는 공문 제자들과는 모습이 달랐다고 말하였다. 또 송대 성리학자들도 스스로 유자라 말하였지만 평생 동안 심성리기의 연구에만 힘을 쏟았다는 점에서 훈고학자들과 마찬가지로 유학자라고 그는 규정하였다. 여기에서 그는 유자와 유학자를 나눠 보는 것도 나눠 보는 것이지만, 기본적으로 공맹의 선진先秦유학과 훈고학, 성리학(주자학)을 나눠 보고 있다. 이것은 일찍이 조선에서는 없던 관점으로, 조선의 유학자들은 성리학이야말로 맹자 이후 천여 년 끊어졌던 공맹의 유학을 비로소 정통으로 이었다고 생각하였으므로 공맹유학과 성리학을 나눠 보지 않았다. 이것은 바로 주자학적 도통론道統論에 입각한 관점인데, 결국 다카하시는 주자학적 도통론에서 벗어나 유학은 몇 차례 변전變轉을 겪었음을 말하고 있는 것이다.

장지연은 공문 제자들의 경우는 공자에게서 직접 배웠으므로

---

8) 위와 같은 곳.

경학을 연구할 필요가 없었지만 공자는 『주역』을 열심히 공부하여 '위편삼절韋編三絶'에 이르렀고 "배우고 그때그때 그것을 익혔다"(學而時習之)라고 말하기도 했는데, 어떻게 그의 제자들이 '경전을 연구하고 성리를 궁구하여' 학을 이룬 자가 없었겠는가 라고 반문하였다. 이어 한의 학자들이 훈고에 흐른 것은 당시 시대가 '어쩔 수 없어서 그렇게 한 것'(不得不然)이지 고의로 수신의 학을 내다버린 것은 아니라고 말하였다. 마찬가지로 송대에서도 유교가 쇠미해지고 이단사설이 온 세상을 뒤덮은 까닭에 어쩔 수 없이 "정程·주朱가 이어 일어나 성리지학性理之學을 강명하고 경전을 훈석하였으니, 만약 정·주로 하여금 공문에 태어나게 했다면 구구하게 성리의 연구에 매달리지 않았을 것"이라고 말하면서9) 다음과 같이 결론을 내렸다.

孔門의 유자도 유학자요 漢儒의 訓詁之學者와 宋儒의 性理之學者도 똑같이 유학자이라. 유자와 유학자로 구별할 수 없으며, 그 姿格의 高下等級과 같은 것은 시대의 성쇠와 汚隆으로부터 차별이 있게 된 것이다.10)

장지연은 여러 가지 이유를 들어 유자와 유학자는 구분할 수 없으며, 또한 공맹유학자와 훈고학자·성리학자를 유자와 유학자로 나눠 볼 수 없다고 주장하였다. 먼저 앞에서 이미 말했듯이 공자도 학을 중시했고 육경으로 제자들을 가르쳤으며 그 제자들은 다시 그것을 이어받았으므로, 다카하시의 구분법에 따른다면 이들 또한 유자가 아니라 유학자가 될 것이라고 말하였다.11) 장지연의

---

9) 장지연, 같은 책, 「更問疑義于高橋先生」, 719쪽 참조.
10) 위와 같은 곳.
11) 장지연, 같은 책, 「又答高橋先生所答1」, 729쪽 참조.

말처럼 공자와 그 제자들이 학을 도외시한 것은 아니다. 하지만 다카하시도 그들이 학을 도외시했다고 말하지는 않았다. 다만 그 학의 궁극적인 목적이 경전의 훈석이나 성리의 궁구가 아니라 도덕실천과 이용후생에 있었다는 것이다.

이와 연관하여 장지연은 다카하시가 공자 문하에는 성리학이 없었고 다만 평이착실平易着實한 실천적 도덕과 이용후생의 학만이 있었다고 말한 것에 대해, 증자曾子가 『대학大學』에서 "밝은 덕을 밝힌다"(明明德)라고 말한 것은 심성·리기의 본원이고 자사子思가 『중용中庸』 첫머리에서 "하늘이 명한 것을 일러 성이라 한다"(天命之謂性)를 말한 것은 심성·리기의 학을 드러내어 밝힌 것이며 맹자가 '성명性命'의 설을 주장한 것은 도덕 근본 상에서 설명한 것이므로, 공자의 도는 성리에 근본해서 '체를 온전히 하고 용을 크게 한'(全體大用) 것이라고 하면서12) 공자 또한 성명·리기의 근원을 궁구하였음을 알 수 있다고 주장하였다.13) 이것은 공맹유학을 성리학 관점에서 읽어 낸 것으로, 이런 관점에 철저하게 서면 사실상 성리학만 남고 공맹유학은 없어지고 만다.

장지연은 또 다카하시가 성리학자들은 심성·리기의 학에만 빠져 수기·치인의 학을 하지 않았다고 말한 것에 대해, 그것은 부유腐儒들만 보았을 뿐 경세에 밝은 진유眞儒를 보지 못했기 때문이라고 비판하였다.14) 사실 다카하시의 성리학자들에 대한 기본적인 인식에는 무리가 없지 않다. 성리학자들은 배워서 성인의 경지에

---

12) 장지연, 같은 책, 「又答高橋先生所答2」, 730쪽 참조.
13) 장지연, 같은 책, 「更問疑義于高橋先生」, 719쪽 참조.
14) 위와 같은 곳 참조.

이르기를 강렬하게 염원했던 이들이기 때문에 나름의 수기·치인의 학이 있었던 것이 사실이다. 다만 그들의 수기·치인의 학이 이론적 차원에만 머물렀거나 현실과 동떨어졌을 수는 있다.

이 밖에도 장지연은 다카하시 도루가 요·순·우·탕·문·무·이윤·주공을 모두 유자라고 한 것에 대해 유자는 어디까지나 학자를 가리키는 것이기 때문에 '제왕재보帝王宰輔'인 그들에게는 맞는 명칭이 아니며,15) 한유와 송유를 훈고학자와 성리학자라고 부르는 것은 문제가 없지만 '유'자 밑에 '학'자 한 자를 더해 공맹유학자와 구분하는 것은 억설臆說이라고 비판하였다.16)

앞의 다카하시에 대한 장지연의 비판이 일리가 없는 것은 아니다. 하지만 어떻게든 유자와 유학자를 구분하지 않으려 든 결과 그는 공맹의 선진유학과 훈고학, 성리학을 구분하는 것마저 소극적이게 되고 말았다. 이것은 앞에서 보았듯 훈고학자와 성리학자들은 당시 시대가 그래서 어쩔 수 없이 그렇게 했을 뿐 만약 공자 시대에 태어났다면 훈고학과 성리학을 하지 않았을 것이라고 한 그의 말에서도 여실히 드러난다. 사실 장지연의 관점은 조선 주자학자들의 그것과 너무 닮아 있다는 점에서 한계가 있다. 반면 다카하시의 유자와 유학자를 구분하는 관점은, 장지연의 끈질긴 비판 내용에서도 볼 수 있듯 문제가 없는 것은 아니지만, 이를 통해 공맹의 선진유학과 훈고학, 주자학 나아가 양명학과 고증학까지 나눠 보고 있다는 점17)에서 오늘날 학자들의 견해와 일치한다고 볼 수 있겠다.

---

15) 장지연, 같은 책, 「又答高橋先生所答1」, 728쪽 참조.
16) 장지연, 같은 책, 「又答高橋先生所答1」, 729쪽 참조.
17) 장지연, 같은 책, 「答嵩陽山人」, 721~2쪽 참조.

## 3. 성리학은 무엇이며, 조선 성리학을 어떻게 볼 것인가

장지연은 송유를 성리학자라고 부르는 것 자체는 문제가 없지만, 그들을 공맹유학자와 구분해서 성리학자라고 부를 수는 없다고 보았다. 그들은 다만 끊어졌던 공맹유학을 다시 이은 것으로, 이미 공맹유학 속에 있던 성리설을 다시 이은 데 지나지 않기 때문이다. 이것은 얼핏 보면 성리학이 공맹유학 속에 포함되어 없어져 버릴 듯이 보이기도 하지만, 반대로 성리학으로 공맹유학을 해석해 버렸으므로 결과적으로 공맹유학이 없는 것처럼 보이기도 한다. 하지만 어느 경우든 송대에 새롭게 등장한 학문으로서의 성리학을 이해할 여지가 없다.

따라서 장지연은 주자학자들의 일반적인 관점에 따라 한나라 이후 유교가 쇠미해지고 불교와 도교의 이단사설들이 크게 일어나자 어쩔 수 없이 주돈이周敦頤와 정·주 등의 제유가 출현하여 공맹유교를 다시 이어받으면서 성리학이 등장하였다고 말한다. 다카하시는 한·당시기에도 유교가 쇠미한 적이 없었으며, 도리어 한 이후 송의 성리학이 일어나기까지를 통관해 보면 유교에 대한 연구가 더욱 번성했다고 말할 수 있다고 하였다.[18] 또한 그는 정주를 받드는 자들이야 정주학이 공문 전수의 심법心法을 이어받았다고 말하겠지만, 양명학을 받드는 자는 마땅히 심즉리心卽理와 지행합일知行合一이야말로 공문 전수의 심법이며 육구연陸九淵과 왕수인王守仁이야말로 공문의 직제자直弟子라 말할 것이라고 하였다.[19] 그는 여기에서

---

18) 장지연, 같은 책, 「答嵩陽山人」, 720쪽 참조.
19) 장지연, 같은 책, 「答嵩陽山人」, 721쪽 참조.

정주학만이 공맹유교의 정통을 이어받았다는 도통관적 사고를
비판하고 있다.

이처럼 다카하시는 성리학이 불·노의 이단사설을 물리치고서
공맹의 유교를 다시 이은 것이 아니라고 본다. 심지어 그는 "彼
草廬에서 竹扉를 鏁하고 靜坐하야 性理를 窮하는 성리학자의 행적은
寧히 禪者에 近치 안한가"[20]라고 말한 것에서 볼 수 있듯이 성리학자
들의 행적은 공맹유학자나 훈고학자보다 오히려 선사禪師들과 더
가깝다고 지적한 뒤, 마침내 성리학은 불교의 선학을 받아들여
유교의 경전을 해석하면서 등장하게 되었다고 말하였다.

> 朱子의 學과 禪學이 同一 理로, 宋儒는 巧히 禪學으로써 經書를 說하야써 유교로
> 하야곰 高遠한 哲學이 되게 한 者임을 不佞의 信하는 바라.[21]

다카하시의 이러한 관점은 당시로서는 파격적인 것이었지만,
오늘날은 성리학을 흔히 '양유음불陽儒陰佛'·'외유내불外儒內佛'이라
하여 대체적으로 받아들이고 있다. 이것은 바로 공맹유학이 불교의
영향을 받아서 새로운 유학, 곧 '신유학新儒學'으로 거듭 태어났다는
생각이다. 이러한 신유학으로서의 성리학을 그는 다음과 같이
말하고 있다.

> 程朱의 학은 心學이오, 修養의 학이오, 人格의 학이라. 然이나 아모리 書齋에
> 在하야 理氣心性의 연구에 達함이 有할지라도 곳써 治人의 功夫가 終하얏다
> 謂치 못할지오.[22]

---

20) 장지연, 같은 책, 「答嵩陽山人(前承)」, 727쪽.
21) 위와 같은 곳.

다카하시는 여기에서 정주성리학을 리기·심성과 실천수양의 학이라고 규정하고서, 성리학은 이러한 특성으로 말미암아 사회 현실의 문제를 해결할 수 있는 치인의 공부가 부족하였다고 보았다. 다음의 말에서 이러한 그의 생각은 더욱 분명하게 나타난다.

> 정주의 학을 하는 자가 專혀 性理를 尊尙하고 性道에 達하면 儒者의 能事가 了하얏다 하야 孔孟始祖의 性理를 視함에 甚히 重치 안임을 忘하얏도다. 공자는 罕言뿐이니 曰性相近이라 하고, 맹자는 曰性善이라 하야 人慾을 遏하고 天理를 存하는 意뿐이며, 其外 孔孟의 遺書는 皆五倫五常의 平易着實한 實踐道德이 안이면 則利用厚生의 活學이라.[23]

다카하시에 따르면, 공맹유학이 어디까지나 '오륜·오상의 평이 착실平易着實한 실천도덕 아니면 이용후생의 활학活學'에 지나지 않는데 성리학자들은 공맹이 그다지 중시하지 않던 성리의 탐구에만 빠져서 그것으로 자기들이 할 일은 끝났다고 생각했으며, 그 결과 아무리 훌륭한 덕행군자나 재상, 장군이라도 성리학에 밝지 못하면 유학자로 인정하지 않고 자신들만이 대단한 유학자인 양 여겼다고 비판하였다.[24]

다카하시는 마침내 이러한 관점에서 조선의 대표적 성리학자인 정암靜菴 조광조趙光祖, 회재晦齋 이언적李彦迪, 퇴계退溪 이황李滉에 대해 말하기 시작하였다. 일단 그 자신도 이들에 대한 평가가 다른 사람과 다를 바 없다고 말하였다. 곧 그는 조광조가 조선 유자의

---

22) 장지연, 같은 책, 「答嵩陽山人」, 723쪽.
23) 장지연, 같은 책, 「答嵩陽山人」, 724쪽.
24) 위와 같은 곳 참조.

전형을 세웠고, 이언적과 이황이 정주의 성리학을 깊이 이해하고 몸소 깨달았음을 인정한다고 하였다. 하지만 이들은 그가 앞에서 말한 바와 같은 전형적인 성리학자라고 말하였다. 그는 정주학을 받드는 사람이야 정주를 수기치인의 대현인으로서 만약 자리를 맡는다면 반드시 치국안민에 큰 능력을 발휘할 수 있는 '진유眞儒'라고 말하겠지만, 조선의 경우 진유의 전형으로 일컬어지는 조광조가 등장하고 뒤이어 진유가 조정을 가득 채웠으면 정도政道가 더욱 떨쳐 일어나고 국운이 더욱 번성했을 터인데 어찌하여 조선의 유식한 자들은 한결같이 오히려 조선 초의 형세가 더욱 그러했다고 말하는지 모르겠다고 한다.25) 그리고 후세 공론에 따라 유명한 대신으로 10명 정도를 꼽으면서 그 중에 성리학자가 과연 있느냐고 묻는다.26) 결국 그는 성리학자들이 진유로 일컫는 인물들은 치국안민에 어두웠으며, 그것은 리기·심성의 연구에만 몰두하는 성리학의 학문적 성격과 관계된 것이라고 주장한 것이다.

이제 다카하시는 조선 성리학을 당쟁과 관련지어서 말하기 시작한다.

> 李朝에서 此傾向을 最先에 示함은 즉 靜菴 其人이라 退溪에 至하야 더욱 顯著한 故로, 曰靜菴에 至하야 道學者의 모양이 畧成하고 退溪에 至하야 成하얏다 하노라. 율곡·퇴계의 문인이 淸顯에 多至하야 宣祖 이후는 擧朝가 정주학자 안임이 無할새, 遂히 禮論이 起하야 喪主와 如斯如斯한 關係에 在한 死者를 위하야는 如何한 喪禮에 服할가 함은 禮學者의 書齋에서 硏究하는 問題오, 반다시 滿朝가 狂熱하야 絶大한 時務라 하고 經綸이라 하야 百人數百人의

---

25) 장지연, 같은 책, 「答嵩陽山人」, 721쪽 참조.
26) 장지연, 같은 책, 「答嵩陽山人」, 723쪽 참조.

貴重한 血을 流할 大事件은 안이로다. 湖洛黨의 論戰 중 人性獸性相同乎아
不相同乎아 하는 等이 亦然하니, 是는 哲學者의 硏究問題오 朝廷의 문제될
것이 안이라.[27]

다카하시는 선조 이후 조정은 이황과 이이의 문인들로 가득
찼는데, 이들은 치국안민은 차치하고 예나 인물성동이와 같은
순수히 학문적이고 철학적인 문제를 조정으로 끌고 들어와 유혈사
태를 벌였다고 비판하였다. 이어 그는 조선 유학계가 이렇게 된
것은 소인이나 부유들 때문이라는 변명을 애초에 가로막고 나서면
서, 어느 시대인들 소인이 없었겠냐고 하면서 이러한 변명은 역사적
인과因果를 중시하지 않은 것이라고 못 박는다.[28] 이것은 학문이
정치와, 그리고 학파가 당파와 긴밀하게 결합되었음을 비판하는
것이다.

다카하시는 반면 정도전鄭道傳에 대해서는 높이 평가하였다.

麗末李初의 學者之名에 列한 중 鄭道傳을 脫함은 不侫의 遺憾하는 바라. 三峯集
중의 儒學의 論文及經世의 大文字는 李朝 유학을 연구하는 자의 到底히 看過치
못할 者오, 徒然히 成敗의 跡에 依하야 此를 沒却치 못할 것이라.[29]

그는 정도전의 『불씨잡변佛氏雜辨』과 『조선경국전朝鮮經國典』 등은
조선 유학에 있어서 더 없이 중요한 것이라고 하였는데, 이 말
속에는 정도전이 주자학자들에 의해 진유라고 일컬어지는 조광조,

---

27) 장지연, 같은 책, 「答嵩陽山人」, 723~4쪽.
28) 위와 같은 곳 참조.
29) 장지연, 같은 책, 「答嵩陽山人」, 722쪽.

이황, 이이 등 후대 도학자들과 비할 바가 아니라는 생각이 담겨 있다. 그는 이를 여말선초의 학자는 아직 유자의 모습을 잃지 않았다는 말[30]로써 나타내고 있다.

장지연은 끝까지 다카하시의 유자·유학자 구분을 문제 삼는다. 하지만 다카하시는 장지연의 '유불일체관儒佛一體觀'을 거론하면서 유자·유학자 일체·불이의 관점 역시 이처럼 '심히 굉대宏大'하다는 말로 마무리해 버린다.[31]

한편, 장지연은 다카하시가 성리학을 비판하고서 실용을 주장한 점에 대해서는 일단 높이 평가한다.

> 足下之攻排理學하고 主張實用이 亦深有高見이라. 盖近世所謂儒林學者는 閉戶跪膝하야 讀性理大全·心經·近思錄等書하고 究尋宋儒之糟粕하며 談論先輩之緒餘하고 了不知時世變化之爲如何者를 總稱曰學者라 하니……[32]

마치 다카하시의 성리학 비판을 긍정하는 듯이 보이지만 사실은 그렇지가 않다. 그가 말하는 비판 대상은 성리 경전이나 읽고 송유의 문자나 뒤적일 뿐 세상이 어떻게 돌아가는지 모르는 '근세의 유림이나 학자라고 일컬어지는 자'들이다. 곧 근세의 속유·부유들을 비판해야지 진유를 비판해서는 안 되며, 말류로 흐른 성리학을 비판해야지 성리학 자체를 비판해서는 안 된다는 것이다. 장지연은 다카하시의 비판이 이런 부유들을 보고서 한 것이며,[33] 또한 진유를

---

30) 장지연, 같은 책, 「答嵩陽山人」, 721쪽 참조.
31) 장지연, 같은 책, 「答嵩陽山人(前承)」, 726~7쪽 참조.
32) 장지연, 같은 책, 「又答高橋先生所答2」, 729쪽.
33) 위와 같은 곳 참조.

보지 못해서 한 것이라고 말하였다.[34] 사실 장지연의 이러한 답은 제대로 된 답이라고 볼 수 없다. 덧붙여 여기에서 그가 실용을 중시한 다카하시의 관점을 높이 평가한 대목이 있는데, 그것은 대한제국시기 실학을 중시하고 애국계몽운동에 참여했던 그의 경력과 관계있을 것이다.

되돌아보면, 장지연은 유자와 유학자를 나눌 수 없다는 것을 주장하는 데에만 열중한 나머지 정작 중요한 내용들에 대해서는 아무런 의견조차 내지 못하였다. 예를 들면, 성리학은 선학의 영향을 깊이 받았다든가, 조선유학사에서 정도전을 소홀히 할 수 없다든가, 조선의 성리학은 당쟁과 너무 깊이 연관되었다는 것과 같은 것들이다.


## 4. 논쟁의 의의와 역사적 위치

장지연과 다카하시 도루는 한국유학에 대한 연구가 막 시작될 무렵인 1915년 <매일신보> 지상에서 유교에 관한 문제를 가지고 격렬한 논쟁을 벌였다. 논쟁 이후 2년이 지난 1917년에 장지연은 최초의 한국유학통사라 일컬어지는 『조선유교연원』을 지었으며, 다카하시는 1926년 막 설립된 경성제국대학 법문학부의 교수로 임명되어 한국유학사에 대한 강의와 함께 활발한 연구를 통해 한국유학 연구의 길을 개척해 나갔다. 그런데 다카하시는 일제의

---

34) 장지연, 같은 책, 「又答高橋先生所答2」, 730쪽 참조.

조선강점정책에 충실히 따랐으므로 그가 남긴 폐해 또한 결코 적지 않았다. 본 논쟁은 일단 이렇게 한국유학의 연구를 열어 간 두 사람 간에 벌어졌다는 점과, 그때가 한국유학에 대한 연구가 막 시작되던 무렵이라는 점에서 역사적 위치와 함께 의미를 부여해 볼 수 있겠다.

본 논쟁은 유자와 유학자를 나눠 볼 수 있는가 없는가의 문제로 시작되었지만, 논쟁이 전개되는 가운데 다양한 논의들이 뒤섞여 제기되었다. 먼저 다카하시는 실천적 도덕과 이용후생을 중시한 공자 및 그 제자들과, 뒷날 경전 훈석에만 매달린 한의 훈고학자나 리기·심성 등 성리의 연구에만 몰두한 송의 성리학자를 각각 유자와 유학자로 나눠 볼 수 있다는 주장을 폈다. 이에 대해 장지연은 리기·심성의 학 또한 공자와 그의 후예들에 의해 이미 제기되었던 것이며, 송대 성리학자들은 다만 그것을 이어받아 부흥시켰을 따름이라고 보아 유자와 유학자로 나눠 볼 수 없다고 주장하였다. 각자의 입각점이 있기는 하지만 결과적으로 보면, 다카하시는 유학이 공맹유학과 훈고학, 성리학(정주학), 양명학, 고증학 등 몇 차례의 단계적 발전을 거친다고 본 반면 장지연은 유교가 근본적으로 하나라는 관점에 섰다. 이때 장지연이 하나라고 말한 것은 주로 공맹유학과 성리학을 대상으로 말한 것이어서, 주자학적 도통관이 깔려 있음을 알 수 있다.

이렇게 공맹유학과 성리학을 적극적으로 구분해서 보려 한 다카하시는, 성리학이 선종의 영향을 많이 받아 고원한 철학으로 발전하면서 이용후생의 치국안민에 대해서는 무능하게 되었고 이러한 성리학자들이 주도한 조선 조정은 당쟁만 일삼을 뿐 무능하기 그지없었으며, 오히려 정도전과 같은 인물이 참다운 유자의 풍모를 잘 지니고 있었다고 주장하였다. 이에 대해 장지연은, 성리학이 이단배척의 과정에서 나온 것이지만 사실은 공맹유학의 참다운 모습이며 조선 성리학이 치국안민에 무능하고 당쟁에 빠져든 것은 진유들이 등용되지 못하고 소인유·부유들이 판을 쳤기 때문이라고 보았다.

장지연의 『조선유교연원』을 보면 그의 이러한 관점들이 그대로 옮겨져 있다. 조선이 망국에 이르게 된 것은 소인유·부유들 때문이며 말류 성리학 때문이라고 생각한 그는 조선이 '유교종주국儒敎宗主國[35]'이라는 자부심을 가지고 진유와 성리학 본류의 연원을 『조선유교연원』 속에 담았다. 유교가 망국의 책임을 뒤집어쓴 채 온갖 비난을 받고 있을 때, 그는 유교에 대한 애정을 놓지 않고 도리어 유교를 통해 우리 민족의 사상적·문화적 정체성과 희망을 찾고자 했던 것이다. 그리고 '유교종주국'이라는 자부심은 조선 유학자들의 생각을 이어받은 것이지만, 당시 중국에서 '공가점타도孔家店打倒'의 구호가 높이 올랐던 것과도 무관하지 않을 것이다.

다카하시의 유교에 대한 이해는 장지연보다 한 발 앞서 있음이 분명하며, 한국유학에 대한 이해 또한 보다 분석적이다. 그의 한국유학에 대한 관점 속에는 일제의 조선침략정책과 기조를 같이하는 것이 많은 것이 사실이지만,[36] 그것 때문에 한국유학 연구에 있어서

---

35) 장지연, 『조선유교연원』, 서장 참조.
36) 다카하시에 대한 기존의 연구들은 대부분 이러한 점에 대한 비판적 관점에서 쓰였다. 대표적인 것으로, 윤사순의 「高橋亨의 한국유학관 검토」(『한국학』 제12집, 중앙대학교 한국학연구소, 1976)와 최영성의 『한국유학사상사 5』, 233~264쪽, 그리고 이형성의 「다카하시 도루의 조선유학사 연구의 영향과 그 극복」(다카하시

의 그의 연구사적 의미와 위치를 부정하거나 축소해서는 안 된다고 본다. 조선 유학의 주류인 성리학에 대한 비판은 일단 그의 성리학에 대한 기본적인 인식에서 출발하였는데, 사실 성리학은 당시 대부분의 한국 학자들도 비판하던 것이었다. 당파성에 대한 문제도 그렇다. 당시 민족 선각자들은 누구를 막론하고 당쟁을 망국으로 이끈 장본인이라 생각하였으며, 그중 많은 이들은 조선의 성리학이나 성리학자와 연관시켜 말하였다. 이러한 것들은 사실의 문제로서 받아들이면 된다고 생각하며, 이러한 것들 때문에 다카하시가 한국유학사에서 정도전의 위치를 높이 평가한 것이나 주자학적 도통론의 관점에서 벗어나 한국유학을 연구한 점 등을 묻어 버려서는 안 된다고 생각한다.

---

도루 지음, 이형성 편역, 『다카하시 도루의 조선유학사』, 363~399쪽) 등이 있다.

# 제5장 전병훈과 동·서 철학의 회통

## 1. 생애와 『정신철학통편』의 저술

전병훈全秉薰은 호가 서우曙宇(이 밖에도 成菴, 玄牝道人이 있음)이고 본관은
정선旌善이며 1857년 평남 강동군에서 태어났다. 1907년 중국으로
건너가 활동하다가 71세를 일기로 1927년에 죽었으며, 평남 평원군
순안에 묻혔다.[1]

전병훈은 젊은 시절 화서華西 이항로李恒老의 문인인 평북 태천泰川
출신의 박문일朴文一(호 雲菴, 1822~1892)에게서 배운 적이 있다.[2] 이항로
는 기호 노론 율곡학파의 후예로 대표적인 성리학자로서, 그와
그의 문인들은 개항기와 한말에 척사위정운동과 의병운동의 주축

---

1) 전병훈의 생애 및 교유관계는 그의 중국인 제자 尹良(前二品榮祿大夫四川鹽運使署布
政使門下士)이 쓴 「全成菴夫子實行隨錄」(全氏大同宗約所, 『全氏總譜總錄』, 한영문화
사, 1924; 윤창대, 『정신철학통편』, 우리출판사, 2004, 22~28쪽 재인용)에 자세히
나와 있다. 이 밖에 금장태·고광식의 『속유학근백년』(여강출판사, 1989), 297~304
쪽 및 황광욱의 「서우 전병훈의 생애와 사상」(한국철학사연구회, 『한국철학논집』
제4집), 윤창대의 『정신철학통편』, 16~38쪽 등 참조.
2) 朴文一, 『雲菴集』, 續3卷 참조. 비슷한 시기에 朴文一 문하에는 朴殷植도 출입하였으므
로 양자는 동문이라 할 수 있다. 신용하, 『박은식의 사회사상 연구』(서울대 출판부,
1986), 「박은식의 생애와 업적」 참조.

으로 활동하였다. 이렇게 전병훈은 젊은 날 주자학을 공부한 뒤 대한제국 정부에서 중추원中樞院 의관議官 등을 지냈으며, 1905년 을사늑약의 부당함을 주장하다 북간도관찰사 서리로 좌천되기도 하였다. 이 시기 그는 고종 황제에게 『백선미근百選美芹』3)을 지어 올렸으며, 개화사상가로 전향한 모습을 보인다.

전병훈은 1907년 관직을 버리고 중국 금릉金陵으로 건너간 뒤 여러 곳을 유랑하는 가운데 『주역참동계周易參同契』를 깊이 연구했으며, 1910년 무렵부터는 광동성廣東省 증성현增城縣 나부산羅浮山에 있는 충허관沖虛觀에서 도사道士 고공섬古空蟾의 지도 아래 도교를 수련하였다. 나부산은 갈홍葛洪(호 抱朴子)이 연단煉丹한 곳으로 유명한 도교의 전설적인 명산이다. 그는 도교 수련과 병행하여 도교의 경전인 『도장道藏』을 오랫동안 연구한 끝에 『도진수언道眞粹言』(10권)을 편찬하였으며, 이렇게 도교에 침잠하는 한편으로 북경에서 활발한 활동을 펼쳐 나갔다. 곧 그는 당시 원세개袁世凱 정부에 「예서예복주공예치조례禮書禮服周公禮治條例 황제구정량법黃帝邱井量法」을 헌정하는가 하면,4) 1917년에는 북경 순치문順治門 밖에 정신철학사精神哲學社를 세워 우남전于籃田5), 장소증張紹曾6) 등과 같은 많은 중국인 제자들을

---

3) 총 6卷 6冊의 『百選美芹』(1898, 光武 2년)은 정치적 방책을 여러 책에서 가려 뽑은 것이다. 고려대학교 중앙도서관에 소장되어 있다.

4) 이 일이 있자 袁世凱의 아들 袁克定은 예를 갖추어 그를 초빙하고서 조선에도 이와 같은 대유학자가 있음을 감탄하며 가르침을 청했다고 한다(윤창대, 『정신철학통편』, 30쪽 참조). 그는 이 밖에도 袁世凱 정부에 올릴 『獻議書』를 지었는데, 이것을 당시 중국에 망명해 와서 康有爲 등과 함께 孔敎運動을 벌이고 있던 영남의 대유학자 李承熙(호 韓溪, 李震相의 아들)에게 교정을 부탁한 적이 있었다.(금장태, 『한국 근대사상의 도전』, 전통문화연구회, 1995, 74~5쪽 참조)

5) 호가 玉生, 養眞軒이다. 전병훈은 그에게 『정신철학통편』의 교정을 부탁하였으며, 그는 이 책 맨 앞에 서문(「略附諸家評言序」)을 쓰고 출판을 직접 담당하였다. 이

두었으며, 학계와 정·관계의 여러 명사들과 두루 교유하였다.[7]

전병훈은 이 시기에 『정신철학통편精神哲學通編』[8]을 저술, 간행하였다. 그는 1918년에 저술을 마친 뒤 중국의 여러 명사들에게 평언을 부탁하였고, 문인 우남전에게는 교정과 서문을 맡기고 장소증에게도 서문을 맡겼다.[9] 그런데 본 저술을 끝마칠 즈음 마침 한국인 윤효정尹孝定[10]으로부터 『천부경天符經』을 전해 받았다.[11] 그는 단군의 이 『천부경』이 "천도와 인도를 포괄하고 겸성兼聖의 도를 다한 것"으로서 자신의 『정신철학통편』의 내용과 꼭 부합한다고 생각해서, 『천부경』을 주해하여 책의 맨 앞에 두었다.[12] 그의 이 『천부경』 주해는 『천부경』에 대한 역사상 최초의 주해이다. 그는 1919년 음력 동짓달에 『천부경』 주해를 마친 뒤 자서自緒를 붙여 1920년 마침내 『정신철학통편』을 발간하였다.

『정신철학통편』은 상·하 2책, 상·중·하 3편 6권으로 편제되어

---

책의 板權을 보면 原著가 署宇 韓人 全秉薰, 校正은 門人 覺盦 丁夢利, 印布는 門人 玉生 于藍田으로 되어 있다.

6) 陸軍 總長을 지냈으며, 『정신철학통편』의 「叙」를 썼다.

7) 전병훈의 한국과 중국 교유 인사들에 대해서는 황광욱의 「서우 전병훈의 생애와 사상」, 『한국철학논집』 제4집, 170~172쪽과 윤창대의 『정신철학통편』, 37~38쪽 참조.

8) 1920년 精神哲學社에서 인쇄된 이 책의 표지에는 책 제목이 『精神哲學通編』으로 되어 있지만, 于藍田의 「略附諸家評言序」 앞에는 『精神心理道德政治哲學通編』으로 되어 있다.

9) 于藍田이 「略附諸家評言序」를 쓴 것은 1919년 음력 3월(己未暮春)이고, 張紹曾이 「精神哲學通編叙」를 쓴 것은 1919년 음력 5월(己未仲夏)이다.

10) 尹孝定(1858~1939)은 대한제국시기 애국지사로 李儁 등과 憲政硏究會를, 張志淵 등과 大韓自强會를 조직하여 활동하였다.

11) 『天符經』의 전래와 그것이 전병훈에게로 전달되는 과정에 대해서는 황광욱의 「『天符經』의 전래에 관한 일고찰」 참조.

12) 『精神哲學通編』, 卷1, 「東韓神聖檀君天符經註解緒言」 참조.

있다. 상책 상편 권1의 「정신철학통편」 속에는 「단군천부경주해檀君天符經註解」와 「정신운용성진철리요령精神運用成眞哲理要領」이 실려 있고, 이어 「심리철학心理哲學」, 「도덕철학道德哲學」, 「정치철학政治哲學」이 실려 있다. 이 각각의 철학에 대해 전병훈은 관련된 동·서양의 철학사상을 요약·정리한 뒤 자신의 생각을 덧붙여 결론짓고 있다. 동양사상에는 유·불·도와 함께 조선의 철학도 포함시키고 있으며, 서양사상은 중고·근세·최근세와 같이 시대별로 나누어 플라톤 등 고대 그리스 철학자에서 칸트 그리고 현대철학까지 포함시키고 있다. 그야말로 동·서와 고·금을 망라하고 회통시키고 있는 것이다.


## 2. 유·불·도와 동·서 사상의 회통

전병훈은 종교와 학문 및 과학의 바탕에는 철학이 있다고 보고, 다시 철학 가운데서도 정신철학精神哲學이 가장 근본적인 것이 된다고 보았다. 그는 정신철학의 핵심을 정精과 신神이라 하고 여기에 다시 기氣를 보태어 정·기·신을 함께 논의하였다. 그에 따르면, 정·기·신이 응취하여 인간이 생겨나는 것이므로 그것은 인간존재의 가장 기본적인 바탕이 된다. 또한 인간은 우주의 원신元神을 두뇌 속에, 우주의 원기元氣를 심장 속에, 우주의 원정元精을 신장 속에 간직함으로써 우주와 인간이 매개되고, 또한 이러한 우주로부터 부여받은 정·기·신을 내단內丹의 수련을 통해 기름으로써 우주와 하나가 될 수 있다. 곧 정으로써 기를 기르고 기로써 신을 길러진인眞人이 됨으로써 합천合天하게 된다는 것이다. 나아가 그는 정·기·신 곧 정신은 하늘에 근원한 것이기 때문에 불멸한다고 보았다. 이러한 정·기·신 철학은 기철학에서 말해지기도 하지만 특히 도장道藏 계열의 『옥황심인경玉皇心印經』이나 「태청편太淸篇」 등에서 구체적으로 언급되고 있다.

아울러 전병훈은 도교의 이러한 사상을 유교 등의 다른 사상과 연결시켜서, 신과 기는 유교에서 말한 성性·명命과 일치하고 플라톤이 말한 만물이 생겨나는 우주의 대정신大精神과 같으며 칸트가 말한 시간과 공간을 초월한 불멸의 정신과도 같다고 말한다. 도교를 중심으로 해서 유교, 나아가 서양의 여러 철학들이 연결·회통되는 것을 볼 수 있다. 그러면서도 그는 도교가 내단수련을 통한 개인적 합천에 그치는 것을 비판하고 사회적 실현의 중요성을 강조하면서, 이것을 정신의 묘용妙用으로 설명하고 있다. 이에 그는 자신의 정신철학이 '신선이 되는 정신학成仙之精神學'에서 '현실을 구제하여 성인이 되는 정신학濟事入聖之精神學'으로 발전된 것임을 말한다. 여기에서 유교를 통해 도교의 한계를 극복하려는 모습을 볼 수 있다.

심리철학에서는 먼저 정신과 심리가 둘이 아님을 말하는 데서 시작하여, 정신철학이 주로 내공內攻과 관계된 것이라면 심리철학은 안팎을 통섭하고 성인·진인이 되며 일상의 일들을 잘 처리하는 것이라고 구분해서 말하였다. 이에 그는 이 둘 사이의 관계를 체體와 용用의 관계로 설명하기도 한다. 그는 정신철학에서 도교를 중심으로 논의했던 것과 달리 심리철학에서는 유교의 심학心學을 특히 중시하고, 이를 바탕으로 해서 불교와 도교 및 서양철학들을 회통시키고 있다. 그는 『서경書經』에서 요임금이 순임금에게, 다시 순임금이 우임금에게 전했다고 말하는 인심도심론人心道心論을 심학의 연원으로 삼았다. 그리고 그는 "뇌 속의 원신元神에서 발현하여 천리를 순수하고 온전하게 한 것"이 도심이고, "육신의 식신識神(지각능력)에서 발동하여 형기와 사욕이 된 것"이 인심이라고 하였다. 이는 주희가 「중용장구서中庸章句序」에서 "도심은 성명性命의 올바름에서 발원한 것이고, 인심은 형기形氣의 사사로움에서 발원한 것"이라고 말한 것과 대비되는 것으로, 유교에서 말하는 인심·도심을 도교적으로 해석한 것이라 볼 수 있다. 그는 유교에서 말하는 인심도심론은 결국 인심을 없애고 도심을 회복하는 것으로, 이러한 과욕寡慾·무욕無慾의 설은 도교나 불교에서도 똑같이 나타난다고 말한다. 그리고 서양의 심리철학에 대해서는, 비록 마음의 작용이 뇌와 긴밀히 연관된 것임을 밝혔다는 점은 높이 살 만하지만 그 마음이 하늘에 근원하고 있다는 이치와 과욕이 마음을 수양하는 요령이라는 것을 모르는 흠이 있다고 지적하였다.

이어 전병훈은 도덕철학에서는 도덕이 정신이나 심리와 마찬가지로 모두 하늘에 근원(原天)하고 있음을 전제로 하여, 마음 속에 간직되어 있던 정신과 심리가 밖으로 드러나서 일상의 일을 처리할 때 지선至善함에 이르는 것이 대도大道요 정덕正德이라고 말하고, 도덕이 하늘에 근원하고 있는 만큼 그것은 공명하고 정대한 것이라고 말하였다. 여기에서 볼 수 있듯 그의 도덕철학은 유교를 중심으로 전개되고 있다. 그리고 이러한 관점에서 그는 플라톤의 도덕설이나 칸트의 의무론적 윤리설을 높이 평가하여 성인의 경지에 다다른 것이라고 한다. 반면 공리주의적 도덕설에 대해서는 비판적이다. 곧 이기利己·이타利他로써 도덕을 해석하는 것은 공리적 관점에 따른 것으로, 도덕이 하늘에 근원하는 것임을 모르는 것이라고 비판하고 있다.

전병훈은 정신과 심리, 도덕은 모두 하늘에 근원한 것이고 정치제도는 땅에 근본을 둔 것이라는 구분을 바탕으로 정치철학을 전개하였다. 따라서 정치제도를 말함에 있어서는 반드시 형이하形而下의 기器를 먼저 정리한 뒤에 형이상形而上의 도道를 그 속에 담아야 한다고 말한다. 정치철학에서는 신해혁명 이후의 정치 상황을 바라보면서 민주제와 공화정을 가장 이상적인 것으로 생각하였다. 이에 먼저 서양의 민주제·공화제적 정치 제도와 사상에 주목한 뒤 동양사상 가운데 그에 상응하는 것을 찾고 있다. 여기에서 다시금 유교가 주목을 받는다. 가령 요임금과 순임금이 백성에 의해 추대된 것은 민주제요, 천자의 자리를 선양한 것은 공화제이며, 순임금이 어진 재상에게 정치를 맡긴 것은 책임내각제와 상통하는 것이라고 보았다. 또한 공자의 "자기가 원하지 않는 것을 남에게 시키지 말라"라는 말은 평등의 원리를 밝힌 것이며, 맹자는 동양에서 민권을 말한 유일한 인물이라고 말하였다. 나아가 노자가 "성인은 백성의 마음으로 자기 마음을 삼는다"라고 말한 것도 민주제와 부합한다고 말하였다. 민주제와 공화제를 중시하는 이러한 그의 정치철학은 단순히 한 나라를 대상으로 삼은 것이 아니라 궁극적으로 전 세계를 대상으로 삼아 영구평화와 대동을 이상으로 한 것이다. 이에 그는 1차 세계대전 후의 평화회담과 국제연맹의 결성을 세계 정부를 통한 대동사회 건설의 첫 걸음으로 받아들였다. 여기에는 유교의 전통적 대동사회론과 강유위의 『대동서』, 칸트의 『영구평화론』 등이 중요한 사상적 원천이 되었다.

이상에서 볼 때 전병훈은 가장 바탕이 되는 정신철학에서 도교사상을 집중적으로 받아들였지만, 심리·도덕·정치 철학에서는 유교를 중심적 위치에 두었다. 그리고 불교는 도교나 유교에 비해 상대적으로 적은 비중을 차지하고 있다. 따라서 크게 보아 유·불·도 삼교의 회통을 인정할 수는 있지만 비중의 차이가 있으며, 반드시 도교를 중심으로 삼교회통을 시도하였다고 말할 수도 없다. 그리고 서양철학 가운데에서는 특히 칸트가 중시되고 있다. 그와 같이 칸트에 중심을 둔 동서 철학 만남의 시도는 이후에도 중요한 한 흐름으로 이어진다.

## 3. 한국 근대철학과 전병훈의 정신철학

전병훈은 1907년 중국으로 건너간 뒤 1920년 출간한 『정신철학통편』에서 단군사상과 유·불·도의 동양사상, 그리고 동·서 철학을 아우르고 회통시키면서 자신의 '정신철학'을 전개하였다. 이 책의 앞머리에는 당대 중국의 학계뿐만 아니라 정·관계의 수많은 쟁쟁한 명사들이 평언評言을 실어 그를 칭송하고 있는데, 그 속에는 중국 근대의 대표적 변법 운동가이자 사상가인 엄복이나 강유위 같은 인물들도 포함되어 있어서 우리의 눈길을 끈다.

전병훈이 『정신철학통편』을 저술할 무렵인 1917~8년의 중국은, 특히 중국의 북경은 정치적으로뿐만 아니라 사상적·문화적으로 큰 혼란을 겪으면서 역사적 전환기를 맞고 있었다. 1912년 손문孫文의 신해혁명辛亥革命으로 공화정의 중화민국中華民國이 건국되었다가 이내 권력이 원세개의 손으로 넘어가고, 황제의 복벽復辟을 시도하던 원세개가 좌절하고 군벌軍閥 할거의 시대로 접어든 상태였다. 이러한 정치적 대혼란 속에서 갓 설립된 북경대학의 젊은 교수들을 중심으로 하는 일군의 지식인들은 "타도! 공가점孔家店"과 "전반서화全般西化"의 구호를 외치면서 이른바 신문화운동을 전개하였다. 바로 이때에 『정신철학통편』이 출간된 것이다. 이런 점에서 전병훈의 철학사상은 한국 근대철학사만이 아닌 중국 근대철학사에서도 함께 그 평가가 이루어질 필요가 있다.

전병훈의 정신철학이 가지는 한국 근대철학사에서의 위치에 대해, 금장태는 "이러한 동서사상의 종합, 곧 그가 말하는 '조제調劑'는 동도서기론에서 한 걸음 더 나아갔던 것"이라고 말하였고 황광욱은 "이러한 사상적 태도는 척사·동도서기·개화 나아가 애국계몽운동 등이 미처 미치지 못했던 부분"이라고 말하였다. 여기에서는 전병훈의 정신철학이 동도서기론에서 한 걸음 더 나아간 것, 혹은 동도서기와 애국계몽사상을 넘어선 것이라고 말하고 있다. 하지만 그것이 구체적으로 어떠한 내용과 갈래이며 어떠한 단계에 이른 것인지에 대해서는 말하고 있지 않아 한국 근대철학사에서 가지는 위치가 분명하지 않다.

돌아보면 1876년 개항을 거쳐 1890년대 중반에 이르기까지 개화정책이 실행되는 과정에서 도는 동양, 기는 서양이라고 주장하는 동도서기론이 등장하였다. 그런데 1890년대 중반에 이르면 상황이 달라졌다. 성공적이었든 성공적이지 못하였든 현실적으로 개항과 개화가 현실화되고, 이에 따라 서기의 수용이 대세로 굳어지면서 더 이상 서기 수용의 문제는 논란의 대상이 되지 않았다. 이제 정치 제도와 사상, 종교, 철학과 같은 '도'가 문제의 중심에 서게 되었다. 시급하고도 절실한 서기 수용에 있어서 동도東道에 대한 입장 차이가 발생한 것이다. 집권세력이 주축인 동도서기론자들은 동도의 보존을 주장하는가 하면, 독립협회를 중심으로 한 계열은 동도가 서기의 수용에 방해가 된다고 간주하여 서도西道의 수용과 더불어 동도의 청산을 주장하였다. 이와 달리 서도의 적극적 학습은 인정하되 이를 통해서 동도를 변용變容할 것을 주장하는 계열도 생겨났다. 바로 이 동도 변용의 주장 속에 한국 근대사상이 풍부하게 펼쳐진다. 전병훈의 정신철학은 크게 보면 이러한 동도변용론 위에 놓여 있다. 그런데 이 속에도 여러 갈래와 단계가 있다. 어찌 보면 이것을 구분 짓는 작업이 바로 한국 근대사상 연구의 핵심적 과제일 수도 있다.

동도변용론을 서도와 동도에 대한 인식과 동도의 변용 방법의 차이에 따라 한 번 나누어 살펴볼 수 있겠다. 먼저 서도에 대한 인식의 차이를 보면, 인식의 대상은 서양의 민주적 정치제도와 그것의 바탕이 되는 정치사상에서 출발하여 종교, 철학 등으로 확대되고 깊어져 간다. 그리고 이에 따라 동도, 곧 동양의 전통에서 그에 상응하는 것을 찾아 비교하고 변용하게 된다. 가령 애국계몽사상가들은 주로 정치 제도와 사상에 주목하여 서양의 민주주의를 공자나 맹자에게서 찾아낸다. 종교에 주목한 이들은 유교를 종교화하여 공자교운동을 전개하는가 하면 유·불·도의 여러 요소를 합성하여 새로운 종교를 만들어 내기도 한다. 또 어떤 이들은 철학이야말로 서양의 성공 맨 밑바탕에 있는 것이라고 인식하여 서양철학에 주목하면서, 서양의 것과 비교되는 동양철학을 찾아 나선다. 이때에도 초기에는 동양철학 우위의 입장에서 호교론적 자세를 취하다가 점차 회통론적 입장으로 변화하게 된다. 일단 이러한 흐름은 순차적 단계를 밟고 있으며, 그 종착은 철학이라고 할 수 있다.

그리고 동도에 대한 인식과 그 변용의 관점에서 보면, 주자학이 논의의 중심에 서게 된다. 곧 주자학에 대해 어떠한 입장을 갖느냐에 따라 중요한 차이가 발생한다. 주자학을 비판적으로 보는가 아닌가의 차이가 우선 중요한 기준이 되겠다. 주자학에 대한 비판도 현실 주자학이나 주자학자들에 대한 비판과 주자학 자체에 대한 비판으로 나누어 볼 수 있으며, 다시 주자학 자체에 대한 비판이라 하더라도 그 대안에는 차이가 있다. 가령 원시 공맹유학으로 가는 이가 있는가 하면 양명학 혹은 실학에 관심을 두는 이가 있고, 아니면 이 둘을 모두 바라보는 이가 있다. 한편 주자학에 대한 계승적 입장을 취하는 이들이라 할지라도 현실 주자학과 주자학자들에 대해서는 대체로 비판적 입장을 취한다. 이들은 주로 주자학을 원시 공맹유학의 계승적 관계에서 고찰하는데, 차이가 있다면 주자학(유학)을 중심으로 할 것인가 아니면 유·불·도 삼교로 지평을 열어 갈 것인가 하는 정도이다. 주로 종교 영역에서는 공자교운동을 제외한 대부분의 신흥종교사상에서는 유·불·도에 대한 회통적 입장을 취하고 있지만, 철학에서는 이러한 회통적 입장이 잘 발견되지 않는다.

그렇다면 전병훈의 정신철학이 가지는 한국 근대사상에서의 위치는 어떠한가? 먼저 서도의 인식에서 보면 그의 인식은 철학에까지 미치고 있다. 한마디로 개항 이래 대서양對西洋 인식의 정점에 이르렀다고 볼 수 있다. 군사, 경제, 정치적인 것에서부터 종교, 철학으로까지 인식의 대상이 확장된 것이다. 이에 철학이 가장 근본적인 것이라 생각하여 그는 『정신철학통편』을 쓴 것이다. 그러면서도 단순히 철학에 대해서만 말한 것이 아니라, 근대 이래 대서양 인식의 전 영역을 포괄하여 유기적·체계적으로 이해하고 있다. 뿐만 아니라 서양철학에 대한 인식에서도 이인재李寅梓(1870~1929)와 좋은 대비가 된다. 이인재가 주로 고대 그리스철학, 그리고 순수이론철학에 관심이 집중했다면, 그는 중고·근세·최근세로 나누었듯이 서양철학 전 시기를 대상으로 하고 있으며 순수이론철학에서부터 사회철학에 이르기까지 철학의 영역을 확대시키고 있다. 더욱 중요한 것은 서양철학에 대한 동양철학 우위론에 입각하여 호교론적 입장을 취한 것이 아니라 동·서 철학 회통적 입장의 정점에 서 있다는 점이다.

한편 동도에 대한 인식에서도 중요한 사상적 위치를 갖는다. 전병훈은 동도의 중핵인 주자학에 대해 비판적 입장을 취하지 않는다. 그는 주자학을 원시유학과 단절적으로 보지 않으며, 그 가운데 긍정적 부분을 취하고 있다. 이것은 그가 화서華西학통의 후예임과 무관하지 않다. 그는 이렇게 주자학에 대해 비판적 입장을 보이지 않았지만, 그렇다고 해서 그것을 절대시하지도 않는다. 대신 그는 유교만을 대상으로 하는 변용론에서 벗어나서 유·불·도 삼교의 회통을 통한 동도 변용을 시도하였는데, 이 과정에서 특히 도교를 중시하였다. 이 점은 중요한 특색이자 발전이라고 말할 수 있겠다. 이렇듯 서도와 동도에 대한 인식, 그리고 동도의 변용이라는 점에서 그의 철학사상적 작업은 한국 근대사상사에서 정점의 위치에 서 있다고 할 수 있다. 여기에서 그에게 내용적·이론적 완결성까지 요구하는 것은 아무래도 무리일 것이다.

한국 근대철학은 전병훈에 와서 정점에 이른 뒤 종지부를 찍게 된다. 1920년대로 접어들면 이제 철학 연구는 새롭게 생겨나기 시작한 대학으로 그 중심이 옮겨 가는데, 이것을 한국 현대철학의 시작이라고 볼 수 있겠다. 현대철학은 단순히 연구 중심의 공간적 이동만이 아니라 연구 주체와 대상, 방법 등에서도 일대 전환이 일어나게 된다.

# 제6장 정인보와 『양명학연론』

## 1. 정인보의 생애

　『양명학연론陽明學演論』의 저자인 정인보鄭寅普(1893~1950)는 자는 경
업經業, 호는 위당爲堂・담원薝園이다. 그는 구한말에 태어나 일제강
점기와 대한민국 건국기에 활동한 저명한 양명학자이자 민족주의
사학자이며, 많은 시조를 지은 현대시조시인이기도 하다. 그는
연세대학교의 전신인 연희전문학교의 교수로 재직하면서 일본
제국주의 침략자들의 '조선학' 연구에 맞서서 민족주의 입장에서
의 '국학' 연구에 온 정성을 쏟아 국학 연구의 길을 열었다.
　정인보는 구한말 명문가에서 출생했다. 그의 집안은 증조부인
정원용鄭元容까지 총 11명의 정승을 배출한 집안으로, 조부 정기년鄭
基年은 장락원정掌樂院正과 부평부사富平府使를 지냈고, 아버지 정은조
鄭誾朝 역시 장예원부경掌禮院副卿과 호조참판戶曹參判을 지냈다. 그러
나 조부의 강한 반골 성향으로 인해 조부와 둘뿐인 숙부가 모두
죽임을 당하면서 집안은 급격히 몰락했다. 실제 정인보가 태어났을
때에는 이미 집안이 몰락한 뒤였으며, 이로 인해 그는 아버지로부터

한학을 배운 점을 제외하면 전혀 명문가답지 않은 불행한 어린 시절을 보냈다.

정인보의 인생에서 중요한 전환점이 된 사건은 18세(1910) 때 있었던 난곡蘭谷 이건방李建芳과의 만남이었다. 강화학파江華學派의 적통을 이은 이건방은 정인보에게 양명학과 경학을 가르쳐 준 스승이었다. 이건방과의 만남 이후 정인보는 양명학과 경학을 깊이 공부하였으며, 이건방이 연구하고 있던 국학에 대해서도 깊은 관심을 보이게 된다. 이러한 영향으로 인해 그는 양명학을 자신의 세계관으로 받아들이는 동시에 민족과 국학에 대해서도 깊은 관심을 갖게 된다.

정인보는 당시까지도 정통 주자학자들에 의해 이단시되던 양명학을 받아들였는데, 그것은 당시의 시대적 상황과 양명학이라는 학문적 특징에 기인한 것으로 보인다. 1910년 조선의 국권이 상실되면서 당시 학자들에게는 시대적 상황을 해결할 수 있는 이론이 개인적으로나 집단적으로 필요했었다. 그리고 그 이론은 복잡한 내용과 체계를 가진 것보다는 실질적인 행동을 유발시킴으로써 당시의 시대상황을 어떤 방식으로든 호전시킬 수 있는 것이어야 했다. 정인보 또한 이러한 이유로 주자학이나 불교에 비해 한층 더 실천지향적이면서 '간단하고 쉬운'(簡易) 것으로 평가받는 양명학을 받아들였던 것으로 보인다. 이후 그는 양명학에 깊이 매료되어, 양명학이야말로 당시를 구할 수 있는 실질적인 학문이라고 생각하게 되었다.

1913년 2월 상해로 건너간 정인보는 당시 유행하던 여러 학문 사조들을 접하기 시작한다. 그리고 그곳에서 망명생활을 하고 있던 박은식·신채호·신규식·홍명희·문일평 등과 함께 동제사同濟社운동에 참여하여 함께 독립운동의 방법을 모색하기도 했다. 이 시기까지를 학자들은 정인보의 학문적 수련기로 본다.

학문적 수련기를 거친 정인보는 1923년부터 본격적인 활동기로 접어든다. 이 시기부터 정인보는 연희전문학교에서 조선문학과 한학을 강의하기 시작했으며, 동시에 국학 연구와 다양한 저술활동에 본격적으로 뛰어든다. 그리하여 그는 1937년 이후 은둔기로 접어들기 전까지 연희전문학교의 교수로 있으면서 한학과 국학연구의 대표적인 인물로 부각되었고, 동시에 불교전문학교와 이화여전에 출강하면서 왕성한 교단활동력을 보여 주었다. 무너진 국권을 일으켜 세울 새로운 인물들에 대한 강한 희망이 그로 하여금 교육과 계몽활동에 힘쓰게 만들었던 것으로 보이며, 이러한 그의 활동은 이후 그의 삶을 교육자로 평가하게 하는 데 중요한 이유가 되었다.

동시에 그는 민족주의 사학자로서, 또 국학연구자로서도 왕성한 활동을 한다. 정인보가 활동했던 시기는 일본의 어용사학자들에 의해서 '식민사관'이 폭넓게 학계에 자리를 잡고 있던 시기였다. 일본은 조선 강점을 정당화해 줄 이론적 근거를 역사에서 찾기 위해 조선의 역사를 '열등성'이라는 기준에 맞추어 해석하기 시작했다. 이러한 과정에서 한국사에 대한 많은 왜곡과 삭제가 이루어졌다. 예컨대, 삼국시대 이전의 고대사는 한국사에서 삭제되었고, 조선왕조는 마치 사색당파로 일관된 역사인 것처럼 해석되었으며, 임진왜란에서 거둔 충무공의 승리는 완전히 묵살되었다.

이러한 식민사관에 대해 정인보는 심각한 '우려'를 표명하였다.

특히 그는 식민사관이 가진 가장 큰 문제는 조선인의 '마음의 영토'를 강탈해 가는 것이라고 생각했다. 일본의 식민사관이 단순히 역사적 사실 몇 가지만 왜곡하는 데 그치는 것이 아니라는 말이다. 이 때문에 그는 자신이 결코 '사학자'가 아니라고 주장하면서도 식민사관에 대항하는 역사 연구를 시작하게 된다. 이러한 그의 시도는 결국 정신(마음)을 중시하는 민족사관과 맥을 같이하게 되었다. 그가 신채호·박은식 등과 더불이 '민족주의 사학사'의 진영에 서게 된 이유이다. 정인보의 이러한 활동이 집약적으로 드러난 부분은 바로 <동아일보>에 약 1년 반(1935. 1. 1~1936. 8. 28.)에 걸쳐 게재되었던 「오천 년간 조선의 얼」이다. 여기에서 정인보는 한민족의 광활했던 기상에 초점을 맞추어 고대사 연구에 집중하고 있다. 특히 그는 사람이 지닌 정신적 능력인 '얼'을 역사의 중심 개념으로 등장시키면서, 철저한 정신사관의 세계를 개척하고 있다. 그리고 이를 통해서 과거의 그 광대했던 기상이 일제 강점의 시기에도 그대로 드러나기를 바라는 소망을 투영시킨다.

이와 더불어 정인보의 활동력이 매우 강하게 드러난 부분은 바로 '국학 연구' 쪽이다. 그의 국학 연구는 주로 실학에 관한 연구에 집중되어 있다. 이것은 그의 스승인 이건방의 영향으로, 강화학파가 실학과 어느 정도 관련성이 있음을 엿보게 해 주는 부분이다.

실제 강화학파의 많은 인물들은 실학과 깊은 관련성을 맺고 있다. 단지 사상적 성향뿐만 아니라 연구 대상이나 활동 영역에 있어서도 그들은 실학과 유사한 모습을 보여 주었다. 그것은 역사 연구나 음운 연구, 나아가 실질적인 기술과학 분야 등 폭넓은

활동 영역에서 잘 드러나고 있다. 강화학파 이긍익은 역사를 사실 그대로 기술하는 기사본말체의 방식으로 『연려실기술』을 기술했고 이후 많은 강화학인들이 역시 역사서를 썼는데, 이들의 역사 서술 방식은 주자학의 방식인 춘추대의春秋大義로부터 벗어나 실질적인 역사 기술에 초점을 맞추고 있다. 같은 강화학파의 인물로 이해되어 온 박은식과 정인보의 역사 기술 역시 이러한 전통에서 있다고 할 수 있겠다. 또한 강화학인들 가운데 이광사는 정음 연구의 새장을 열고 있다. 그는 조선의 음운체계가 중국의 음운체계와 다른 것을 고려하여 우리의 실정에 맞는 실질적인 음운론을 제기하고 있다. 그리고 정제두의 직계인 정후일은 수학을 중시하여 수학 연구에 심혈을 기울였으며, 정문승은 농사에 관한 책을 짓기도 했다. 이처럼 강화학인들은 봉건적인 학문으로 평가되는 양명학에 기반하고 있으면서도, 활동 영역은 많은 부분 당시 실사구시를 추구하던 실학자들과 유사한 형태를 띠고 있다. 이것은 당시의 관학이었던 주자학에 대항해서 실질적인 것을 추구했던 재야 학문 들의 귀결점이라고도 볼 수 있겠다. 어찌 되었건, 그들은 현실에 기반하고 있으면서 동시에 현실에 필요한 학문이야말로 실질적인 학문이라고 생각했으며, 이러한 의미에서 자신들 역시 '실학'을 한다고 말했다.

이러한 전통이 정인보에게까지 이어졌던 것으로 보인다. 정인보 는 이건방의 문하에서 글을 배울 때부터 이건방과 더불어 다산 정약용에 대한 연구를 진행하였다. 그리고 정약용을 알기 위해서는 먼저 성호 이익에 대해 알아야 한다고 생각하여 1929년(37세)에 『성호사설星湖僿說』을 교열하여 간행하였으며, 그와 관련된 여러 글들도 발표하였다. 1931년에는 <동아일보>에 「조선고전해제」를 연재하여 조선 후기 실학자의 저술 18권에 대한 해제를 썼다. 또 1933년에는 『김추사전서金秋史全書』의 서론을 쓰기도 했다. 이러한 그의 실학 연구는 1934년(42세)에 『여유당전서』 제1권의 간행으로 완전히 표면화되었다. 나아가 다산 정약용 선생 서거 100주년 기념 회를 발기하고 또 백남운·안재홍 등과 함께 정약용에 관한 논설문 을 발표하기도 했다.

이처럼 정인보는 고대사 연구나 국학 연구에 있어서 많은 업적을 남겼으며, 이것은 그의 왕성한 저술과도 직결되었다. 이러한 그의 활동 뒤에는 그의 세계관인 양명철학이 있다. 그가 제시하고 있는 '얼'사관이나 국학 연구는 정인보 자신의 양명학을 각각의 이론체 계 내에서 재해석한 것이다. 양명학의 중요 개념인 '양지'를 '얼'로 보고 그것에 바탕해서 역사를 해석하고 있는 점이나, 양명학에서 말하는 '실심'의 학이라는 관점에서 국학 연구를 하고 있는 점 등은 이러한 모습을 잘 보여 주는 대목이다. 이처럼 자신의 학문과 삶에 중요한 기준으로 작용했던 양명학에 대해서도 정인보는 연구 를 게을리 하지 않았던 것으로 보인다. <동아일보>를 통해 66회에 걸쳐서 발표된 『양명학연론』(1933)은 정인보의 이러한 연구 성과를 집약한 것으로, 양명학에 대한 그의 이해 깊이를 가늠하기에 충분하 다. 특히 이 글 속에는 양명학 이론에 대한 이해로부터 양명학을 창시했던 왕수인과 그의 제자들, 그리고 한국양명학에 이르기까지 의 모든 부분이 망라되어 있다. 한국양명학계에서 처음 나왔던 양명학 연구서로, 그 체계적인 정리나 이해의 수준은 현대의 성과들 과 비교해도 뒤떨어지지 않는다. 이러한 정인보의 양명학에 대한 깊이 있는 이해는 이후 역사에 대한 이해나 국학 연구에 대한 이해에 있어서 중요한 구심점이 되었다.

이 외에도 정인보는 많은 저술 활동을 한다. 위에서 보았던 국학 연구나 민족사관에 관련된 글 또는 양명학 관련 글을 제외하고도 많은 저술을 남기고 있다. <동아일보> 사설로 쓴 「이상재 선생의 장서長逝」(1927),『청년』1931년 2월호와 3월호에 쓴 「근세조선 학술 변천에 대하야」(1931)와 같은 해의 이충무공에 대한 논설문, <조선일보>에 연재된 「관동해산록關東海山錄」(1933), <동아일보>에 연재된 「남유기신南遊寄信」(1943) 등이 그것이다. 이 외에도 그는 많은 양의 현대시조를 남겨 국문학계에서는 대표적인 현대시조시인으로 꼽히고 있다.

1930년대 후반으로 넘어가면서 일제의 탄압이 가중되기 시작했다. 특히 1937년 6월에 일어난 '수양동우회修養同友會' 사건으로 인해 연희전문학교의 많은 사람들이 체포되고 정인보가 강의하던 조선문학강좌 등이 폐쇄되었다. 이러한 탄압 속에서 정인보는 일본과의 타협을 거부하고 이듬해부터 광복 때까지 오랜 은닉생활에 들어간다. 이 시기는 주로 묘비문과 제문, 한시와 시조 등을 저술하면서 보냈다.

1945년 8월 15일 드디어 한국은 일본의 강제점령에서 벗어났다. 조국의 광복과 더불어 정인보는 여러 정치단체에 참여하였고, 지금의 경찰청장에 해당하는 초대 감찰위원장 직을 역임하였다. 이후 국학대학을 세우는 일에 힘썼으며, 이로 인해 국학대학장을 역임하기도 했다. 1950년 한국전쟁이 터지면서 북한군에 의해 납북되었고, 그해 11월 하순에 사망한 것으로 알려져 있다.

## 2. 『양명학연론』은 어떤 책인가?

『양명학연론』은 1933년 <동아일보>에 연재되었던 글이다. 이 글은 무려 66회에 걸쳐 발표되었는데, 그 분량이나 내용 면에 있어서 완성도가 매우 높다. 특히 중국이나 일본과는 달리 한국에는 양명학이 없었다고 인식되어 온 한국양명학사에 있어서, 정인보의 양명학 연구는 한국양명학의 깊이를 인식시켜 주기에 충분하다. 연구의 양적인 면과 질적인 깊이, 그리고 그것을 현실적 문제로 적용시켜 나가는 부분은 축적된 연구 결과가 없다면 사실상 불가능하기 때문이다. 따라서 정인보의 『양명학연론』은 한국양명학의 축적된 연구 성과를 가늠해 볼 수 있는 매우 중요한 잣대가 된다고 할 수 있다.

『양명학연론』은 총 7장으로 구성되어 있다. 제1장은 자신이 양명학을 왜 쓰는가를 피력하고 있는 「논술論述의 연기緣起」이고, 제2장은 양명학에 대한 대략적인 부분을 설명하고 있는 「양명학이란 무엇인가」이며, 제3장은 왕수인의 인물됨과 행적, 그리고 그의 영웅담을 담고 있는 「양명본전」이고, 제4장은 『대학』을 해석하고 발본색원론拔本塞源論을 중심으로 양명학 이론을 설명하고 있는 「대학문大學問, 발본색원론拔本塞源論」이다. 그리고 제5장은 왕수인의 제자들에 대해 기술하고 있는 「양명문도陽明門徒 및 계기繼起한 제현諸賢」이고, 제6장은 한국의 양명학자들과 그 학파에 대해 기록하고 있는 「조선양명학파」이며, 제7장은 결론 격인 「후기後記」이다. 여기에서 드러나듯이 『양명학연론』은 양명학 이론에 대한 이해뿐만 아니라, 양명 왕수인이라는 인물과 그의 학통, 그리고 한국의 양명학까지 전반적으로 다루고 있다. 우선 각 장에서 다루고 있는 내용을 간단하게 살펴보기로 하자.

제1장 「논술의 연기」는 왜 이 책을 쓰는가 하는 이유를 밝히는 것으로 시작한다. 그는 조선의 오백 년 역사를 '헛됨과 거짓으로 가득 찬 역사'로 규정한다. '헛됨과 거짓'으로 가득 찬 학문 때문이다. 학문의 헛됨으로 인해 그 행동양식 역시 헛된 모습을 띠게 되었고, 이것은 곧 조선의 멸망이라는 결과를 낳았다는 것이다. 따라서 정인보는 헛됨의 반대인 실심으로 하는 학문을 주장했다. 실심의 학이야말로 제대로 된 '실행實行'을 낳는다고 생각했던 것이다. 그러한 실심의 학이 곧 양명학이라 하여, 정인보는 이러한 양명학을 통해 실질적 행동을 기대하는 마음으로 글을 시작하고 있다.

제2장 「양명학이란 무엇인가」는 일반인들이 쉽게 양명학을 이해할 수 있게 하려는 목적으로 쓴 글이다. 여기에서 정인보는 양명학이 주자학과 다른 근본적인 이유를 설명하면서, 양명학이 표방하고 있는 핵심적인 내용을 전하려고 한다. 그 핵심적인 내용은 바로 '마음 속으로 향하는 공부'이다. 그는 주자학과 양명학의 가장 근본적인 차이는 '공부가 마음 밖으로 향하는가, 마음 속으로 향하는가?'에 있다고 보았다. 정인보는 인간 모두가 선천적 도덕인식능력인 양지를 가지고 태어났기 때문에 그것을 그대로 발현시킬 수 있는 공부가 필요하다고 생각했다. 이것이 '마음공부'의 중요성을 강조하게 된 이유이다.

동시에 이러한 마음공부는 타인과의 관계를 규정하는 중요한 기준이 되기도 한다. 같은 양지를 받고 태어난 사람들은 모두 선천적 동일성을 가진다. 따라서 타인의 아픔과 고통은 다른 외부 사물의 아픔과 고통이 아니라, 그대로 내 마음의 아픔과 고통으로 체화될 수 있다. 바로 정인보가 말하는 '감통'이다. 따라서 타인의 고통을 해결하는 것은 곧 나의 고통을 해결하는 것이 된다. 그래서 정인보는 실심의 궁극적인 목표는 '민중의 복리를 도모하는' 데 있다고 말한다. 이러한 이유로 정인보는 말만 하고 행위가 없는 학문을 '허학虛學'이라고 비판하면서, 행위로 바로 이행되는 공부의 중요성을 강조한다. 바로 이것이 자신의 마음이 하늘의 이치인 이유이니, 이는 곧 앎과 행위가 떨어질 수 없는 중요한 철학적 기반이 된다.

제3장 「양명본전」은 양명학의 주창자인 왕수인의 일대기를 영웅적으로 기술하고 있는 장이다. 이 장에서 정인보는 왕수인의 영웅적인 모습에 초점을 맞추고 있다. 이를 위해 그는 당시의 많은 농민봉기를 진압하는 왕수인을 중점적으로 묘사한다.

먼저 비범하지 않았던 어린 시절의 모습과, 벼슬길에 나갔던 왕수인이 환관 유근에 쫓겨 귀주 용장역의 역승으로 가던 사건 등이 자세히 기록되어 있다. 용장역에 도착한 왕수인은 여기에서 양명학의 중심 이론인 '마음이 곧 리'(心卽理)라는 사실을 깨닫게 되는데, 정인보는 이 과정을 비교적 세밀하게 묘사하고 있다. 이후 좌첨도어사순무남공左僉都御史巡撫南贛이라는 벼슬에 오른 왕수인은 당시에 발생한 장남·횡수·통강·대모·이두 등의 농민봉기를 진압한다. 이후 황실 귀족인 주신호의 반란을 토벌하여 단기간 내에 그를 사로잡음으로써 신건백에 봉해지기도 했다. 정인보는 특히 이러한 반란진압 과정을 매우 상세하게 기술하면서 왕수인의 지략과 영웅다움·인간됨 등을 매우 높이 평가하고, 이러한 영웅적 모습이 실상은 그의 마음공부에서 연원하고 있음을 밝히고 있다. 나라의 안녕과 백성의 안위를 지켜 내는 영웅과 마음공부를 통한 도덕철학자의 모습으로 왕수인을 묘사함으로써 마음공부를 통한 '현실적 영웅'의 탄생을 기원하고 있는 것이다.

제4장 「대학문, 발본색원론」은 양명학 이론 가운데에서도 실천론과 관계된 부분을 정리한 것이다. 정인보는 『대학』에 대한 해석 문제에 있어서 왕수인과 같은 입장을 취함으로써 주희와 근원적인 차이를 드러내고 있는데, 이것은 실천학으로서의 양명학으로 이행되는 매우 중요한 근거가 된다. 정인보는 왕수인과 마찬가지로 고본 『대학』을 옳은 것으로 보았다. 즉 그는 삼강령(在明明德, 在親[新]民, 在止於至善) 중의 친親자를 신新자로 바꾸는 주희의 해석에 반대하면서, 『대학』은 이미 그 자체로 완성된 것이기 때문에 더 이상 첨가할 것도 뺄 것도 없다는 입장을 견지하고 있는 것이다. 그는 『대학』의 목적이 백성들과 친하게 하는 데 있다고 보아서, 만약 그것을 '신'으로 바꾸어 "백성을 새롭게 한다"로 해석한다면 새롭게 하려는 사람과 새롭게 되어야 할 사람으로 갈라지게 되며, 이것은 결국 본本과 말末을 갈라서 각기 다른 것으로 파악하는 오류를 범하게 되는 것이라고 생각했다. 이러한 이유로 정인보는 '발본색원론'이 '친민親民'을 설명하는 해석이라고 말한다. 마음의 양지를 밝히는 것과 가家·국國·천하天下에 대한 '감통'이 같은 것이라는 말이다. 이러한 것은 결국 이웃과 백성들의 고통을 자신의 고통으로 생각하게 하는 '감통론'의 이론적 근거가 된다. 정인보는 이 마음이 바로 '실질적인 마음'(實心)이라고 생각했다. 따라서 실심의 궁극적 목표는

바로 '민중의 복리를 도모하는 것'으로 이행된다. 이 장에서는 이렇게 『대학』의 해석이 양명학의 이론으로, 그리고 그것이 정인보 자신의 '감통론'으로 이어지는 이론적 전환 과정을 세밀하게 설명하고 있다. 이러한 설명을 통해 그는 궁극적으로 민족의 아픔을 자신의 아픔으로 여겨서 떨쳐 일어설 수 있는 '활동력'을 기대하고 있다.

제5장 「양명문도 및 계기한 제현」의 장은 왕수인의 제자들에 대한 기록이다. 여기에서 정인보는 왕수인 이후의 중국양명학사를 세분하여 기록하고 있는데, 이러한 기록들을 통해서 우리는 정인보가 도달했던 양명학에 대한 연구의 깊이를 가늠할 수 있다.

이 장에서는 왕수인의 가장 대표적인 제자 서애徐愛로부터 명말의 손기봉孫奇逢·황종희黃宗羲·이용李容에 이르는 여러 양명문도들의 학문적 태도와 방법들이 체계적으로 정리되어 있다. 그는 양명문도에 대한 『명사明史』의 "(양명의) 제자들이 천하에 가득 찼다"(弟子盈天下)라는 기록을 인용하여 양명학의 부흥을 표현하면서 그들이 주로 강우江右·남중南中·초중楚中·북방北方·태주泰州에 산포했다고 말한다. 이것은 이후 양명학의 학파 분립으로 이어지기도 한다. 이후 대표적인 몇몇 인물들을 시대별로 거론하고 있는데, 가장 먼저는 왕수인의 직계제자인 서애와 기원형冀元亨에 대해서 기술하고 있다. 이에 대해 정인보는 왕문王門의 정수를 맛보게 하기 위해서 먼저 기술한다고 말한다. 이들 외에도 전덕홍錢德洪(호는 緖山)과 왕기王畿(호는 龍溪), 왕간王艮(호는 心齋) 등에 대해 기록하고 있는데, 이들은 이후 각기 다른 학풍으로 이어진다. 그리고 나홍선·유종주 등에 대한 기록과 나무꾼인 주서朱恕, 옹기장이인 한정韓貞, 농부인 하정미夏廷美

등에 대한 기록도 보인다. 특히 이들에 대해서는 천한 신분에도 불구하고 명말의 혁신적인 사상운동가로 활동했다는 평가를 내리면서, 누구나 양명학을 통해서 이러한 경지에 이를 수 있음을 밝히고 있다.

또한 눈에 띄는 대목은 하심은何心隱에 대한 정인보의 평가이다. 기존의 양명학계에서는 하심은에 대한 제대로 된 평가가 없었던 것이 사실이다. 그러나 정인보는 하심은이 민중의 이해利害를 자신의 이해로 받아들이고 있다고 말하면서, 이러한 점에서 그의 학문을 진학眞學이라 할 수 있다고 평한다. 이 장의 기록들을 통해 정인보는 양명학이 단순히 선대 학자의 궤도를 좇아가는 것이 아니라, 스스로의 마음에서 깨달아야 하는 학문임을 분명히 한다. 이러한 성향으로 인해 양명학은 각기 다른 학풍들이 생겨나면서 다양한 경향성을 띠게 되는데, 이에 대해서도 정인보는 매우 긍정적으로 평가하고 있다.

제6장 「조선양명학파」에서 정인보는 한국양명학의 계보를 정리하고 있다. 이것은 당시까지 천대받았던 조선양명학에 대한 최초의 연구 결과물이다. 정인보의 이러한 정리는 지금까지도 한국의 양명학자들을 구분해 내는 중요한 기준으로 자리매김하고 있다. 그는 이 글에서 특히 한국양명학자들의 학문하는 태도를 높이 평가하고 있으며, 나아가 이러한 양명학자들의 삶을 자세하게 기술함으로써 실제의 삶 속에서 양명학이 어떻게 발현되고 있는가를 밝히고 있다.

정인보는 조선의 양명학자를 세 부류로 분류한다. 하나는 뚜렷한 저서가 있든지, 아니면 그 사람의 말 중에서라도 분명한 증거가 있어서 외부에서는 몰랐을지라도 양명학파로 규정하기에 의심이 없는 사람들이다. 다른 하나는 비록 양명학을 비난한 적이 있더라도 전후사정을 종합해 보면 겉으로만 그러하고 속으로는 양명학을 주장하는 것을 가릴 수 없는 사람들이다. 마지막 하나는 양명학에 대해서는 한마디도 언급한 적이 없고 또한 주자학을 존숭하고 있지만, 그 평생 주장한 정신을 살펴보면 두말할 나위 없이 양명학 자임을 알 수 있는 사람들이다. 조선시대 이단으로 배척받았던 양명학을 실제로 주장한 사람들은 물론이고, 그 속은 양명학파이면 서도 대세를 거스를 수 없어서 겉으로는 주자학을 신봉했던 사람들 도 모두 양명학파의 계열에 편입시키고 있는 것이다. 그 기준은 바로 '실심實心'에 의해서 학문을 했는가 그렇지 않은가이다. 그는 이러한 분류에 따라서 각각의 인물을 분류하고 그 속에서 그들의 학문과 활동들을 기록하고 있는데, 이러한 분류법은 이후 한국양명 학사의 매우 중요한 연구 결과로 자리 잡는다.

제7장은 이 글에 대한 「후기」로, 결론에 해당하는 글이다. 여기에 서 그는 다시금 '천생으로 가진 앎'을 그대로 드러내는 삶을 강조하 면서, 그것이 궁극적으로 삶을 통해 드러나야 한다고 말한다. 양명 학을 신봉하든 그렇지 않든 간에, 정인보가 양명학이라고 말하는 기준은 바로 실질적인 삶의 모습에서 '실심'을 살리는가 그렇지 않은가에 있다. 진실된 학문의 기준은 바로 실심에 있으며, 그 실심이 행동과 삶으로 나타나는가 그렇지 않은가 하는 점이 가장 중요하다는 말이다.

## 3. 양명학과 한국양명학

양명학은 명나라 중기의 대학자 왕수인王守仁(1472~1528)에 의해
제창된 학문이다. 양명학은 도덕학을 추구해야 할 주자학이 명나라
중기로 오면서 단순히 과거를 보기 위한 학문으로 변질된 것을
비판하면서 등장했다. 하지만 양명학의 이 비판은 주자학자들에
대한 단순 비판에 그치는 것이 아니라, 주자학의 학문체계 내에서
문제점을 발견하고 그것을 해결하려고 시도한다.

주자학의 창시자인 주희(1130~1200)는 모든 세상만물이 '그렇게
되게 하는 이치로서의 리理'와 '그러한 모습 및 특성·성격 등을
가진 것으로 드러난 기氣'로 결합되어 있다고 생각했다. 이것은
단순히 각 사물에게만 적용되는 것이 아니라 사람에게도 그대로
적용되며, 심지어 사람의 마음에까지 그대로 적용된다.

송명성리학이 모두 그러하듯 주자학의 궁극적 목표는 '도덕적
인간의 완성'에 있다. 이 목표를 달성하기 위해서 성리학에서 매우
중요한 것은 선을 알고 행하게 할 수 있는 '마음'이다. 주자학에서는
마음을 '인식능력'이면서 동시에 몸을 주재할 수 있는 것으로 설정
하고 있다. 이 때문에 주자학에서 '심성론'은 매우 중요한 범주이다.
그런데 문제는 바로 여기에서 발생된다. 리기론의 설명이 세상의
존재를 설명하고 있는 틀이라면, 심성론의 영역은 선과 악 같은
가치를 다루고 있다. 그래서 심성론의 영역에서는 어떻게 해서든지
선과 악의 근거를 찾아내어 그 속에서 악을 제거할 수 있는 방법론을
제시해야 한다. 문제는 바로 마음 역시 리와 기의 결합으로 바라보
면서 여기에서 선과 악을 해명하려는 것이었다.

주자학에서는 인간의 마음을 리와 기로 나누면서, 마음의 리적인 영역과 기적인 영역을 분리시킨다. 인간이 선한 이유는 바로 인간 속에 내재된 리적인 영역 때문으로, 이것이 이른바 성性이 된다. 맹자의 성선론을 받아들이고 있는 부분이다. 그래서 주자학에서는 '성이 곧 리이다'(性卽理)라는 명제를 제기하게 된다. 그런데 이러한 성은 실제로 사람의 외부로 드러나지 않는다. 외부로 드러나는 것은 모두 정이며, 성 역시 정의 모습으로 드러나기 때문이다. 그것이 선한 것이든 악한 것이든 모두 정의 범주에 속한다는 말이다. 주자학에서는 이것을 기적인 영역으로 설정하고 있다. 그러므로 드러나지 않는 마음이 성이라면, 드러나는 것은 바로 기의 영역인 정이다.

하늘로부터 받은 본성은 선하기 때문에 아직 드러나지 않는 상태는 선하다. 악은 그것이 드러났을 때 발생한다. 즉 기의 영역에서 선악이 갈라진다는 말이다. 그러나 이것이 정 자체가 악하다는 말은 결코 아니다. 성이 발해서 드러난 것이 정이기 때문이다. 여기에서 주자학은 정이 때와 장소에 딱 들어맞는가 그렇지 않은가를 묻는다. 동시에 그것이 발했을 때 그 속에 사욕이나 인욕이 포함되는가 그렇지 않은가를 묻는다. 악은 바로 여기에서 생성되기 때문이다. 이때 순수하게 선한 성이 선한 정으로 발하게 되면 이것은 곧장 도덕적 행동으로 이행된다. 이에 비해 아무리 선한 성이라고 할지라도 그것이 옳지 않은 정으로 발현되면 그것이 곧 악인 것이다.

그래서 주자학에서는 본성의 선함을 그대로 유지시키려는 공부를 중시한다. 이것은 때와 장소에 맞추는 공부이면서 동시에 인욕을 제거하는 공부이다. 그러면 어떻게 이러한 공부를 할 수 있는가? 주자학에서는 이미 성현들께서 모두 밝혀 놓았으므로 그것을 따라 공부하기만 하면 본성을 그대로 드러낼 수 있다고 말한다. 이른바 격물치지格物致知의 공부론이다. 하나하나의 물物에 대한 이치를 궁구(格)하다 보면 도덕적 앎에 이를 수 있다(致知)는 것인데, 각각의 물에 대한 공부는 곧 경전에 대한 공부를 지칭한다. 이렇게 되면서 주자학에서는 도덕학을 위한 경전 공부가 중요한 비중으로 자리 잡는다.

왕수인의 비판은 바로 여기에서 시작되었다. 도덕학을 목표로 하는 학문에 경전의 중요성이 대두되면서 그 학문은 결국 과거나 치르는 학문이 되었다는 말이다. '도덕학'은 도덕을 행하는 주체인 '마음'에 대한 공부로 이행되어야 한다는 것이 양명학의 출발점이었다. 이처럼 그는 마음에 절대적 가치를 부여하여 '마음 그 자체가 리'라고 말한다. 이른바 양명학의 심즉리설이다. 그래서 왕수인은 마음을 리와 기로 갈라서 보는 주자학을 직접적으로 비판한다. 마음은 리와 더불어 그 자체로 하나라는 말이다.

왕수인은 심즉리의 직접적 근거를 주희와 마찬가지로 맹자의 양지良知에서 찾는다. 양지는 '선천적 도덕인식능력'으로, 맹자는 사람이면 누구나 선천적인 도덕적 앎을 가지고 태어난다고 주장하면서 그 근거로 어린아이가 우물에 빠질 때에 대한 예를 든다. 즉 어린아이가 우물에 빠질 때 그것을 보는 모든 사람에게 드는 안타까워하는 마음은 배워서 얻는 것이 아니라는 것이다. 그냥 불쑥 측은해하는 마음이 일어나서 어린아이를 구하려고 한다는 것이다. 이것이 이른바 불인인지심不忍人之心으로, 바로 양지이다.

왕수인은 이것을 하늘이 인간에게 부여한 리라고 생각했는데, 그것을 현현顯現시키는 주체는 바로 마음이다.

이러한 양지론은 자연히 그것을 그대로 발현시킬 수 있는 공부론을 필요로 한다. 경전 공부가 중요한 것이 아니라, 양지를 그대로 발현시켜 낼 수 있는 공부론이 필요하다는 말이다. 이러한 이유에서 왕수인은 『대학』의 격물치지론을 주희와 전혀 다르게 해석하고, 그것을 바탕으로 새로운 공부론을 제기한다. 그는 격格을 바를 정正자로 해석하고, 물物을 마음으로 보았다. 격을 궁窮자로 해석하고 물을 리로 해석한 주희와는 전혀 다르다. 그래서 왕수인은 '마음을 바르게 하여 앎에 이른다'(致知)라고 말한다. 물론 여기서의 앎 즉 지는 양지이다. 따라서 앎을 이룬다는 것은 곧 양지를 이룬다는 것으로, 이것이 바로 양명학의 치양지론致良知論이다. 치양지를 하는 방법은 '마음을 바르게 하는 것'일 뿐이니, '각각의 이치를 궁구하여 궁극적 앎에 이른다'는 주희의 격물치지에 대한 해석과는 판이하다.

이러한 왕수인 철학의 궁극적 목적은 이것을 실질적인 행위로 옮겨 내는 것이다. 도덕학은 궁극적으로 행동을 통해 표현되어야만 도덕학일 수 있기 때문이다. 그래서 왕수인은 양지의 특성이 단지 앎의 영역에만 머물러서는 안 된다고 생각했다. 앎과 행위는 별개의 것이 아니라, 앎은 행위를 통해 완성되고 행위는 앎을 통해 이루어진다고 생각했던 것이다. 도덕적 앎이라는 것은 궁극적으로 행위를 통해서 완성될 수밖에 없기 때문이다. 그래서 왕수인은 '앎'과 '행위'를 일치시켜야 한다고 주장하는 것이 아니라, '앎'과 '행위'는 애초에 일치되어 있다고 주장한다. 안다면 그것은 당연히 행동을 통해서 드러나며, 행동해야만 비로소 알고 있다고 말할 수 있다. 이러한 왕수인의 주장은 '앎'과 '행위'는 마땅히 일치되어야 한다고 주장하는 주자학의 지행합일론과는 그 전제부터가 다르다. '일치되어야 한다'는 주장은 애초에 '불일치'를 전제한 것으로, 왕수인은 이미 일치되어 있는 것을 다시 '일치시켜야 한다'고 주장하는 것 자체가 잘못되었다고 말한다. 그래서 그는 주자학에는 지知와 행行을 갈라서 보는 병폐가 있다고 지적했던 것이다. 이상이 이른바 양명학에서 말하는 '지행합일론知行合一論'이다.

이러한 중국의 양명학은 조선 중·후기에 유입되어 조선의 여러 학자들에게 영향을 미친다. 임진왜란과 병자호란을 겪었을 당시의 조선사회는 조선의 피폐 원인을 계층에 따라서 각기 다르게 해석한다. 한쪽은 주자학적 정신의 해이로 인해 임진왜란과 병자호란과 같은 큰 화를 이겨 낼 수 없었다고 바라보았는데, 주로 당시 조선을 운영하던 기득권 세력이 이 입장에 속한다. 또 다른 한쪽에서는 조선이 신봉하고 있는 주자학의 한계로 인해 큰 전란을 이겨 낼 수 없었다고 바라보았는데, 많은 재야의 사상가들이 여기에 속한다. 전자의 사람들은 당시와 같은 시대적 상황을 탈피하기 위해서는 더욱 주자학을 강조해야 한다고 생각해서, 주자학에 바탕한 강력한 예학을 만들어 내어 주자학적 정신을 강화하기 시작했다. 동시에 이들은 주자학 외의 모든 것들을 사문난적으로 몰아 기타의 사상들을 배척하였다. 이에 비해 후자의 사람들은 강한 반주자학적 경향성을 띠면서 다른 사상들을 통해서 대안을 찾고자 시도한다. 이들 중에는 공자와 맹자의 원래 사상으로 돌아가자는 한학도 있었고 주자학적인 세계관을 탈피하려고 시도하는 실학도 있었는데, 또 다른 일군의 학자들은 양명학을 수용하여 당시의 주자학적인 세계가 낳은 문제들을 해결하려고 시도하게 된다.

정인보의 평가처럼 조선이 낳은 최고의 양명학자는 하곡 정제두이다. 정제두로 인해 조선에서는 양명학을 모토로 하는 강화학파가 생겨났고, 강화학파는 이후 조선 중·후기 사회에서 중요한 사회적 역할을 감당한다. 그런데 정제두의 사상은 중국의 양명학과는 많은 차별성을 드러내면서 조선양명학만의 중요한 특징들을 만들어 냈다.

앞서 보았듯이, 양명학의 주자학 비판 중 가장 중요한 논지의 하나는 '마음'을 갈라서 본다는 점이다. 성과 정으로 마음을 갈라서 봄으로써 인간의 마음 속에 도덕행위의 가능성과 더불어 악을 행할 가능성이 동시에 내재하게 했다는 것이다. 그래서 양명학은 심을 리로 설정하고, 이를 통해 인간의 도덕본성을 그대로 행동으로 발현시키려 했던 것이다. 그러나 정제두는 이러한 양명학의 입장은 잘못하면 감정에 이끌려 악으로 빠지게 될 수도 있다고 보았다. 이것은 주자학적인 마음관을 바탕으로 하여 양명학의 심론을 받아들였기 때문으로 파악된다. 그래서 정제두는 인간의 마음을 다시 두 종류로 갈라서 본다.

심즉리라고 했을 때, 이 리에는 세 종류의 리가 있다고 정제두는 생각했다. 범리凡理와 생리生理, 진리眞理(實理)가 그것이다. 이 가운데 범리는 일반 사물의 리이므로 차치하고 나면, 마음은 생리에 의한 마음과 진리에 의한 마음으로 나누어진다. 그런데 악으로 빠지지 않기 위해서는 마음이 진리에 바탕하고 있어야 한다. 그래서 정제두는 이 진리에 바탕한 마음을 실심實心으로 설정하고, 이 마음이 곧 리라고 말한다. 양명학에서 말한 '심즉리'가 '실심즉실리實心卽實理'로 바뀌고 있는 부분이다. 이것은 주자학에서 인간의 성을 천지지성과 기질지성으로 갈라보는 것과 흡사하다. 이러한 점으로 인해 이후 강화학파의 학문은 리 가운데에서 진리를 지향해 가는 강한 도덕적 결벽성을 표방하게 된다.

이러한 정제두의 학문은 이후 강화도를 거점으로 형성된 강화학파의 중요한 정신으로 이어진다. 특히 실리에 바탕한 실심은 조선양명학을 학파로 성립될 수 있게 해 주는 중요한 학문적 정체성으로 자리매김한다.

조선의 강화학파는 하곡 정제두에서 시작해서 정인보에게까지 이어진다. 사문난적과 이단에 대한 비판이 어느 때보다 거세었던 조선 중·후기에도 강화학파는 그 학문적 정체성을 잃어버리지 않고 일제강점기까지 전해졌던 것이다. 그 이유는 강화학파의 학문전승이 가학과 같은 좁은 형태로 이루어졌기 때문이다. 강화학파의 학인들은 실각한 기호 소론세력들로서 더 이상 정치적 복귀를 희망하지 않고 자신의 삶에서 순수한 학문적 성취를 이루려고 했던 사람들이다. 그들이 강화도로 들어오면서 사승관계는 혼인 등을 통해 혈맥관계를 이루게 되었다. 이러한 가운데 도덕적 순수성을 강조했던 정제두의 철학을 받아들여 전범으로 삼게 되면서, 그들은 실질적인 삶에서 자신의 철학을 구현시켜갈 수 있는 방법들을 찾아 나선다. 이러한 모습들은 주로 조선 후기에 일어났던 실학의 형태와 행동적인 유사성을 보이게 된다. 강화학인들은 단순히 마음공부에만 매달렸던 것이 아니라, 그 마음공부를 바탕으로 역사 서술이나 음운 연구, 수학 연구, 농서 편찬 등의 실질적인 학문으로 이행해 갔던 것이다. 이것은 아는 것을 행동으로 옮겨 내려는 그들의 노력들이 실질적인 삶 속으로 녹아들어 간 것으로 보인다. 이긍익의 『연려실기술』은 이들의 철학적 모습이 그대로 역사관으로 투영된 훌륭한 예라고 할 것이다.

한말이 되면서 강화학인들은 조국의 정신과 주권을 잃어 가는 현실을 안타까워했다. 그래서 어떤 이들은 프랑스 군대가 강화도를 짓밟았을 때나 나라의 주권을 빼앗겼을 때 자결의 길을 택함으로써 자신의 도덕적 순수성을 지켜 나가려 했고, 또 정인보의 스승인 이건방 같은 경우는 그의 형과 함께 계명의숙을 세워 나라의 주권을 되찾을 만한 인재를 양성하고자 시도하였다. 이처럼 그들은 도덕적 결벽성을 바탕으로 다양한 활동들을 펴 나갔다. 그리고 이러한 정신은 이후 박은식과 정인보에게로 이어져, 실제로 독립운동의 최전선에서 활동하기도 하고 교육과 언론 등을 통해 민족의식을 고취하는 형태로 이행되기도 했다.


### 4.『양명학연론』의 시대적 의의

정인보는 인생의 전성기를 국망과 함께 시작해서 광복과 더불어 끝맺었다. 그의 나이 18세 때 국망을 경험하였고 광복 후 5년을 더 살았으므로, 그의 모든 활동은 일제강점기에 이루어졌다고 말할 수 있겠다. 이러한 시대를 살면서 그의 전 생애를 통해서 표방했던 학문은 양명학이었고, 이것은 그의 실심지학實心之學을 만드는 실질적 이론 배경이 되었다. 국망과 양명학, 이것이 바로 정인보에게 놓인 문제였고 답이었다. 국망이라는 난국을 타개하기 위한 정인보의 대안은 양명학을 바탕으로 한 실심지학이었던 것이다. 그렇다면 양명학의 어떠한 점이 그로 하여금 양명학을 선택하게 했던 것일까?

그는 망국의 원인을 주자학에서 찾는다. 명예나 체면에 얽매여 실질적 행동 없이 이론만 왈가왈부하는 주자학이 조선을 병들게 했다는 것이다. 조선의 역사를 '허虛'와 '가假'로 규정하는 이유이다. 그래서 말보다는 행동, 과거를 위한 학문보다는 실질적인 도덕공부로 이행되어야 한다는 것이 정인보가 생각한 당위였다. 정인보가 양명학을 선택했던 이유는 바로 이것이다. 심즉리를 통한 실질적인 마음공부, 이것은 현실적으로 개개인의 양심을 회복시키는 중요한 이론적 매개가 된다. 특히 그는 맹자에 의해 제시된 양지를 중시함으로써 인간 양심에 대한 강한 믿음을 드러내고 있다. 그래서 정인보는 양지를 그대로 발현시켜 냄으로써 개개인의 양심을 회복시키려는 양명학을 선택하고 있다.

동시에 그것이 현실에서 그대로 행동으로 드러날 수 있는 이론적 근거를 그는 양명학에서 찾고 있다. 앎과 행동이 결코 분리되어 있지 않았던 양명학의 지행합일론이 그로 하여금 양명학에 빠지게 만들었던 것이다. 원래 지행합일은 유학의 대전제이다. 하지만 기존 주자학의 지행합일은 '지와 행이 일치되어야 한다'는, 당위로서 제기된 명제이다. 안다면 당연히 행동해야 한다는 말이다. 이에 비해 양명학의 지행합일은 '애초부터 지와 행은 떨어져 있지 않다'는 말이다. 앎이 행동으로 드러나지 않는다면 그것은 애초부터 아는 것이 아니며, 앎이라는 것은 행동으로 드러나야 비로소 앎이라고 할 수 있다는 것이다. 이러한 이유로 해서 행동은 앎의 완성이며 앎은 그 자체로 행동이라고 말할 수 있다. 정인보는 양명학의 이러한 지행합일이야말로 당시의 국망이라는 현실 속에서 행동하는 지식인을 만들어 내는 중요한 이론적 근거가 될 수 있다고 생각했던 것이다.

정인보가 양명학을 선택했던 것은 개개인의 양심회복과 행동하는 지식인을 만들어 내기 위한 현실적 요구에서 출발한 것이었다. 이러한 그의 요구 속에는 개개인의 양심을 지키는 데 실패하고 앎을 행동으로 이행시켜 가기 못한 주자학에 대한 깊은 비판이 내재되어 있다. 이러한 이유로 정인보는 양명학을 자신의 세계관으로 받아들인 양명학자가 되었다. 양명철학을 자신의 삶의 철학으로 받아들였던 것이다.

그러면서 정인보는 동시에 이러한 양명학을 당시의 모든 사람들이 쉽게 받아들일 수 있기를 바랐다. 그가 <동아일보>에 오랜 기간에 걸쳐 『양명학연론』을 연재했던 이유는, 바로 양명학을 통해서 일반 국민들로 하여금 개개인의 양심을 회복하게 해서 그들을 당시의 현실을 타개할 수 있는 활동가로 만들어 내기 위해서였다. 이 때문에 그는 양명학의 이론적 체계를 깊이 있게 연구하고 강단에서 가르쳤으며, 그것을 체계적으로 정리하여 완성된 연구 성과들을 이루어 내었다. 정인보의 『양명학연론』이 가지는 가장 큰 의의가 바로 여기에 있다. 정인보는 양명철학을 자신의 세계관으로 받아들였던 마지막 사람이다. 그 이후로 철학은 객관적 연구의 대상일 뿐, 그것이 실질적 삶을 규정하는 모습으로는 나타나지 않기 때문이다. 동시에 양명학을 객관적인 학술체계로 바라보고 연구하여 그에 대한 저술을 발표한 최초의 양명학 연구자 역시 정인보이다. 삶을 규정하는 철학에서 강단철학으로 넘어가는 단계가 정인보 속에 고스란히 녹아 있는 것이다. 『양명학연론』은 비로 이러한 정인보의 생각과 연구가 그대로 투영되어 있는 작품이다. 마지막 양명학자가 밝힌 자신의 철학체계인 동시에, 최초의 양명학 연구자 가 내놓은 연구 결과물인 것이다.

정인보는 이후 단순한 철학자로서의 삶에 머물지 않았다. 그의 연구의 폭은 민족정신을 고취시키려는 것으로 확장되면서 그의 학문은 민족의 정체성을 역사 속에서 찾는 국학 연구로 이행해 간다. 『조선사연구』는 정인보의 이러한 의지가 그대로 담겨 있는 중요한 저작이다. 여기에서 그가 주장하고 있는 '얼'은 민족의 정신으로, 양명학에서 말하는 양지가 그대로 민족의 정신으로 체현된 것이다. 이 외에 실학에 대한 연구와 많은 인물을 다룬 『국학산고』 등도 역시 『양명학연론』에서 드러난 정인보의 철학이 그대로 삶으로 드러난 중요한 저작들이다.

# 제7장 한·중 공자관의 비교로 본 한국 근대철학

## 1. 중국의 공자, 동아시아의 공자

기원전 500년 경 공자孔子(BC 551~479)에 의해 창도된 유학은 기원을 전후해서 한자를 중심으로 하는 중국문화와 더불어 한반도에 전해지고, 한반도를 거쳐 다시 일본에 전해지면서 중국, 한국, 일본의 동아시아가 하나의 문화권으로 형성되어 간다. 철학의 입장에서 보면, 이 시기에는 물론 유학이 동아시아 전역에 전파되기는 했지만 중국을 거쳐 들어온 인도의 불교가 더 큰 영향을 미친다. 한국의 경우 주자학의 조선왕조가 세워지기까지, 그리고 일본의 경우는 더 후대로 내려와 도쿠가와 막부德川幕府가 세워지기까지 불교가 지배적인 철학으로서의 지위를 차지한다. 사실 중국에서도 유교가 한漢나라 때인 기원전 136년에 관학官學이 되어 절대적 지위를 누리기는 했지만, 한나라가 멸망한 3세기 초 이후 북송北宋 때 다시 유학이 부흥되기까지 800여 년의 시간 동안 이른바 '유·불·도 3교의 시대'를 맞음으로써 그 지위가 공고하질 못했다.

중국에서는 11세기 무렵 북송왕조가 적극적으로 문치文治와 과거제를 시행함에 따라 유학부흥의 기초가 마련된 가운데 주돈이周敦頤 (호 濂溪), 소옹邵雍(호 康節), 장재張載(호 橫渠), 정호程顥(호 明道), 정이程頤(호 伊川)의 '북송오자北宋五子'가 등장하고, 12세기 후반 남송南宋의 주희朱 熹(호 晦庵, 1130~1200)가 이들의 학문을 집대성하여 주자학을 전개함으 로써 다시금 공자는 중국 역사의 전면에 나서게 되었다. 하지만 그 공자는 주희에 의해 해석되고 주자학의 옷을 입은 공자이다. 그래서 우리는 주자학을 '신유학新儒學'이라 부르는 것이다. 주자학 은 몽고지배시기인 원元나라 때 과거과목으로 받아들여진 뒤 명明· 청淸시기를 거치는 동안 내내 관학의 지위를 누리다가 근대를 맞이하게 된다.

주자학이 한반도에 전래된 지 100년 가량 지난 1392년, 전무후무 한 유학적 이념 국가인 조선왕조가 세워졌다. 주자학을 깊게 신봉한 조선의 주자학자들은 우리를 중국의 울타리 속에서 인식하였고, 중국의 공자 또한 타자로서 이해하지 않았다. 그 전형적인 것이 바로 '소중화론小中華論'이다. 한족의 명왕조가 만주족의 청왕조에 의해 멸망하게 되자 조선의 주자학자들은, 중원의 땅은 비록 야만의 만주족이 차지하였지만 중국의 찬란한 문화는 우리가 이어받았다 고 주장하고 나섰다. 너무나 허구적인 생각이긴 하지만, 한편으로 는 문화적 우월의식을 읽을 수 있기도 하다. 그들은 이처럼 아예 공자를 우리에게로 끌어들여 공자와 우리를 한 몸으로 만들어 버렸다. 당연히 그들은 우리 역사도 중국에서 발원한 것으로 인식하 여, 고려 말 일연一然이 『삼국유사三國遺事』에서 제기한 '단군조선설檀 君朝鮮說'에 대해서는 관심도 두지 않은 채 오경五經 중 하나인 『상서尙 書』 속의 '기자조선설箕子朝鮮說'만을 받아들였다. 이것은 우리와 중국, 우리와 공자를 구분해서 보지 않는 것으로, 여기에는 사실상 중국과 공자만 존재할 뿐 우리는 존재하지 않는다. 이것이야말로 전형적인 중국중심적·중화론적 동아시아 중세 보편의식이라고 할 수 있다. 그런 와중에도 이러한 중국중심적·중화론적 관념에서 벗어나려는 모습이 이들과 동시대를 살았던 일군의 실학자들에게서 단편적으로 나타난다. 하지만 아직 공자를 타자로 인식하는 모습은 잘 발견되지 않는다.

일본은 주자학을 통해 비로소 공자를 만났다고 해도 그다지 지나친 말이 아닐 것이다. 1602년 도쿠가와 막부가 주자학을 높이기 시작함으로써 정도의 차이는 있지만 주자학의 유교가 중세 동아시아 3국의 보편적 이념이자 철학으로 군림하게 되었다. 이때 일본으로 건너간 주자학은, 좀 더 정확히 말한다면 퇴계退溪 이황李滉(1501~1570)의 주자학이다.[1] 따라서 이제 공자는 중국의 공자를 넘어서서 동아시아의 공자가 된 것이다. 흔히 '근세'라고 지칭되는 도쿠가와 시대에는 이렇게 비록 주자학이 높이 받들어지기는 했지만, 조선과 달리 양명학陽明學[2]이나 고학古學[3], 국학國學[4]과 난학蘭學[5] 같은 다양

---

1) 退溪學은 壬辰倭亂이 일어나기 전 金誠一 등의 외교사절들에 의해 전해지기 시작했으며, 임진왜란 중에는 더 많은 전래가 있었다. 특히 일본에 포로로 잡혀간 姜沆은 후지와라 세이카(藤原惺窩, 1561~1619)에게 퇴계학을 전하는데, 후지와라는 뒷날 도쿠가와 이에야스(德川家康)의 초청을 받아 주자학을 강의함으로써 도쿠가와 막부가 주자학을 관학으로 받아들이게 하는 데 큰 기여를 한다. 뒤이어 등장하는 대표적 일본 주자학자인 야마자키 안사이(山崎闇齋, 1618~1682)도 이황의 『自省錄』과 『朱子書節要』 등을 읽고서 주자학에 입문하게 된다. 그는 특히 이황의 敬사상을 적극적으로 계승하였다.
2) 대표적인 일본 양명학자로 나가에 도주(中江藤樹, 1608~1648)가 있다.
3) 대표적인 인물로는 이토 진사이(伊藤仁齋, 1627~1705)와 오규 소라이(荻生徂徠, 1666~1728) 등이 있다. 그들은 朱子學과 陽明學을 비판하면서 중국 고대의 孔子와 孟子로 돌아갈 것을 주장하였으므로 古學이라고 불렸다.

한 철학과 학술이 나름대로 전개되었다. 이 가운데에서도 특히 국학파의 학자들은 일본 고유의 신도(神道)를 전면에 내세우면서 역사와 철학 등 모든 방면에서 중국을 타자로 인식한다. 심지어 야마자키 안사이(山崎闇齋) 같은 대표적인 주자학자마저도 비록 유교와 공자를 높일지라도 어디까지나 타자로 인식하는 일면을 보이기도 한다.6) 이 점은 중화론적 유교보편주의에 젖어 있던 조선의 유학자들과 좋은 대조를 이룬다.

이러한 주자학을 중심으로 한 동아시아 보편세계는 19세기 중엽 서세동점의 상황을 맞이하면서부터 흔들리기 시작한다. 이제 동아시아 3국은 서로 다른 근대의 길을 걸어가게 된 것이다. 그리고 이에 따라 동아시아 3국의 근대철학사도 한편으로는 차별적인 서양철학 수용의 역사로, 다른 한편으로는 차별적인 공자 해석의 역사로 점철된다. 이 시기에 이르면 공자는 다시 중국의 공자로 되돌아가게 된다.

---

4) 대표적인 인물로 모토오리 노리나가(本居宣長, 1730~1801), 히라타 야쓰타네(平田篤胤, 1776~1843)가 있다. 그들은 일본 고대의 『古事記』, 『日本書記』, 『万葉集』 등을 중시하였으며, 일본 고유의 神道를 높였다.
5) 도쿠가와 막부는 쇄국정책을 시행하였지만 나가사키(長崎) 항을 열어 놓음으로써 서양 학문을 받아들일 수 있었다. 특히 당시에 네덜란드(和蘭)와 교류가 많았으므로 그 학문을 蘭學이라고 불렀다.
6) 야마자키 안사이는 일찍이 그의 제자들에게 "중국에서 공자를 대장으로, 맹자를 부대장으로 군사를 일으켜 우리나라를 침공해 오면 공자와 맹자의 도를 배우는 우리로서 어떻게 해야 하겠는가?"라고 물은 적이 있는데, 이때 제자들이 머뭇거리며 바로 대답을 하지 못하자 그는 "불행하게도 이러한 재난을 맞게 되면 갑옷을 입고 손에 무기를 들고 그들과 싸워 공자와 맹자를 잡는 것이 우리나라의 은혜에 보답하는 길이고, 이것이 바로 공자와 맹자의 도이다"라고 말한 적이 있다.

## 2. 동도서기론, 여전히 주자학의 옷을 입은 공자

동아시아 3국의 일부 관료와 지식인들은 서구 열강의 개항 압력
을 받으면서 제한적·절충적 서구문물 수용론을 제기하였다. 중국
의 '중체서용론中體西用論', 일본의 '화혼양재론和魂洋才論'7), 조선의 '동
도서기론東道西器論'이 바로 그것이다. 이 셋은 약간의 차이는 있지만
기본적으로 서양의 산업이나 과학기술이 동양보다 앞서 있음을
인정하고서 그것만 제한적으로 수용하자는 점에서 같다.

그런데 일본의 '화혼양재론'을 자세히 보면, 그들이 지키고자
한 것은 '화혼'이다. 이 '화혼'은 곧 일본의 정신이라고 볼 수 있겠다.
비록 동양에 포함되는 것이기는 하지만 중국과는 엄연히 구분되는
일본의 정신인 것이다. 이처럼 일본은 근대에 접어들면서 적극적으
로 중국과 자신을 구분한다. 이것은 아시아를 벗어나 유럽을 목표로
삼는다는 이른바 '탈아입구론脫亞入歐論'8)에서 잘 나타난다. 더 이상
아시아는, 좀더 구체적으로 말한다면 더 이상 중국은 일본의 중심도
목표도 아니라는 것이다. 이러한 생각을 바탕으로 일본은 1868년
마침내 메이지유신(明治維新)을 단행하여 서양의 근대 정치제도를
적극적으로 받아들였다. 중국이나 조선보다 더 많이, 더 적극적으
로 서양을 받아들인 것이다. 여기에서 볼 수 있듯 근대에 접어들면
서 공자는 중국과 함께 일찌감치 일본을 떠났다.

중국의 중체서용론과 조선의 동도서기론은 외형적으로나 내용

---

7) 나가오 다케시 지음, 박규태 옮김, 『일본사상 이야기 40』(예문서원), 166~172쪽
참조.
8) 나가오 다케시 지음, 박규태 옮김, 같은 책, 236~242쪽 참조.

적으로 닮은 점이 많다. '중체'와 '동도', '서용'과 '서기'의 내용, 그리고 '중체'와 '서용', '동도'와 '서기'의 관계에 대한 인식이 그러하다. 서양보다 우월하고, 그래서 반드시 지켜야 할 '중체'와 '동도'는 전통의 윤리와 문화, 학술뿐만 아니라 그것을 둘러싸고 지탱해주고 있는 전제군주적 정치제도까지 포함한다. 당시 관학이었던 주자학의 지배질서와 도덕윤리는 조금도 의심을 받지 않았다. 결국 공자는 주자학의 두터운 보호막 속에서 근대를 맞았던 것이다. 다만 중국의 중체서용론자와 조선의 동도서기론자들은 '서용'・'서기'의 적극적 수용이 오히려 공자를 더욱 더 튼튼히 보호할 수 있다는 주장을 폈던 것이다. 적어도 1890년대 중반에 이르기까지는 한국과 중국에서 이러한 인식이 크게 바뀌지 않았다. 한국은 여전히 공자의 울타리를 벗어나지 못했으며, 공자는 아직도 중국의 공자만이 아니었다.

중국의 중체서용론과 한국의 동도서기론 간에는 차별성도 존재한다. 중국에서는 1860년대 중반에 이르면 별 저항 없이 중체서용론의 바탕 위에서 양무운동洋務運動이 전개되는 반면,9) 한국에서는 1876년 어렵게 개항을 한 뒤에도 동도서기론의 바탕 위에서 전개된 개화운동이 척사위정론자斥邪衛正論者들에 의해 끈질긴 저항을 받았다. 이러한 저항은 20세기를 접어들어서까지 이어진다.10) 따라서 양자 사이의 차별성은 '중체'와 '동도'에서 생겨난다. 중국의 '중체'

---

9) 홍원식, 「청말 변법운동과 공자 되세우기」(『중국철학』 제6집, 중국철학회, 1999), 주5) 참조.
10) 홍원식, 「주자학적 세계관의 선택─척사위정파의 사상과 운동」(『시대와 철학』 제10호, 한국철학사상연구회, 1995)과 「역사 속에 산화해 간 주자학의 최후─화서학파」(『조선 유학의 학파들』, 예문서원, 1996) 참조.

는 별다른 이의 없이 주자학과 등치시켜 볼 수 있지만, 한국의 '동도'는 사정이 그러하질 못하다. 한국에는 동도서기론의 동도론만이 아닌, 훨씬 더 강고한 동도론인 척사위정론이 존재하고 있었기 때문이다. 굳이 규정하여 본다면, 척사위정론은 '동도동기론東道東器論'의 입장에 서 있다고 할 수 있겠다. 여기에서 둘 다 '동도'를 주장한다는 점에서는 같고 다만 '서기'냐 '동기'냐 하는 점에서만 다르다고 말한다면 너무나 소박한 생각일 것이다. 동도서기론자들은 같은 주자학의 겉옷을 입고 있기는 했지만 동도동기론자들에 비해 훨씬 가볍게 입었으며, 그만큼 공자를 둘러싼 주자학적 보호막도 얇을 수밖에 없었다. 동도서기론자들의 출신이나 사상적 연원이 주자학보다는 실학에 닿아 있음을 기억해 볼 때 이것은 충분히 짐작할 수 있는 대목이다.


## 3. 동도변용론, 근대의 옷으로 갈아입은 공자

1894년 청일전쟁에서의 패배는 중국의 젊은 지식인들에게 엄청난 충격과 위기의식을 불러일으켰다. 이제 아시아의 맹주 자리마저 일본에 내놓게 되었기 때문이다. 중국인들은 근 30년 동안 나름대로 열심히 추진해 온 양무운동에 대해 근본적인 반성을 하기 시작하였으며, 그 실패의 원인을 소극적이고 절충적인 방법에서 찾았다. 그들은 양무운동의 지지자인 중체서용론자 장지동張之洞과 논쟁을 벌여, 중체서용론은 힘센 소의 몸통과 잘 달리는 말의 다리를 임의로 결합한 것에 지나지 않는다고 비판하였다.[11] 이어 그들은 성공적인 '서용西用'을 달성하기 위해서는 일본의 경우처럼 '중체中體'가 아닌 '서체西體'를 수용해야 함을 주장하였다. 그들은 서양의 부강함의 바탕에는 근대적인 정치제도가 뒷받침되어 있다고 생각하여 마침내 입헌군주제立憲君主制를 향한 변법운동變法運動을 전개하였다.12) 이를 위해 그들은 서양의 자유민권自由民權사상과 사회진화론社會進化論을 학습하였는데, 엄복嚴復이 앞장서서 그와 관련된 서양의 책들을 소개하고 번역해 주었다.13) 1898년 변법유신變法維新이 '백일천하'로 끝나고 말지만 일본으로 망명한 양계초梁啓超 등은 <신민보新民報> 등을 발간하며 계속하여 변법사상을 고취시켜 나갔다. 이러한 변법운동은 1911년 신해혁명辛亥革命으로 공화정共和政이 들어서면서 그 막을 내린다.

　이 시기 한국도 격동의 시간을 보낸다. 청일전쟁에서 일본이 승리하고 다시 갑오 동학농민군이 일본에 의해 진압되면서 한국에서 중국의 세력은 급속히 약화되고 일본이 그 자리를 대신하게 되었다. 일본의 강압 아래 최초의 근대적 제도개혁인 갑오경장甲午更張이 단행되는데, 당시 집권세력은 여전히 동도서기론의 입장에 서 있었다. 이때 명성황후가 일본인에 의해 시해되는 을미사변乙未事變이 일어나자 전국적으로 주자학적 세계관에 입각한 의병운동이 전개되는데, 한편에서는 독립협회를 중심으로 급속한 서양화를

---

11) 嚴復, 『嚴復集』, 「與外交報主人書」 참조.
12) 청말 변법운동에 대해서는 홍원식, 「청말 변법운동과 공자 되세우기」(『중국철학』 제6집) 참조.
13) 嚴復의 주요 번역 목록은 다음과 같다. 『天演論』(헉슬리의 『진화와 윤리』), 『原富』(아담 스미스의 『國富論』), 『群己權界論』(존 스튜어트 밀의 『자유론』), 『群學肄言』(허버트 스펜서의 『사회학』), 『法意』(몽테스키외의 『법의 정신』).

재촉하기도 한다. 그들은 '서기西器'만이 아니라 동시에 '서도西道'도 보기 시작한 것이다. 발달된 '서기'의 바탕에는 그것을 가능하게 한 '서도'가 있었다는 인식을 하게 된 것이다. 이제 논의의 중심은 '기'에서 '도'로 넘어가서, '동도'냐 '서도'냐의 문제가 논의의 중심에 서게 되었다.

대한제국은 1905년 러일전쟁서 승리한 일본의 강압에 의해 을사늑약을 맺고 마침내 외교권을 박탈당한 채 일본의 보호국 신세로 전락하였다. 이때에도 여전히 주자학적 세계관을 바탕으로 한 의병운동과 항쟁이 이어지지만, 한편에서는 교육과 언론을 통해 애국사상을 고취하려는 애국계몽운동이 일어난다. 이들 애국계몽 사상가들은 열심히 중국 변법사상가들의 책과 글들을 읽고서 현실을 직시하였다. 특히 그들은 사회진화론을 통해 서양 제국주의 침략 하의 급박한 현실을 직시하고 '자강自强'만이 유일한 생존의 길임을 주장하였다. 아울러 그들은, 자강의 길은 성공적인 '서기西器'의 수용에 있고, 이를 위해서는 '서도西道'의 수용이 불가피하다고 생각하였다. 그런데 중국의 변법사상가들이 '서체西體'의 핵심은 서양의 근대 자유민권사상을 바탕으로 한 입헌군주제라 생각하여 전제군주제를 타도하려는 변법운동을 전개하였다면, 한국은 이미 개혁할 정부를 잃어버린 상황이었으므로 애국계몽사상가들은 교육과 언론을 통해 근대시민으로서의 민족적 자각과 그를 바탕으로 한 애국사상의 고취에 온힘을 쏟았다.[14]

---

14) 홍원식, 「애국계몽운동의 철학적 기반-박은식과 장지연을 중심으로」(『동양철학연구』 제22집, 동양철학연구회, 2000) 참조.

그러면 중국의 변법사상가들과 한국의 애국계몽사상가들은 공자에 대해 어떤 입장을 취하였는가? 그들은 자강을 위해서는 '서체'와 '서도'의 수용이 불가피하다고 생각했는데, 그렇다면 '중체'·'동도'의 한가운데 보호되고 있던 공자는 어떻게 된 것인가?

먼저 중국의 변법사상가들은 일단 '중체' 속으로 들어가 그것을 둘로 나눠 보는 관점을 취한다. 곧 한가운데 자리잡고 있는 원래의 공자와 그를 둘러싸고 있는 역사상의 공자를 구분한 뒤 후자를 집중적으로 비판함으로써 원래의 공자를 보호하고 나섰다. 변법운동을 선도했던 강유위康有爲 같은 이는 관학인 주자학과 더불어 청나라 때 크게 일어났던 고증학考證學도 비판하였다. 그 속에는 원래의 공자 모습이 없다는 것이다. 이에 그는 금문경학운동今文經學運動을 통해 현실개혁자라는 원래의 공자 모습을 되살려 내고자 하였다.

그렇다면 그들이 말하는 원래의 공자는 어떠한 모습인가? 사실 그들은 원래의 공자를 말하기 전에 이미 서양의 근대 자유민권사상을 학습하였다. 이에 그들은 자유민권사상의 중심이 되는 박애나 평등의 사상을 공자에게서 찾기 시작한 것이다. 그 결과 공자는 일찍이 인仁을 통해 박애를 말하고 대동사회론大同社會論을 통해 만민평등의 이상사회를 주장한 인물로 그려졌다. 봉건적 전제군주제는 공자의 주장과는 무관하며, 공자의 원래 모습은 바로 자유와 평등을 주장한 '근대철학자'라는 것이다. 따라서 그들은 공자에게서 주자학의 겉옷을 벗겨 버리고 공자에 대한 역사상의 다양한 해석들을 비판하면서 원래의 공자에게로 되돌아갈 것을 주장하게 된다. 이렇고 보면, 비록 '서체'의 중요성을 말하고 있기는 하지만 이미 그 핵심적인 내용이 원래의 공자 사상 속에 모두 들어 있다고 생각하였기 때문에, 그들은 굳이 공자를 떠나서 따로 다른 사상을 찾아 나설 필요가 없게 된 것이다.

한국의 애국계몽사상가들은 중국 변법사상가들의 영향을 많이 받았지만, 양자 사이에는 중요한 차별성이 나타나기도 한다. 또한 이러한 차별성은 애국계몽사상가들 사이에서도 나타난다. 서양의 발달된 '서기'의 바탕에는 '서도'가 있다고 인식하고, 이제 그 '서도'에 대해 주목해야 한다고 인식한 점에서 그들은 똑같다. 그리고 약육강식의 엄혹한 세계정세 아래에서 '자강'만이 유일하게 살 길이며 그 시작은 교육과 언론을 통한 인민들의 민족적 자각에 있다고 인식한 점에서도 애국계몽사상가들은 생각을 같이 했다. 다만 '서도'를 대신할 수 있는, 그래서 민족적 자각과 자긍심을 불러일으킬 수 있는 그것이 무엇인가에 대한 인식에서 차별성이 생겨났다.

먼저 장지연張志淵은 중국의 변법사상가들과 달리 주자학과 공자의 연결성을 끊으려 들지 않았다. 조선 5백 년을 지배한 주자학은 공자의 사상을 정통으로 계승한 것이므로 그 자체에는 아무런 문제가 없다고 하면서, 다만 당쟁 등과 같이 현실과 깊이 연루되어 있는 주자학과 현실을 잘못 경영한 주자학자들에게 잘못을 돌리고 있다. 그는 더 나아가 우리나라가 유교의 종주국임을 주장한다. 공자 이전에 이미 우리나라에는 유교가 들어왔고 공자도 우리와 같은 동이족으로서 항상 우리 땅을 그리워했으며, 유교의 전통은 끊어지지 않은 채 면면히 이어져 내려오다 조선에 와서 꽃을 피웠다는 것이다.[15] 이러한 생각은 조선 후기 유학자들이 가졌던 '소중화론小中華論의 재판再版인 것처럼 보이는데, 사실 그러한 측면이 없지는 않지만 단순히 같다고만 볼 수도 없다. 이러한 유교종주국설의 주장 속에는 역사적으로나 현실적으로나 유교와 우리는 떼려야 뗄 수 없는 관계이며 그것은 바로 유교가 우리 민족문화의 정수라는 생각, 따라서 우리는 유교에서 문화적 자긍심을 찾고 유교를 바탕으로 현실의 난국을 헤쳐 나가야 한다는 생각과 고뇌가 담겨 있기 때문이다. 비록 장지연이 우리와 공자를 구분시키지는 않았지만, 그의 생각 속에서는 소중화론자들이 가졌던 사대모화事大慕華적 모습을 찾기가 어렵다.

역시 대표적 애국계몽사상가인 박은식朴殷植은 장지연과 좀 달리 생각하였다. 무엇보다 그는 주자학에 대해 비판적 입장을 취하였다. 우리나라가 쇠약해진 원인을 그는 주자학에서 찾으면서 양명학에 주목하였다. 그의 이러한 주장은 일본의 성공적인 근대화의 바탕에 양명학적 전통이 깔려 있다는 인식과, 양명학의 학설 속에는 근대적 성격이 풍부하게 들어 있다는 인식에서 제기된 것이었다. 이는 곧 양명학이야말로 원래의 공자 모습을 잘 잇고 있다는 생각과 연결된다. 이에 그는 공자의 인仁과 대동사회론을 왕수인이 말한 '만물일체萬物一體의 인仁'과, 이를 바탕으로 한 양명학적 대동사회론에다 연결시키고 있다.[16] 그의 이러한 주장은 중국 변법사상의 영향을 받고 있음이 분명하지만, 양명학과 원래의 공자를 연결

---

15) 張志淵의 「朝鮮儒敎淵源」(『張志淵全書』 1, 단국대학교 출판부, 1979. 「조선유교연원」은 원래 1917년 <每日申報>에 연재했던 것임), 「儒敎辨」과 「大同敎育會趣旨文」(『장지연전서』 10, 단국대학교 출판부, 1989) 등 참조.

16) 朴殷植의 「儒敎求新論」, 「舊習改良論」(『朴殷植全集』 下, 단국대학교 출판부, 1975) 등 참조.

짓는 것은 중요한 차별성이라고 말할 수 있다. 이상에서 볼 때 그 또한 우리와 공자를 완전히 구분해서 보고 있지는 않았다. 그렇다고 해서 그가, 장지연도 마찬가지였지만, 중국에 대해 사대 모화적 생각을 가졌던 것도 아니다. 다만 적극적으로 구분해 보려고 시도하지 않았을 따름이다.

같이 애국계몽운동에 참여하였으면서도 장지연이나 박은식과 달리 신채호申采浩는 유교와 함께 공자를 중국으로 돌려보낸다. 그는 김부식金富軾의『삼국사기三國史記』야말로 우리 고대사를 지워 없애고 우리를 유교의 굴레 속에 빠져들게 했으며 우리 역사를 사대모화사상에 젖어 들게 한 원흉이라고 통탄하였다. 이것은 곧 유교는 중국으로부터 전래해 온 외래사상이며 유교의 개창자인 공자는 우리가 아닌 엄연한 남이라는 인식이다. 한편 그는, 우리에 게는 중국으로부터 유교가 들어오기 이전에 이미 고유한 '선교仙敎' 가 있었다고 하면서 그 사상을 다시금 이어 나갈 것을 주장하였다.[17] 이렇듯 애국계몽운동기를 거치면서 공자는 유교와 함께 중국으로 되돌아가기 시작하였다.


## 4. 격랑 속의 공자, 중국으로 되돌아간 공자

신해혁명 후 중국 공화정의 길은 그다지 순탄하지 않았다. 원세개 가 공화제를 군주제로 되돌려 놓으려 시도하는 가운데 군벌들이

---

17) 申采浩의「朝鮮歷史上 一千年來 第一大事件」(『丹齋申采浩全集』中, 丹齋申采浩先生記 念事業會, 1995) 등 참조.

여러 지역에서 할거함으로써 봉건적 잔재가 제대로 청산되지 못하였다. 그러다 1910년대 후반으로 오면서 마침내 북경대학을 중심으로 한 젊은 진보적 지식인들이 모든 책임을 봉건적 유교에 돌리고 곧바로 공자를 향해 비판의 화살을 쏟아 부었다. 호적胡適과 이대조李大釗 같은 이들이 이 행렬에 앞장섰다. 유교는 당시 낙후한 중국을 구해 줄 수 있으리라고 기대된 '과학'(塞先生)과 '민주'(德先生) 중 어느 하나도 가지고 있지 못하기 때문에 유교와 공자를 타도해야 한다는 "타도공가점打倒孔家店"의 구호가 신문화운동新文化運動 과정에서 봇물처럼 터져 나왔다. 중국 전통의 것은 아무것도 쓸모가 없으니 모든 것을 서양에서 배우자는 '전반서화全般西化'를 외치고 나온 것이다. 이들은 변법사상가들처럼 공자에게서 근대적 모습을 발견하기는커녕 봉건의 괴수로 몰아붙였다. 물론 원래의 공자와 역사상의 유교를 구분하지도 않았다. 원래의 공자 모습이 역사상의 유교 속에 그대로 드러난 것이라 보고 유교와 공자를 함께 청산해야 한다고 생각하였다. 이렇듯 공자는 어떠한 보호막도 없이 발가벗겨진 채 역사 앞에 서게 된 것이다. 공자는 이미 명나라 말의 이지李贄나 청나라 말의 홍수전洪秀全 등에 의해서도 직접 비판받은 적이 있긴 하지만 그 정도나 영향에 있어서는 비할 바가 못 되었다. 신문화운동에서의 공자 비판은 한나라 때 유학이 관학이 된 이후 최초의 본격적이고 전면적인 공자 비판으로, 이것은 중국사에 있어 봉건의 종언과 근대의 시작을 의미한다.

1920년대로 접어들어 신문화운동의 열기가 조금 식을 무렵 전통주의자들이 다시 고개를 들기 시작하였다. 그들은 이른바 '과학科學과 현학玄學 논전'을 일으켜 '과학'의 잣대로 '현학'(철학) 곧 '인생관'을 재단할 수 없으며, 중국은 서양과 다른 길을 걸어왔다고 주장하였다. 그들은 5·4신문화운동을 통해 유교의 봉건적 잔재들이 철저히 비판되고 극복되었다고 하였으며, 5·4신문화운동 과정에서 유교와 공자를 모두 청산하려 든 것에 대해서는 반대하였다. 그들은 공자만이 아니라 맹자, 그리고 주자학과 양명학이 모두 중국 정신과 철학의 진수이기 때문에 청산해야 할 것이 아니라 도리어 발양시켜야 한다고 주장하였다. 이에 그들은 이것을 서양의 근현대 철학사상들과 결합시켜 거듭 태어나게 만들었다. 결국 그들은 변법사상가들이 공자를 살려내기 위해 원래의 공자와 역사상의 공자를 구분한 관점을 그대로 따랐다.

이러한 유학부흥의 분위기 속에서 공산당과 투쟁하고 있던 장개석의 국민당 정권은 "문화위초文化衛哨"라는 구호 아래 존공독경운동尊孔讀經運動을 전개하는데, 이렇게 자본주의와 연루되면서 공자는 1960년대 문화대혁명 기간 동안에 다시 호된 비판을 받게 된다. 곧 철학사 속에서는 '노예주귀족계급奴隷主貴族階級의 이익을 대변한 철학자'로, 현실 속에서는 '주자파走資派'로 몰려 격렬한 비판을 받게 된 것이다. 그렇지만 문화대혁명의 '10년 대난동大亂動'이 끝난 후 공자는 다시금 긍정적으로 재검토되고 있다. 특히 개혁·개방정책 이후 중국이 '계급'에서 '민족'으로 무게중심을 옮기면서, 공자는 지금 중화 민족과 문화를 대변하는 인물로 한창 분식되고 있는 중이다.

한편 조선은 1910년 일제에 강점됨으로써 국권을 상실하였다. 이러한 국망의 책임이 자연스레 500여 년 조선을 떠받쳤던 주자학, 나아가 유학 일반으로 확대되면서 전통에 대한 부정일변도의 인식이 팽배해졌다. 하지만 여전히 전국적으로 두터운 층을 형성하고 있던 재야 유생들은 공자는 물론 주자학을 절대적으로 신봉하고 있었다. 한편에서는 유교와 공자를 무시하고 망각하려 들고 다른 한편에서는 존숭과 고수의 자세를 취하면서, 전혀 생각을 달리한 두 집단은 직접적인 부딪힘도 없이 서로 스쳐 지나갔다. 그리고 좀 더 시간이 흘러 재야 유생층이 재생산되지 않음으로써 자연스레 유학도 공자도 이제 역사의 무대에서 퇴장하고 소멸해 버렸다. 중국처럼 격렬한 비판과 청산의 작업이 한국에서는 나타나지 않았다. 따라서 계승작업도 이루어지지 못했다. 다만 중국학의 연구 대상으로, 혹은 한국인의 의식 밑바닥과 행동양식에 공자의 모습이 조각처럼 어른어른 비칠 뿐이다. 한국에서 공자는 죽은 것이 아니라 그냥 사라져 버리고 소멸되어 버린 것이다. 이제 공자는 한국인에게 짐도, 그렇다고 힘도 되지 않는 존재가 되어 버린 것이다.

# 인명 색인

314

### 지은이 홍원식洪元植

고려대학교 철학과를 졸업하고 동 대학교 대학원
에서 박사학위를 받았다.
현재 계명대학교 철학윤리학과 교수로 재직 중이
며 『오늘의 동양사상』 발행인 겸 공동편집주간을
맡고 있다.
저서로는 『한주 이진상의 생애와 사상』, 『실학사
상과 근대성』(공저), 『심경부주와 조선유학』(공
저) 등이 있고, 역서로는 『중국철학사』 등이 있다.
주요 논문으로 「정주학의 거경궁리설 연구」(박사
학위논문), 「주륙화회론과 퇴계학의 심학화」 등
이 있다.

## ◀ 예문서원의 책들 ▶

### 원전총서

박세당의 노자 (新註道德經) 박세당 지음, 김학목 옮김, 312쪽, 13,000원
율곡 이이의 노자 (醇言) 이이 지음, 김학목 옮김, 152쪽, 8,000원
홍석주의 노자 (訂老) 홍석주 지음, 김학목 옮김, 320쪽, 14,000원
북계자의 (北溪字義) 陳淳 지음, 김충열 감수, 김영민 옮김, 295쪽, 12,000원
주자가례 (朱子家禮) 朱熹 지음, 임민혁 옮김, 496쪽, 20,000원
서경잡기 (西京雜記) 劉歆 지음, 葛洪 엮음, 김장환 옮김, 416쪽, 18,000원
열선전 (列仙傳) 劉向 지음, 김장환 옮김, 392쪽, 15,000원
열녀전 (列女傳) 劉向 지음, 이숙인 옮김, 447쪽, 16,000원
선가귀감 (禪家龜鑑) 청허휴정 지음, 박재양 · 배규범 옮김, 584쪽, 23,000원
공자성적도 (孔子聖蹟圖) 김기주 · 황지원 · 이기훈 역주, 254쪽, 10,000원
천지서상지 (天地瑞祥志) 김용천 · 최현화 역주, 384쪽, 20,000원
참동고 (參同攷) 徐命庸 지음, 이봉호 역주, 384쪽, 23,000원
박세당의 장자, 남화경주해산보 내편 (南華經註解刪補 內篇) 박세당 지음, 전현미 역주, 560쪽, 39,000원
초원담노 (椒園談老) 이충익 지음, 김윤경 옮김, 248쪽, 20,000원
여암 신경준의 장자 (文章準則 莊子選) 申景濬 지음, 김남형 역주, 232쪽, 20,000원

### 퇴계원전총서

고경중마방古鏡重磨方 — 퇴계 선생의 마음공부 이황 편저, 박상주 역해, 204쪽, 12,000원
활인심방活人心方 — 퇴계 선생의 마음으로 하는 몸공부 이황 편저, 이윤희 역해, 308쪽, 16,000원
이자수어李子粹語 퇴계 이황 지음, 성호 이익 · 순암 안정복 엮음, 이광호 옮김, 512쪽, 30,000원

### 연구총서

논쟁으로 보는 중국철학 중국철학연구회 지음, 352쪽, 8,000원
논쟁으로 보는 한국철학 한국철학사상연구회 지음, 326쪽, 10,000원
중국철학과 인식의 문제 (中國古代哲學問題發展史) 方立天 지음, 이기훈 옮김, 208쪽, 6,000원
중국철학과 인성의 문제 (中國古代哲學問題發展史) 方立天 지음, 박경환 옮김, 191쪽, 6,800원
역사 속의 중국철학 중국철학회 지음, 448쪽, 15,000원
공자의 철학 (孔孟荀哲學) 蔡仁厚 지음, 천병돈 옮김, 240쪽, 8,500원
맹자의 철학 (孔孟荀哲學) 蔡仁厚 지음, 천병돈 옮김, 224쪽, 8,000원
순자의 철학 (孔孟荀哲學) 蔡仁厚 지음, 천병돈 옮김, 272쪽, 10,000원
유학은 어떻게 현실과 만났는가 — 선진 유학과 한대 경학 박원재 지음, 218쪽, 7,500원
역사 속에 살아있는 중국 사상 (中國歷史に生きる思想) 시게자와 도시로 지음, 이혜경 옮김, 272쪽, 10,000원
덕치, 인치, 법치 — 노자, 공자, 한비자의 정치 사상 신동준 지음, 488쪽, 20,000원
리의 철학 (中國哲學範疇精髓叢書 — 理) 張立文 주편, 안유경 옮김, 524쪽, 25,000원
기의 철학 (中國哲學範疇精髓叢書 — 氣) 張立文 주편, 김교빈 외 옮김, 572쪽, 27,000원
동양 천문사상, 하늘의 역사 김일권 지음, 480쪽, 24,000원
동양 천문사상, 인간의 역사 김일권 지음, 544쪽, 27,000원
공부론 임수무 외 지음, 544쪽, 27,000원
유학사상과 생태학 (Confucianism and Ecology) Mary Evelyn Tucker · John Berthrong 엮음, 오정선 옮김, 448쪽, 27,000원
공자뒤, 공자는 이렇게 말했다 안재호 지음, 232쪽, 12,000원
중국중세철학사 (Geschichte der Mittelalterischen Chinesischen Philosophie) Alfred Forke 지음, 최해숙 옮김, 568쪽, 40,000원
북송 초기의 삼교회통론 김경수 지음, 352쪽, 26,000원
죽간 · 목간 · 백서, 중국 고대 간백자료의 세계1 이승률 지음, 576쪽, 40,000원
중국근대철학사 (Geschichte der Neueren Chinesischen Philosophie) Alfred Forke 지음, 최해숙 옮김, 936쪽, 65,000원
리학 심학 논쟁, 연원과 전개 그리고 득실을 논하다 황갑연 지음, 416쪽, 32,000원
진래 교수의 유학과 현대사회 陳來 지음, 강진석 옮김, 440쪽, 35,000원

### 강의총서

김충열 교수의 노자강의 김충열 지음, 434쪽, 20,000원
김충열 교수의 중용대학강의 김충열 지음, 448쪽, 23,000원
모종삼 교수의 중국철학강의 牟宗三 지음, 김병채 외 옮김, 320쪽, 19,000원
송석구 교수의 율곡철학 강의 송석구 지음, 312쪽, 29,000원
송석구 교수의 불교와 유교 강의 송석구 지음, 440쪽, 39,000원

## 역학총서

주역철학사 (周易研究史)  廖名春·康學偉·梁韋弦 지음, 심경호 옮김, 944쪽, 45,000원
송재국 교수의 주역 풀이  송재국 지음, 380쪽, 10,000원
송재국 교수의 역학담론 — 하늘의 빛 正易, 땅의 소리 周易  송재국 지음, 536쪽, 32,000원
소강절의 선천역학  高懷民 지음, 곽신환 옮김, 368쪽, 23,000원
다산 정약용의 『주역사전』, 기호학으로 읽다  방인 지음, 704쪽, 50,000원

## 한국철학총서

조선 유학의 학파들  한국사상사연구회 편저, 688쪽, 24,000원
퇴계의 생애와 학문  이상은 지음, 248쪽, 7,800원
조선유학의 개념들  한국사상사연구회 지음, 648쪽, 26,000원
유교개혁사상과 이병헌  금장태 지음, 336쪽, 17,000원
남명학파와 영남우도의 사림  박병련 외 지음, 464쪽, 23,000원
쉽게 읽는 퇴계의 성학십도  최재목 지음, 152쪽, 7,000원
홍대용의 실학과 18세기 북학사상  김문용 지음, 288쪽, 12,000원
남명 조식의 학문과 선비정신  김충열 지음, 512쪽, 26,000원
명재 윤증의 학문연원과 가학  충남대학교 유학연구소 편, 320쪽, 17,000원
조선유학의 주역사상  금장태 지음, 320쪽, 16,000원
한국유학의 악론  금장태 지음, 240쪽, 13,000원
심경부주와 조선유학  홍원식 외 지음, 328쪽, 20,000원
퇴계가 우리에게  이윤희 지음, 368쪽, 18,000원
조선의 유학자들, 켄타우로스를 상상하며 理와 氣를 논하다  이향준 지음, 400쪽, 25,000원
퇴계 이황의 철학  윤사순 지음, 320쪽, 24,000원
조선유학과 소강절 철학  곽신환 지음, 416쪽, 32,000원
되짚어 본 한국사상사  최영성 지음, 632쪽, 47,000원
한국 성리학 속의 심학  김세정 지음, 400쪽, 32,000원

## 성리총서

송명성리학 (宋明理學)  陳來 지음, 안재호 옮김, 590쪽, 17,000원
주희의 철학 (朱熹哲學研究)  陳來 지음, 이종란 외 옮김, 544쪽, 22,000원
양명 철학 (有無之境—王陽明哲學的精神)  陳來 지음, 전병욱 옮김, 752쪽, 30,000원
정명도의 철학 (程明道思想研究)  張德麟 지음, 박상리·이경남·정성희 옮김, 272쪽, 15,000원
송명유학사상사 (宋明時代儒學思想の研究)  구스모토 마사쓰구(楠本正繼) 지음, 김병화·이혜경 옮김, 602쪽, 30,000원
북송도학사 (道學の形成)  쓰치다 겐지로(土田健次郎) 지음, 성현창 옮김, 640쪽, 3,2000원
성리학의 개념들 (理學範疇系統)  蒙培元 지음, 홍원식·황지원·이기훈·이상호 옮김, 880쪽, 45,000원
역사 속의 성리학 (Neo-Confucianism in History)  Peter K. Bol 지음, 김영민 옮김, 488쪽, 28,000원
주자어류선집 (朱子語類抄)  미우라 구니오(三浦國雄) 지음, 이승연 옮김, 504쪽, 30,000원

## 불교(카르마)총서

학파로 보는 인도 사상  S. C. Chatterjee·D. M. Datta 지음, 김형준 옮김, 424쪽, 13,000원
유식무경, 유식 불교에서의 인식과 존재  한자경 지음, 208쪽, 7,000원
박성배 교수의 불교철학강의: 깨침과 깨달음  박성배 지음, 윤원철 옮김, 313쪽, 9,800원
불교 철학의 전개, 인도에서 한국까지  한자경 지음, 252쪽, 9,000원
인물로 보는 한국의 불교사상  한국불교원전연구회 지음, 388쪽, 20,000원
은정희 교수의 대승기신론 강의  은정희 지음, 184쪽, 10,000원
비구니와 한국 문학  이향순 지음, 320쪽, 16,000원
불교철학과 현대윤리의 만남  한자경 지음, 304쪽, 18,000원
유식삼십송과 유식불교  김명우 지음, 280쪽, 17,000원
유식불교, 『유식이십론』을 읽다  효도 가즈오 지음, 김명우·이상우 옮김, 288쪽, 18,000원
불교인식론  S. R. Bhatt & Anu Mehrotra 지음, 권서용·원철·유리 옮김, 288쪽, 22,000원
불교에서의 죽음 이후, 중음세계와 육도윤회  허암 지음, 232쪽, 17,000원

## 한의학총서

한의학, 보약을 말하다 — 이론과 활용의 비밀  김광중·하근호 지음, 280쪽, 15,000원

## 동양문화산책

주역산책(易學漫步) 朱伯崑 외 지음, 김학권 옮김, 260쪽, 7,800원
동양을 위하여, 동양을 넘어서 홍원식 외 지음, 264쪽, 8,000원
서원, 한국사상의 숨결을 찾아서 안동대학교 안동문화연구소 지음, 344쪽, 10,000원
안동 풍수 기행, 와혈의 땅과 인물 이완규 지음, 256쪽, 7,500원
안동 풍수 기행, 돌혈의 땅과 인물 이완규 지음, 328쪽, 9,500원
영양 주실마을 안동대학교 안동문화연구소 지음, 332쪽, 9,800원
예천 금당실·맛질 마을 — 정감록이 꼽은 길지 안동대학교 안동문화연구소 지음, 284쪽, 10,000원
터를 안고 仁을 펴다 — 퇴계가 굽어보는 하계마을 안동대학교 안동문화연구소 지음, 360쪽, 13,000원
안동 가일 마을 — 풍산들가에 의연히 서다 안동대학교 안동문화연구소 지음, 344쪽, 13,000원
중국 속에 일떠서는 한민족 — 한겨레신문 차한필 기자의 중국 동포사회 리포트 차한필 지음, 336쪽, 15,000원
신간도견문록 박진관 글·사진, 504쪽, 20,000원
선양과 세습 사라 알란 지음, 오만종 옮김, 318쪽, 17,000원
문경 산북의 마을들 — 서중리, 대상리, 대하리, 김룡리 안동대학교 안동문화연구소 지음, 376쪽, 18,000원
안동 원촌마을 — 선비들의 이상향 안동대학교 안동문화연구소 지음, 288쪽, 16,000원
안동 부포마을 — 물 위로 되살려 낸 천년의 영화 안동대학교 안동문화연구소 지음, 440쪽, 23,000원
독립운동의 큰 울림, 안동 전통마을 김희곤 지음, 384쪽, 26,000원

## 일본사상총서

도쿠가와 시대의 철학사상(德川思想小史) 미나모토 료엔 지음, 박규태·이용수 옮김, 260쪽, 8,500원
일본인은 왜 종교가 없다고 말하는가(日本人はなぜ 無宗教のか) 아마 도시마로 지음, 정형 옮김, 208쪽, 6,500원
일본사상이야기 40(日本がわかる思想40) 나가오 다케시 지음, 박규태 옮김, 312쪽, 9,500원
일본도덕사상사(日本道德思想史) 이에나가 사부로 지음, 세키네 히데유키·윤종갑 옮김, 328쪽, 13,000원
천황의 나라 일본 — 일본의 역사와 천황제(天皇制と民衆) 고토 야스시 지음, 이남희 옮김, 312쪽, 13,000원
주자학과 근세일본사회(近世日本社會と朱學) 와타나베 히로시 지음, 박홍규 옮김, 304쪽, 16,000원

## 노장총서

不二 사상으로 읽는 노자 — 서양철학자의 노자 읽기 이찬훈 지음, 304쪽, 12,000원
김항배 교수의 노자철학 이해 김항배 지음, 280쪽, 15,000원
서양, 도교를 만나다 J. J. Clarke 지음, 조현숙 옮김, 472쪽, 36,000원
중국 도교사 — 신선을 꿈꾼 사람들의 이야기 牟鍾鑒 지음, 이봉호 옮김, 352쪽, 28,000원

## 남명학연구총서

남명사상의 재조명 남명학연구원 엮음, 384쪽, 22,000원
남명학파 연구의 신지평 남명학연구원 엮음, 448쪽, 26,000원
덕계 오건과 수우당 최영경 남명학연구원 엮음, 400쪽, 24,000원
내암 정인홍 남명학연구원 엮음, 448쪽, 27,000원
한강 정구 남명학연구원 엮음, 560쪽, 32,000원
동강 김우옹 남명학연구원 엮음, 360쪽, 26,000원
망우당 곽재우 남명학연구원 엮음, 440쪽, 33,000원
부사 성여신 남명학연구원 엮음, 352쪽, 28,000원

## 예문동양사상연구원총서

한국의 사상가 10人—원효 예문동양사상연구원/고영섭 편저, 572쪽, 23,000원
한국의 사상가 10人—의천 예문동양사상연구원/이병욱 편저, 464쪽, 20,000원
한국의 사상가 10人—지눌 예문동양사상연구원/이덕진 편저, 644쪽, 26,000원
한국의 사상가 10人—퇴계 이황 예문동양사상연구원/윤사순 편저, 464쪽, 20,000원
한국의 사상가 10人—남명 조식 예문동양사상연구원/오이환 편저, 576쪽, 23,000원
한국의 사상가 10人—율곡 이이 예문동양사상연구원/황의동 편저, 600쪽, 25,000원
한국의 사상가 10人—하곡 정제두 예문동양사상연구원/김교빈 편저, 432쪽, 22,000원
한국의 사상가 10人—다산 정약용 예문동양사상연구원/박홍식 편저, 572쪽, 29,000원
한국의 사상가 10人—혜강 최한기 예문동양사상연구원/김용헌 편저, 520쪽, 26,000원
한국의 사상가 10人—수운 최제우 예문동양사상연구원/오문환 편저, 464쪽, 23,000원

## 인물사상총서

한주 이진상의 생애와 사상 홍원식 지음, 288쪽, 15,000원
범부 김정설의 국민윤리론 우기정 지음, 280쪽, 20,000원